贯彻新发展理念　推动高质量发展

——乐山市党校系统2021年度调研报告文集

主编　赵平

西南交通大学出版社
·成都·

图书在版编目（CIP）数据

贯彻新发展理念　推动高质量发展 ：乐山市党校系统 2021 年度调研报告文集 / 赵平主编. — 成都 ：西南交通大学出版社，2022.9
ISBN 978-7-5643-8934-5

Ⅰ. ①贯… Ⅱ. ①赵… Ⅲ. ①小康建设 – 调查研究 – 研究报告 – 乐山 – 文集 Ⅳ. ①F127.713-53

中国版本图书馆 CIP 数据核字（2022）第 174055 号

Guanche Xin Fazhan Linian　Tuidong Gao Zhiliang Fazhan
——Leshan Shi Dangxiao Xitong 2021 Niandu Diaoyan Baogao Wenji

贯彻新发展理念　推动高质量发展
——乐山市党校系统 2021 年度调研报告文集

主编　赵　平

责任编辑　吴　迪
封面设计　原谋书装

出版发行　西南交通大学出版社
（四川省成都市金牛区二环路北一段 111 号
西南交通大学创新大厦 21 楼）
邮政编码　610031
发行部电话　028-87600564　028-87600533
网址　http://www.xnjdcbs.com
印刷　成都勤德印务有限公司

成品尺寸　185 mm × 260 mm
印张　16.75
字数　337 千
版次　2022 年 9 月第 1 版
印次　2022 年 9 月第 1 次
书号　ISBN 978-7-5643-8934-5
定价　78.00 元

近年来，乐山市党校系统始终坚持“围绕中心、服务大局”，以搭建一体化交流平台作为提高科研咨政能力的重要抓手，大力实施科研精品战略，做实做强科研基础支撑，全面推动党校事业高质量发展；建立定期学术交流工作机制，通盘谋划科研工作，合力推动学术交流机制创新联动发展。

我们依托乐山市中国特色社会主义理论体系研究会（原乐山市邓小平理论研究会），定期举办主题研讨会，邀请省内外知名专家学者、主管部门领导、参训学员围绕学术问题和实践问题开展研讨互动，发挥好党校特聘教授（研究员）的学术交流指导作用，有力地带动市、县党校开展课题研究和理论文章的撰写。为巩固成果，现将 2021 年全市党校系统结项的各级课题中部分优秀成果结集出版，作为系统师资培训教材，供教研新秀撰写调研报告参考。

本书编写过程中得到了全市各区（市、县）委党校和市委党校各教研室及科研科等相关科室的大力支持，西南交通大学出版社为本书的出版做了扎实细致的工作，付出了辛勤的劳动，在此一并表示感谢。受限于时空和认知，有关课题内容尚不能反映问题全貌，内容有待完善，敬请读者批评指正。

2022 年 8 月

编 者

党建引领老旧小区“三治融合”的路径探析

殷婕 毛丹 干旭敏 邓唯 李燕琳

【摘　要】小区是城市基层治理的基本单元和前沿阵地，如何把党建引领的“三治融合”模式更好地融入小区治理中，进而推动基层治理体系和治理能力现代化，是当前亟须解决的一项现实课题。课题组通过问卷调查、实地调研，在深入分析相关堵点的基础上，提出了以党建引领老旧小区“三治融合”的对策建议。

【关键词】三治融合；基层治理；党建引领

党的十九届四中全会对浙江嘉兴桐乡市高桥街道越丰村的自治、法治、德治相结合的基层治理模式作为城乡基层治理打造的模板予以充分肯定。2021 年 4 月，国务院颁布的《关于加强基层治理体系和治理能力现代化建设的意见》中也提出要“力争用 5 年左右时间，建立起党组织统一领导、政府依法履责、各类组织积极协同、群众广泛参与，自治、法治、德治相结合的基层治理体系”。小区作为城市治理最基本的细胞，是党建引领城市基层治理的基本单元和前沿阵地，是服务群众的“最后一米”。按照省委十一届六次全会的安排，在小区一级要构建“街道党组织—社区党组织—小区党组织”三级架构，形成“小区党组织+业主委员会+物业服务企业”三方联动格局。推进小区党组织建设，把党建引领的“三治融合”模式融入小区治理当中，实现基层治理效能提升，是当前加强基层治理体系和治理能力现代化建设的一项重要举措。

当前，城市老旧小区产权主体不明、物业管理不到位、公共设施老化、人居环境较差、社会文化异质性高等，成为阻碍城市基层治理效能提升的薄弱环节。如何着力破解老旧小区治理“老大难”问题，成为摆在各级党委政府面前的一个难点和堵点。

本课题通过问卷调查、实地访谈、搜集二手资料相结合的方式，以乐山市 2021 年社区党组织书记专题研讨培训班（第一期、第二期）全体学员为调查对象发放调查问卷（共计发放 242 份问卷，回收有效问卷 224 份），并先后到多地开展调研。通过问卷调查和实地调研发现，在落实省委“小区党组织+业主委员会+物业服务企业”三方联动格局和市委“小区党支部+自管委+居民”三方联动的自治服务体系要求的过程中，部分老旧小区组织力量下沉困难、长期失管问题积重难返、矛盾冲突协调难度大、物业管理入驻受阻、工作机制难以理顺、社区自治水平有待提升等沉疾长期存在，急需找准阻碍治理效能提升的体制性障碍、机制性梗阻、实践性困境，进一步理顺党建引领“三治融合”的老旧小区治理机制，探索提升治理效能的有效路径。

一、老旧小区治理的基本概况

（一）统筹规划，优化党组织基本架构

基于政策导向和现实需要，乐山在全省率先将党支部建到城市居民小区，延伸城市党建“神经末梢”。在综合考虑居民小区分布、居民小组设置、治理网格划分、居民生活习惯等情况的基础上，科学谋划小区党组织布局，构建起 1 个社区党委（总支）管理若干个小区党组织，1 个小区党组织覆盖 1 个或多个居民小区，辐射管理 1 个或多个居民小组、业主委员会和治理网格的社区党建基本构架。

（二）精准定策，扩展党组织服务平台

在划分出新型小区和老旧小区的基础上，乐山积极探索构建“一核多元”小区治理体系，通过在新型小区构建“小区党组织+业主委员会+物业服务企业”三方议事决策机制和老旧小区构建“小区党支部+自管委+居民”三方议事协商机制，积极推行以小区党组织为核心，各类基层党组织为补充的微治理体系，构建起了群众议事决策的直接民主机制，为老旧小区由乱到治奠定了制度基础。截至 2021 年 9 月底，全市已建立 1 247 个小区（院落）自治管理委员会（简称自管委）。

（三）循序渐进，延伸党组织覆盖范围

2016 年起，在中心城区先行开展小区大数据调研，论证小区党建可行性；2017 年起，在 27 个党员相对集中、代表性突出的小区试点建立党支部，研究组织覆盖多种模式；2018 年起，在全市同步推行小区党组织建设，截至 2021 年 9 月，全市累计建立小区党支部 375 个，打造出如红旗小区、岷河苑小区、南馨苑小区等一批党建引领小区治理的领航示范项目，实现了党组织制度优势向治理效能的转化，相关做法被《人民日报》《中国组织人事报》《四川省委城乡基层治理工作简报》刊载推广。

二、老旧小区治理的堵点分析

（一）党建引领力方面

1.支撑体系不完善，削弱治理底气

加强老旧小区治理，关键是要构建起“一核多元”自治服务体系。但目前，一是

部分老旧小区还存在党建空白。91%的被调查者认为当前老旧小区治理的最大难点在于缺乏治理核心，38%的社区尚未在老旧小区建立小区党组织，仅有 5%的老旧小区党组织建立率达到 100%。二是部分老旧小区还存在治理空白。传统以居委会为主导的小区治理模式仍然是当前老旧小区治理的主流模式，占比达到 64.65%，小区党组织、业主委员会、物业、自管委等在小区治理中的角色定位尚未明确，距离构建“一核多元”的自治服务体系还有一定差距。

2.作用发挥不到位，阻碍治理进度

组织建立只是基础，要真正发挥党组织的作用才是关键。但目前，一是缺乏强有力的带头人。老旧小区党组织书记多是由居委会工作人员兼任或居委会指派，分身乏术且能力不足，积极性和认可度也不高，致使部分老旧小区党组织作用发挥受阻，未能充分对业委会和物业起到引导、规制、监督作用，53%的被调查者认为老旧小区党组织在建立以后作用较小或未发挥作用，43%的被调查者认为老旧小区党组织对业主委员会和物业起到的引导、规制、监督作用较小或未发挥作用。二是组织协调能力有限。老旧小区治理和改造过程中，小区党组织在协调涉及的相关部门、乡镇和社区方面存在较大困难。三是党员落实“双报到”制度不够到位。“双报到”党员对小区事务的关心、参与、支持不够。

3.要素保障不充分，影响治理效果

缺人、缺钱、缺阵地是目前小区党组织工作普遍面临的问题。一是党务干部年龄结构老化。退休党员成为小区治理的主力。二是党务干部薪酬待遇较低。小区党务工作者往往没有工资，在没有合理的激励机制下，工作积极性不高、主动性不足。三是活动阵地缺乏保障。小区党组织开展组织生活、党群服务等缺乏场所，55%的老旧小区没有活动场所，只有 3%的社区保证了老旧小区的活动场所。

（二）群众自治力方面

1.群众多样诉求协调统一难、人心集聚难

一是协调统一难。居民在加装电梯、停车场改造、物业选择、违规建筑整治等问题上受到利益诉求不一的影响，容易引发矛盾冲突。二是人心集聚难。居委会作为外部力量，在介入小区治理过程中由于情况摸底不清、沟通协调不足、角色定位不明等，容易导致居民对小区治理工作的不支持、不理解、不配合。

2.群众自治组织组建成立难、作用发挥难

一是组建成立难。现行的《四川省物业管理条例》规定，业主大会筹备组的业主代表人数不得少于总人数的三分之二，由于门槛设定较高，给业主委员会的筹建带来一定难度。在物业的引入上，老旧小区由于历史遗留问题较多，使得有意愿进驻老旧小区的物业较少。二是作用发挥难。受小区居民对物业收费服务的抵触心理、房屋空置率或出租率较高等因素影响，物业收费配合度较低，加上物业收费标准过低、物业规模较小下物业服务水平难以得到提升，最终陷入“收费难、服务难”的恶性循环。

3.多元治理主体和谐共存难、力量凝聚难

参与老旧小区治理的不同主体有着不同的主管部门、运作方式和治理目标，在对分散目标进行统一的过程，由于缺乏协商议事平台和尚未明确协商议事规则，致使主体间角色分工不明、责任互相推诿现象广泛存在。

（三）法治保障力方面

1.基层法治良序尚未形成

一是部分基层群众仍然秉持着过去的思维惯习。部分基层群众在遇到问题时，秉持过去的思维惯习，有法不依的现象依旧较为突出，仍然采取“不闹不解决，小闹小解决，大闹大解决”的处理方式。如四川省虽在 2012 年出台了《四川省物业管理条例》，为小区治理提供了法律保障，但由于条例内容较多、篇幅较长、普法工作不到位等问题，让居民对条例的往往只能敬而远之。二是基层公共法律服务体系对接群众需求失准。在调查中 69%的社区层面建立了法律顾问制度，也开展了一些基层公共法律服务，但目前能够提供的法律服务多是通过开展法律讲座、发放宣传资料等方式，在服务的便捷性和精准度上与居民的诉求还有一定的差距。如当前老旧小区迫切需要解决的是通过执法力量下沉小区以解决车辆乱停乱放、违规建民宿、违规开茶楼等突出问题，但目前公共执法权力受到相关制度支撑缺乏、精力人手有限、小区配合度不高等因素的制约，还难以将公共执法权下沉到小区层面。

2.人民调解组织作用有限

人民调解组织是调解基层矛盾冲突的首层，调查中 91%的社区都建立起了人民调解工作室。但受到人员队伍、协议效力、衔接机制等方面因素的制约，人民调解组织的作用发挥尚未达到预期。一是人员队伍专业不高。目前社区的人民调解组织的日常工作往往没有经费来源，人民调解委员会的工作人员主要由居委会的工作人员兼任或者志愿者担任，专职的、专业的人员少，调解案件一般局限在家庭关系、邻里关系、社区基础设施修缮等生活类案件，对于市场条件下需要技术性、专业性的、新生的、复杂性案件，往往是有心无力，难以建立起调解的长效化、专业化机制。二是调解协议效率不高。人民调解协议的法律效力等同于民事合同性质，民事合同在法律效力低于民事裁判，加上很多调解协议在调解双方作出后并没有去进行司法确认，不具有强制执行力，且未对协议的履行情况进行跟踪回访，给当事人提供了协议逃逸的巨大空间，所以“在达成协调协议后又不愿履行、无力履行或未完全履行”的情况屡见不鲜。三是司法指导程度不高。我国《人民调解法》规定，人民法院有法定职能对人民调解工作进行指导，但该指导只是倡议性的，并不是强制性的，致使指导往往流于形式。

（四）德治教化力方面

1.公约实施效果打折

一是对居民公约的宣传力度不够。在居民公约的实际宣传中，主要通过张贴公告栏（占比58%）、微信（占比40%）的方式，仅有36%的社区采取了多种方式结合进行宣传，宣传方式的单一化限制了居民公约的传播范围和效力。二是跟踪督促落实不到位。部分社区居民公约建立后没有采取有效的跟踪督促，实际落实的效果不理想。调查中，认为居民公约作用发挥一般的占64%，认为居民公约没什么作用的占12%。

2.居民思维亟待改变

部分老旧小区居民思想上仍未完全摆脱过去由政府、单位、居委会负责的全能主义治理方式，缺乏“居民自治”“物业收费服务”的认识和自觉，使得参与治理的主动性较低、配合度不高。

3.整合动员能力不足

老旧小区在原主管单位失管后，居民构成异质化、离散化、碎片化，加上社会组织、民间团体等其他社会力量尚未有效介入到治理过程中，调查中有55%的社会组织、48%的居民团体没有参与到老旧小区的治理过程中，社会关系从紧密变为松散，导致整合、组织、动员能力不足。

三、党建引领老旧小区“三治融合”的优化路径

（一）确立党组织核心地位，确保组织领导坚强有力

1.在体制机制上着力，打通基层治理的“最后一米”

一是构建党组织纵深体系。构建“街道党组织—社区党组织—小区党组织—楼栋党小组—党员中心户”五级党组织治理体系。二是完善党组织引领格局。通过交叉任职、选派党建指导员、党员共管、活动共办、资源共享等方式，推进小区党组织与业主委员会、物业的深度融合，推动小区党组织书记或成员通过法定程序担任业主委员会主任或成员，推进符合条件的小区业主委员会建立党组织，通过发展党员、引导物业招聘党员员工、选派党建指导员等方式，延伸基层党组织的工作手臂。

2.在发挥作用上用力，鼓励党员发挥主观能动性

一是配强小区党组织书记。重点从“五老”（老干部、老战士、老专家、老教师、老劳模）中选拔出能力出众、威信较高、办事公道的人员担任小区党支部书记。二是建立小区共建化机制。在社区党组织的引领下，搭建小区党组织、业主委员会、产权单位、物业与住建、消防、综合执法等相关职能部门的沟通渠道，建立联席会议制度，集中排查认定小区突出矛盾问题，明确资源、需求、服务、职责“四张清单”。三是发挥党员先锋模范作用。通过摸清底数、加强党员管理等方式，激发党员的身份意识和引领意识，让党员成为老旧小区的“红色管家”和“第一响应人”。

3.在要素保障上下力，搭建全方位资源支撑平台

一是建立党员干部督办检查制度。制定“双报到”党员干部下沉小区工作要求，各单位党组织定期采取工作暗访、电话抽查等方式，了解党员干部下沉工作情况，严格考核评价。二是完善小区治理主体互动机制。落实“小区党支部+业委会+物业服务企业”三方共同参与的联席会议制度，建立月度例会、重难点工作协调通气会等制度。三是加强小区党群服务中心阵地建设。鼓励有条件的老旧小区建立党群服务中心，让小区党组织承接居家养老、幼儿辅导、法律援助等公共服务功能，让党组织成为提供服务的“百宝箱”。

（二）发挥居民主体作用，有效释放自治活力

1.搭建台子，实现群众登台唱戏

一是发掘人才。从老党员、老干部、经商能人、小区志愿者等中挖掘优秀人才，并登记在册，以此组建“楼道管家”队伍。二是搭建平台。引导老旧小区逐步建立自管委，健全居民有序参与小区自治的路径，完善小区治理事务公开、小区党支部民主评议、小区事务听证和小区居民代表会议等各项制度。

2.增权赋能，实现各方共建共治

一是塑造品牌小区。针对老旧小区既有资源和治理短板，从政策咨询、资源对接、理念宣传、扩大培训方面入手，打造智慧小区、便民小区、文明小区，形成老旧小区特色化治理模式。二是引进社会力量。积极吸纳机关事业单位、志愿服务者组织、公司企业、社会组织等力量参与到幼儿辅导、爱心讲座、心理疏导、老旧院落文化墙打造、养老服务等小区治理过程中，打造小区治理同盟。

3.各司其职，实现治理效能最大

一是树规矩。以党建清单深化党组织统领作用，以协同清单明晰议事规则，以破

难清单推动难题认领，划分清楚小区党组织、业主委员会、物业三方的职责权力边界，形成协同治理的共建格局。二是理流程。从解决难题入手，根据问题复杂程度，分层建立党组织决策流程。对较为复杂、无法协商解决的问题，发挥党组织的引导和把关定向作用，对关系全体业主利益的重大事项，召开党员会议讨论、牵头进行居民听证。三是重考核。发挥街道、社区党组织指导作用，针对小区党组织、物业、业委会建立综合考评办法，定期发布排名指数，形成小区治理“比学赶超”良好局面。

（三）增强法治保障功能，让法治思维深入人心

1.延伸公共法律服务触角，让遇事主动找法

一是实现法律服务全覆盖。通过提供法律咨询、办理公证案件、开展法律援助、举办专题讲座、发放宣传资料等方式，实现社区法律顾问工作的全覆盖，为群众提供抬头能见、举手能及、扫码能得的公共法律服务。二是提高法律服务精细化水平。及时搜集社情民意，对老旧小区居民迫切需要的问题开展公益法律咨询服务，推进普法服务精细化。

2.形成矛盾纠纷化解机制，让化解矛盾靠法

将有意愿参与矛盾纠纷调解的部门领导、业务骨干编入矛盾纠纷调解服务团，组建“复合型、专业型、民众型”三类调解专家队伍，针对矛盾纠纷集中的重点领域的不同特点划分类型，发挥人民调解组织各自专业特长，促进矛盾纠纷协同化解。

（四）深化德治教化效果，不断提升道德风尚

1.以规立德，让居民公约发挥实效

一是加大宣传力度。充分运用短信、微信、张贴公告栏、逐户发放宣传资料、开展专题宣传活动等多种方式，加强居民公约的宣传普及。二是确保公约落实。小区党组织对居民公约履行落实情况进行跟踪回访，规范设置一定奖惩措施，把小区居民遵守公约的情况与荣誉评比挂钩，适当引入提供公共服务为主的违规惩戒措施，让居民公约真正落到实处。

2.以文养德，让居民浸润良好氛围

以丰富多彩的文化活动为载体，以拓展小区文化阵地为基础，以组织各类志愿服务活动为抓手，充分挖掘小区特色文化，打造“一区一品”“一栋一特色”，让小区居民在文化获取和参与的过程中增进文化认同，凝聚价值共识，增强小区认同感、归属感。

3.以评树德，让居民竞相评先比优

探索积分制常态化日常治理模式，开展各类模范先进评选，增强小区居民道德荣誉感，激发起居民自治的内生动力，把被动参与转化为主动参与，以“小积分”撬动“大治理”。

[作者简介]

殷婕（1998— ），女，汉族，四川宜宾人，中共乐山市委党校讲师，主要研究方向：社会学。

毛丹（1982— ），女，汉族，四川乐山人，中共乐山市委党校行政管理学教研室主任、副教授，主要研究方向：行政管理。

干旭敏（1977— ），女，汉族，四川夹江人，中共乐山市委党校行政管理学教研室副主任、副教授，主要研究方向：科学社会主义。

邓唯（1981— ），男，汉族，重庆人，中共四川省委党校科研处副教授，主要研究方向：行政管理。

李燕琳（1976— ），女，汉族，四川乐山人，乐山市市中区区委党校副校长，主要研究方向：党建和基层治理。

国家服务业综合改革试点的乐山实践研究

葛子靖

【摘　要】2010 年开始实施的"国家服务业综合改革试点"工作，是我国探索服务业新模式、新业态及高质量发展的重要手段、重要任务与重要路径，关乎现代服务业发展全局与未来。乐山 2016 年 12 月获批"十三五"国家服务业综合改革试点，2021 年 4 月顺利通过国家发改委验收评审，是我省唯一的非省会试点城市。本文归纳了乐山在顶层设计、重大工程建设与"放管服"改革方面创新做法，并立足现实挑战，提出全面深化服务业综合改革、深入实施文旅主导发展与科学推动"三中心三基地两城"建设等系列建议，以期为"十四五"兄弟市州国家服务业综合改革试点申建和乐山现代服务业发展提供参考。

【关键词】成效；创新做法；挑战；对策建议

现代服务业，是国家或地区经济高质量发展与现代化进程不可或缺的产业支柱与发展支撑。为解决我国现代服务业发展中的突出矛盾与问题，进一步破除体制机制约束和政策障碍，探索推广地方服务业发展的新道路、新模式与新经验，我国从 2010 年开始实施"国家服务业综合改革试点"。目前，我省仅有成都、乐山两市，在"十二五"与"十三五"先后获批此改革试点殊荣。同时，在"十三五"18 个改革试点第二类区域[①]中，乐山是全国唯一以旅游为主导的试点城市。

一、乐山国家服务业综合改革试点成效

在获批试点城市前，2016 年，乐山市服务业增加值仅有 495.02 亿元，仅占地方 GDP 的 37.1%，分别落后全国、全省 20.4 个、10.2 个百分点。同时，面临发展速度放缓、经济增长贡献不大、社会发展支撑不强、特色产业优势不显与企业主体不强等一系列亟须解决的突出问题。获批试点后，乐山市委、市政府，进行了一系列的主动探索与创新实践，并在服务业发展速度、经济增长贡献、社会发展支撑、特色产业发

① 国家服务业综合改革试点第二类区域，指除直辖市、计划单列市与省会城市以外的行政区域。

展与企业主体培育等方面取得了可喜成效，有力地促进了乐山服务业高质量发展。

一是发展速度更快。2019 年，乐山服务业增加值达 818.8 亿元，年度增速居全省第 2 位，较 2016 年（495.02 亿元）提升 5 位；按可比价计算，4 年平均增长了 9.5%，快于全市 GDP 增速和全省、全国服务业平均增速。二是经济增长贡献更大。2019 年，服务业占全市地区生产总值的比重，由 2016 年的 37.1%提高到 44.0%；对 GDP 增长的贡献率，由 2016 年的 33.4%大幅跃升至 44.1%，服务业成为经济增长的主引擎。三是社会发展支撑作用更强。2019 年，服务业为乐山创造税金 86.8 亿元，较 2016 年增长 34%，年均增速 10.2%；提供就业 71.8 万人，较 2016 年增加了 5.1 万人，占全社会就业的比重 38.4%，服务业成为稳就业、保民生的主渠道。四是文旅特色产业优势更加彰显。2016—2019 年，乐山接待国内外游客、旅游综合收入年均增速分别为 16.98%与 8.50%，分别高出全省平均水平 10.96%和 3.92%；在全省的比重逐步提高，由 2016 年分别占 6.92%、8.12%提高到 2019 年的 9.30%和 8.98%，持续保持全省第 2 位的旅游大市领先地位。五是企业主体更加壮大。2019 年，全市新登记市场主体 2.8 万户、累计达 17.4 万户，规模以上服务业法人单位 171 户，1 家企业入选全国第一批专精特新“小巨人”企业，2 家企业入选全国第四批绿色制造企业名单，2 家民企跻身“中国民企 500 强”，3 家民企跻身“中国民企制造业 500 强”，6 家民企跻身“四川民企 100 强”。

二、乐山国家服务业综合改革试点的创新做法

（一）科学架构顶层，精心完善制度

一是高位组织领导。乐山市委先后成立了以市政府主要领导为组长的“服务业领导小组”和“‘十三五’改革试点市领导小组”，统筹推动试点工作；同时精心编制《乐山市“十三五”国家服务业综合改革试点实施方案》，以“清单制+责任制+时限制”形式细化分解任务。二是省市联动完善制度支撑体系。乐山市委积极协同省委改革办、省发改委、省商务厅、省财政厅、省文旅厅等部门，联动创新政策举措。2019 年 1 月，省发改委等 9 部门制发了《支持乐山市开展“十三五”国家服务业综合改革试点的政策措施》，在服务业品牌、现代金融、赛事品牌、用地计划、供地方式上支持乐山。2020 年初，省委改革办将乐山市“十三五”国家服务业综合改革试点列入联系的重大改革试点，予以指导督导。同时，乐山配套出台了《乐山市推进服务业综合改革实现五年倍增行动计划（2017—2021 年）》《促进服务业倍增发展十条政策》《关于加快建设四川旅游首选地的实施意见》等 20 项配套文件，健全了国家服务业综合改革试点的制度体系。

（二）大力实施五大工程，增强内生发展能力

（1）大力实施现代服务业示范创建工程。一是围绕制造业转型需求，以众创空间、创新工场等新型创新创业平台为基础，打造研发设计、技术转移、仓储物流等领域的生产性服务业示范基地。二是通过产业链延伸和新技术、新业态、新模式导入，建设以中央商务区、城市商圈、特色街区、文化创意产业园、专业市场群等为主题的传统生活性服务业转型升级示范基地。三是打造以佛教文化、历史文化、农耕文化、禅茶文化、民族民俗文化和自然生态为特色主题的乡村旅游胜地、健康养老基地、文旅融合示范区和农业嘉年华。四是集聚乐山本土非遗传承人和全球文创设计大师及其他创客资源，建立建设非遗传承人和文创大师工作室。五是面向社会青年、民间发明人、返乡农民工等草根群体，大力扶建“零成本”草根创业社区。

（2）大力实施现代服务业市场主体培育工程。一是引进与扶持创新型服务业企业，鼓励民间资本投资旅游休闲、文化创意、健康养老、工业设计、虚拟现实、新零售等新兴服务业。二是围绕文旅、电商、现代物流、康养、科技服务等重点行业，大力培育具有成长性的中小企业，分领域扶持建立服务业行业协会，搭建大中小微企业之间的信息交流与合作咨询平台。三是加快推进苏稽新区大学城和冠英新区会展中心建设，主动承接发达地区高端服务业转移，着力培育形成与本地优势产业融合度高、示范带动能力强的高端服务业。四是建立市服务业百强企业库，集中力量培育创新能力强、发展潜力大、示范引领作用突出的重点企业。

（3）大力实施服务质量提升与品牌培育工程。一是完善技术转移、商务咨询、物流、检验检测等生产性服务领域和餐饮住宿、文化、旅游、康养、家政等生活性服务领域标准，加快新兴服务领域产品、行为、流程等标准的制定与推广。二是鼓励服务企业产品标准和服务标准自我声明公开，探索建立适应行业特点的服务（企业）分级与评定制度，支持社会组织制定团体标准，积极采用国际先进标准。三是对暂不能实行标准化的服务行业，广泛推行服务承诺、服务公约、服务规范等制度。四是支持服务业企业开展自主品牌建设，培育具有少数民族和地域特色的服务品牌，加强民族民间工艺品地域品牌、大师品牌、产品品牌、文化品牌的建设和培育。五是实施品牌“走出去”战略，加强服务质量品牌宣传。

（4）大力实施基础设施提升工程。一是增强基础设施保障能力。围绕协同打造全省南北综合交通中轴线和经济中轴线，加快构建“十纵八横三环线”的网络化交通体系，畅通全域开放通道。实施第一轮“交通三年攻坚大会战”，重点建设以“两港四梯级、五铁十高速”为核心的重大项目 30 个，总投资 800 亿元。二是加快推进服务业公共基础设施智能化改造。启动主要城区、工业园区和旅游景点公共场所免费无线上网工程，加快旅游景点售票检票、停车场、应急医疗设施、逃生通道等系统的智能

化改造，完善景观数字内容，构建智能导览系统；推进全市道路交通信息采集和处理，推动交通信息全程服务应用示范；建设面向市民和游客服务的云平台，提供交通出行、旅游咨询、气象信息、餐饮住宿、文化娱乐、医疗健康、智能安防等服务。

（5）大力实施现代服务业人才集聚工程。一是实施更加开放的人才引进政策，实行与国际接轨的人才管理制度，大力引进海内外高层次人才和高端创业团队。二是实施“嘉州英才工程”“企业名家工程”和“千名现代服务业人才培养计划”，多渠道、多层次培养旅游管理、现代物流、文化创意、商务咨询、软件通信等专业人才，挖掘、培养民族文化“非遗传承人”与行业技术骨干。三是实施“青年人才成长计划”，推进大学生创业基地项目和高校院所科技园区建设，吸引高校毕业生来乐山创新创业。四是围绕解决人才的居住、生活、教育、医疗、文化等多方面需求，营造兼具良好人文与生态环境的国际人才社区、青年人才社区、创业小镇等各具特色的人才聚集区。五是开展以“聚焦乡村振兴，寻找乡村匠人，建设技能乐山”为主题的“匠技嘉州”千百乡村匠人培育行动。六是举办中国旅游人才峰会，吸引集聚国内外文旅专家、学者及创新创业人才。

（三）深化“放管服”改革，营造一流营商环境

（1）着力放宽服务业市场准入。一是全面实施注册资本认缴登记制，除法律、法规的规定外，取消了原公司登记对注册资本的限制，切实降低准入门槛。二是制定《乐山市中心城区市场主体住所（经营场所）登记和监督管理办法》，放宽市场主体住所（经营场所）登记条件。三是推进“一门办”，市本级 751 个政务服务事项除 25 个事项因特殊原因不能入驻，其余均全部入驻政务服务大厅和分中心办理。四是制定完善《严格规范房地产市场秩序的治理方案》《乐山市商品房预售许可管理细则》等制度，规范和提升房地产服务业的监管服务效能。五是研究出台《关于加快发展养老服务业的实施意见》等政策文件 20 多个，引导社会力量进入养老服务领域。

（2）全力简化商事登记。一是将服务业企业年度检验制度改为企业年度报告公示制度，逐步由先证后照改为先照后证，实行目录化管理。二是推动企业登记便利化，开展“多证合一”改革、“证照分离”改革，将企业商事登记“33 证合一”纳入“企业登记窗口”一窗受理，将企业开办时间压缩至 3 个工作日内。三是工程建设项目审批实现“一套制度、一张表单、一个窗口”审批。四是开展医疗机构许可“综合审批、多证合一”制度改革，将医疗机构执业许可证、放射诊疗许可证等进行“十证合一”改革。

（3）深入推进“三单合一”政务改革。一是完善权力清单、责任清单，落实市场准入负面清单制度。市上成立了营商环境局，各县（市、区）均成立了行政审批局，实现“一枚印章管审批”、行政审批“一窗受理”。市中区行政审批局率先在全省推行

一窗无差别受理，建立了全国第一个“政务服务 7×24 小时无人值守站”。行政审批办理实际提速 74.6%，按时办结率保持 100%；应用政务服务网、App 等网络平台“一网通办”“移动办”，全市行政权力事项 16 112 项（市本级 1 539 项），精简申报材料 60%，网上可办率 100%。二是与银行开展“证银合作”。将登记服务窗口向金融网点延伸。三是严格落实国家有关涉企收费政策。全面实施涉企收费公开公示制度。

（4）指导健全行业自治机制。一是完善行业指导与监管机制。主管部门主动指导，支持旅游、文创、物流、科技、餐饮、住宿等服务业重点领域建设行业协会或商会，并依托协会或商会加强行业指导与行业监管。二是健全行业诚信机制。依托全市统一的社会信用信息共享平台，建立服务业企业信用评价体系和信用记录、信用评估查询系统，健全企业信用信息发布和公示制度，推动政府与金融机构对企业信用评价体系衔接；完善全过程质量责任追溯、传导和监督机制，加大质量监测、违法案例等信息公开力度；推出文明服务曝光台，推广行业“黑名单”管理制度，推行失信企业协同监管和联合惩戒制度，完善服务业市场主体准入和退出机制，全力打造放心舒心消费城市。

三、乐山巩固“国家服务业综合改革试点”成果面临的挑战

（一）服务业综合改革持续深化挑战多

（1）综合改革政策创新挑战。乐山国家服务业综合改革试点相关的工作方案及支持政策，大多具有“十三五”时限，“十四五”如何安排综改工作，如何深化、细化政策，亟须出台新的方案、意见予以科学指导。同时，面对服务业品牌建设、现代金融业发展、科技服务业培育、社会资本利用、高素质人才招引、高端开放平台打造等不强领域，政策资金相对不足，亟待政策资金整合与扩大投入。另外，目前没有统一、规范的全国服务业调查制度，服务业统计指标口径和范围不规范、不统一，易造成部分新兴服务业漏统、低估，不利于准确统计与评估指导。

（2）科学规划有效衔接挑战。目前，各部门分别在牵头编制“十四五”现代服务业发展规划、旅游融合发展规划、康养产业发展规划、科技创新与应用规划等重大专项规划。乐山如何将服务业综改融入其中，做到统领有序与多规合一，仍是挑战。

（3）生产性与生活性服务业高质量发展挑战。目前，乐山生产性服务业与生活性服务业发展，整体呈现不平衡与不高端特点。例如，生产性服务业，专业化与价值链高端延伸不足，钢铁、水泥等行业在废弃物协同处置、资源循环利用、污水处理、热力供应等方面服务水平不高，物流企业融入服务制造业的能力不够；生活性服务业，品质不高、升级不够，定制消费、智能消费、信息消费、体验消费等新商业模式普及

度不高，平台经济、电商经济、共享经济等新业态不够大，幸福产业服务消费需求小。

（二）文旅主导发展的难点不少

（1）文旅空间布局升级挑战。目前，乐山文旅发展空间布局规划，已从“十三五”的“一带两核九组团”晋升到“两核两圈两带九组团”，文旅发展的方向及路径面临更高要求。特别是，峨眉山、乐山大佛两个世界遗产核心景区，大峨眉旅游圈、小凉山旅游圈两个大圈，峨眉河休闲度假产业带、大渡河研学旅游产业带两条大带，大瓦山、黑竹沟、东风堰等旅游区，进一步出彩的难度不少。

（2）旅游企业培育不够。一方面，乐山文旅发展引入的战略投资者还不多，行业龙头、大企、强企也较少，不足以支撑“十四五”发展需求。例如，规模以上服务业法人单位不到 200 家，“小巨人”“中国民企 500 强”“中国民企制造业 500 强”“四川民企 100 强”等各类文旅强企不到 20 家。另一方面，还存在文旅项目储备包装推介不足、本地企业跨行引导较弱、旅游服务骨干公司培育不够等问题。

（3）公共品牌打造不足。其一，“乐山礼物”区域公共品牌不明显，与企业品牌联动不紧密，制度化品牌管理缺失，品牌商标化、市场化程度不够。其二，文创产品升级较慢，与农产品转化、工业品转型协同不足，旅游商品普遍存在自然人文元素不丰富、特色不显、系列开发不足等通病。其三，“乐山礼物”旗舰店、销售点布点较少，营销力量不强。

（4）旅游联盟作用未充分发挥。虽然乐山是“成渝乐旅游联盟”“高铁旅游联盟”发起者，但文旅资源跨区整合能力不强，高铁沿线旅游产品打造也未形成体系，线路共建、资源同享、品牌联树等尚处于起步加速阶段。

（三）“三中心三基地两城”打造任重道远

为培育现代服务业新的增长点，推动服务业高质量发展，建设全省区域服务业中心城市和全省区域消费中心城市，中共乐山市委七届十一次全会，做出了“打造‘三中心三基地两城’”的规划部署，即打造全省区域现代商贸中心、全省区域现代金融中心、全省区域现代物流中心、全省科技信息示范基地、全省人力资源服务基地、全省康养产业示范基地、全国美食地标城与国际旅游会展名城。“十四五”时期，“三中心三基地两城”建设，已成为乐山巩固“十三五”国家服务业综合改革成果、繁荣发展现代服务业的重点任务和重要抓手。全新的定位，更高的发展要求，必然衍生出诸多发展挑战。比如，全省区域现代商贸中心打造，不仅涉及核心商圈、特色街区、批发市场等商业网点的空间布局调整，还牵涉到新业态孵育、消费场景重构等诸多难点；全省区域现代金融中心打造，也必然直面科技金融、绿色金融与数字金融等新任务与新要求，持续面临融资规模拓展与融资结构优化等老大难问题；全省区域现代物流中心打造，也将面临生产性物流园区建设与布局调整重任，多元化物流方式培育难题；全省科技信息示范基地打造，则涉及数据开放与安全等新挑战；全省人力资源服务基地打造，需要在薄弱发展基础上，建立健全人力资源服务和人力资本产业链，任务亦重；全省康养产业示范基地打造，需要深挖资源、丰富业态与培育特色载体，难度不小；全国美食地标城与国际旅游会展名城打造，则直面省内外市州白热化竞争，突围不易。

四、乐山巩固“国家服务业综合改革试点”成果的对策建议

（一）全面深化服务业综合改革

（1）推进综合改革政策创新。首先，尽快研究出台《“十四五”乐山市国家服务业改革试点深入推进工作方案》，统筹推进新阶段服务业政策创新与落地。其次，围绕服务业品牌建设、现代金融业发展、科技服务业培育、社会资本利用、高素质人才招引与高端开放平台打造等薄弱环节，积极争取国、省级专项资金，配套出台市、县两级辅助发展资金。最后，健全服务业统计调查制度，完善统计分类标准和指标体系，提高统计数据及时性和精准度，更好地发挥服务业统计体系的决策参考与行业引导作用。

（2）科学制定与实施专项规划。以深化综合改革为统筹、文旅发展为主导、“三中心三基地两城”建设为抓手，高质量编制与实施“十四五”现代服务业发展规划、旅游融合发展规划、康养产业发展规划、科技创新与应用规划等重大专项规划，精准锁定未来五年乐山服务业发展方向及路径。

（3）推动生产性与生活性服务业有序发展。一方面，引导支持生产性服务业向专业化和价值链高端延伸，鼓励钢铁、水泥等行业企业发展废弃物协同处置、资源循环利用、污水处理、热力供应等服务，鼓励物流、快递企业融入制造业采购、生产、仓储、分销、配送等环节，形成一批深度融合发展企业、平台和示范区，打造先进制造业和现代服务业深度融合发展试点城市。另一方面，鼓励支持生活性服务业向高品质和多样化升级，统筹布局核心商圈、特色街区、高端医养综合体，积极培育定制消费、智能消费、信息消费、体验消费等新商业模式，壮大平台经济、电商经济、共享经济等新业态，激活幸福产业潜在消费需求。

（二）深入实施文旅主导发展

（1）深化文旅融合。坚持国际化、品牌化、特色化、全域化发展方向，深化文旅“四篇文章”，全力建设“两核两圈两带九组团”，持续提升峨眉山、乐山大佛两个世

界遗产核心景区品牌影响力，大力建设大峨眉旅游圈与小凉山旅游圈，精心打造峨眉河休闲度假产业带与大渡河研学旅游产业带，加快开发大瓦山、黑竹沟、东风堰等高品质旅游区，努力把乐山建成具有国际范、中国味、嘉州韵的世界重要旅游目的地。

（2）做强旅游企业。扩大文化和旅游市场开放，全力招引战略投资者、文旅行业龙头企业参与乐山文化和旅游产业发展。加强文旅项目储备包装、推介招商，鼓励和支持市内优势企业进入旅游领域发展，加强对旅游服务公司、旅行社等领域骨干企业的引导培育。

（3）孵育"乐山礼物"公共品牌。实施"公共品牌+企业品牌"双品牌战略，深入打造"乐山礼物"区域公共品牌。制定品牌管理办法，实现品牌商标化、市场化。重点推进文创产品升级，辅以农产品转化、工业品转型，研发打造具乐山城市精神和自然文化元素的"差异化+特色化+系列化"的特色旅游商品。加快布局"1+N+M"营销体系，在重点景区、商场、餐厅、酒店、游客接待中心、交通站点等游客聚集地，大力建设"乐山礼物"旗舰店、销售点。

（4）用好发展联盟。充分利用"成渝乐旅游联盟""高铁旅游联盟"发起地优势，加大成都、重庆和乐山文化旅游资源整合力度，大力培育主题多种、层次多样、体验多元的高铁沿线旅游产品体系，包装实施一批"百亿级"文化旅游项目，逐步实现旅游线路共建、资源同享、品牌联树。同时，协同打造好"乐山—宜宾—泸州—重庆"豪华游轮精品线路，强化与重庆大足石刻等文物和遗产保护机构合作，办好中国石窟（南方）保护学术研讨会等活动，支持乐山大佛石窟研究院建成中国文化遗产研究院南方石质文物保护基地。

（三）科学推动"三中心三基地两城"建设

围绕"三中心三基地两城"建设，推动现代商贸、现代金融、现代物流、科技信息服务、人力资源服务、康养服务、特色美食、会展产业等加快发展，加快构建现代服务业体系。

（1）建好全省区域现代商贸中心。统筹布局全市核心商圈、特色街区、批发市场等商业网点，壮大平台经济、电商经济、共享经济等新业态，构建多元化消费场景。重点加快建设青江核心商圈、苏稽新区商圈与高新区总部集聚区商圈，推进"上中顺"高品位步行街、苏稽文旅小镇步行街区等特色街区建设。

（2）建好全省区域现代金融中心。发展科技金融、绿色金融、数字金融，增强金融服务实体经济能力；扩大直接融资规模和间接融资体量，优化融资结构，构建多元化融资格局。重点规划建设乐山市金融服务中心、总部经济区金融中心、乐山高新区商务中心，有序引导各类金融机构进驻；推动建设嘉州金融港，融合商贸、物流、航运、港口和金融一体化发展，汇聚社会金融资本。

（3）建好全省区域现代物流中心。加快生产性物流园区布局，把交通枢纽优势转化为物流经济优势。重点推进空港物流园、成都（乐山）港物流园、乐山西部冷链物流园、保税物流中心（B型）建设，引进培育一批A级物流企业，健全冷链物流、大件物流、多式联运、城市配送等物流方式，建设全省区域物流枢纽。

（4）建好全省科技信息示范基地。加大研发创新、技术转移和成果转化力度，加快数据合法开放和“互联网+”在各领域的渗透，优化提升信息消费环境。重点加快建成乐山科技服务业大市场，启动五通桥、夹江、犍为三基地专业科技型企业孵化器建设，建设一批国家科技型企业孵化器。

（5）建好全省人力资源服务基地。构建专业化、数字化、多元化的现代人力资源服务和人力资本产业链，努力建成国家级文化旅游人力资源市场。重点建设四川文旅人力资源服务大数据和人力资源数据交易中心、四川人力资源产业园线上营运平台，建好全国首个产业定位的文旅人力资源服务产业园，打造区域性人力资源服务中心。

（6）建好全省康养产业示范基地。大力发展旅居康养、文化康养、体育康养、农业康养、森林康养、食药康养等新业态，全力打响“乐山乐水、康养圣地”品牌。重点挖掘峨眉山、黑竹沟、大瓦山、沐川竹海、美女峰等绿色生态资源，建设一批产业特色鲜明、文化底蕴浓厚、生态环境优美、示范效应明显的特色康养小镇和集聚区。

（7）建好全国美食地标城。以品牌化、集聚区、标准化、国际化为方向，推动美食产业全链条高质量发展，不断提升“乐山味道”“嘉州菜”知名度和影响力。重点推动食品加工园区（中央厨房）建设，集聚打造高端载体，培育餐饮龙头企业，实施美食品牌塑造工程。

（8）建好国际旅游会展名城。引进一批会展重大项目，培育一批会展知名品牌，做大一批会展关联产业，积极承办国际国内品牌展会、体育赛事与经贸投资活动，提升会展品牌引流力和辐射力，把乐山建成成渝地区会展第三极。重点建好国际旅游会展中心，开工建设冠英乐山国际博览城，高规格办好西部陶博会、西部茶博会、西部药博会，推动四川国际旅游交易博览会升级为中国西部文旅博览会并积极申报全球展览业协会（UFI）认证。

参考文献

[1] 乐山市人民政府. 乐山市“十三五”国家服务业综合改革试点实施方案[R]，2017-12-09.

[2] 乐山市发改委. 乐山市国家服务业综合改革试点工作总结报告[R]，2020-11-08.

[3] 陈永华. 积极探索“服务业+”产业发展模式走出一条资源型城市产业发展的新路子——贺州市国家服务业综合改革试点工作调研报告[J].市场论坛，2018（2）：9-12.

[4] 高宝华，雷紫翔.以制度建设引领我国服务业高质量发展——以国家服务业综合试

点改革为例[J]. 服务外包，2021（9）：62-64.

[5] 张荣博. 服务业综合改革试点政策效应评价[D]. 重庆：重庆工商大学，2020.

[6] 王叶庆，郭晓静，刘伟星，等.而今迈步从头越——静安区国家服务业综合改革试点工作[J]. 上海党史与党建，2019（1）：35-38.

[7] 陈永华. 积极探索“服务业+”产业发展模式走出一条资源型城市产业发展的新路子——贺州市国家服务业综合改革试点工作调研报告[J]. 市场论坛，2018（2）：9-12.

[8] 姜长云，邱灵. 深化我国服务业综合改革的经验总结与建议[J]. 江淮论坛，2017（5）：35-40.

[作者简介]

葛子靖（1984— ），男，汉族，四川青神人，中共乐山市委党校讲师，主要研究方向：区域经济社会发展。

峨眉山市老旧小区增设电梯的实践与探索

刘松 袁媛

【摘　要】中国共产党乐山市第八次代表大会指出："改善民生、共建共享，群众幸福指数不断提升"，"要持续保障和改善民生"。老旧小区增设电梯也是民生中的重要问题。小电梯大民生。近年来，中央和各地政府陆续出台了多项政策文件，支持老旧小区楼房的电梯加装工作。峨眉山市于 2020 年 9 月出台了《峨眉山市既有住宅增设电梯实施方案（试行）》，依法改建，力求在尊重原有规划现状的基础上，改善居民生活环境，提高居民生活质量。笔者到峨眉山市房管局、峨眉山市城东社区以及部分老旧小区进行调研，分析现状，进而提出一些思考和建议。

【关键词】老旧小区；增设电梯；峨眉山市

一、峨眉山市老旧小区加装电梯的基本情况

峨眉山市住建局、峨眉山市财政局、峨眉山市市场监管局、峨眉山市自然资源局于联合发文《峨眉山市既有住宅增设电梯实施方案（试行）》（以下简称《实施方案》）中规定了峨眉山市加装电梯的实施范围，即峨眉山市城区范围内具有合法城市房屋权属证明，且于 2012 年 1 月 1 日前建成投入使用的 4 层及 4 层以上的多层住宅，增设的电梯应在既有住宅建设用地红线范围内，且不得超出建筑红线。单一产权住宅、个人自建房、别墅、已列入征收范围和棚户区改造计划的住宅及已达到或超出设计使用年限的老旧危楼，不适用该实施方案。

根据该条的规定，笔者到主抓该项工作的峨眉山市房管局进行调研。房管局负责人告诉笔者，经过前期的摸排，峨眉山市 13 个乡镇（街道）现共有大大小小的老旧小区 800 多个，符合《实施方案》中加装条件的小区大概有五六十个。加装电梯的小区必须要有加装电梯的空间，否则，即使居民同意了也无法加装。比如，有的老旧小区楼栋之间的间距很短，有的小区与单位相连，根本没有加装的空间；有的小区楼房过于老旧，安全检测不过关。而符合加装电梯条件的老旧小区中，同意加装电梯的居民与不同意加装电梯的居民基本各占一半，一、二楼的居民均表示不参与加装电梯，

三楼居民不同意的少，一般来说，让居民投票，程序上能通过，但是后期施工，阻碍很多，难度很大。《实施方案》出台前，有20个小区的业主到房管局咨询过，《实施方案》出台后，工作人员把20个小区的业主召集过来依次讲解安装的申报、流程以及电梯加装后要面临的一些问题，比如费用的分摊、后期维护、安全问题。峨眉山市人民政府计划选两个小区进行试点，如果成功加装了电梯，再在全市推广。截至目前，只有城东社区明瑞新苑小区的业主进行了申报，该小区共有三栋楼，仅有其中一栋楼的一个单元的业主准备齐全材料进行了申报，相关部门已通过审批，但加梯工程并没有实际动工。

二、峨眉山市老旧小区加装电梯难点分析

峨眉山市为什么仅有一个小区的一个单元楼的业主进行了申报，加装电梯工程为何如此困难？笔者对此进行了认真的调研和仔细的分析。

（一）从居民的角度分析

1.“换房思维”的影响

峨眉山市城东社区，是老旧小区最集中的社区，笔者到城东社区进行了调研。社区副书记谈到一个现象：有的老人一辈子要买三套房，第一套是年轻时候他们结婚时买的房子；第二套，娃娃十来岁了，房子住旧了，十多年了，也差不多该换了；第三套，娃娃长大要结婚的时候，要给娃娃置办一套婚房。所以，有的老人一辈子要买三套房子，其中，第二套房子住的时间最长，一辈子就住在这里了，现在养老用，正好又住在一楼或者二楼，小区是否装电梯与他们无关，不想麻烦，也不愿出钱。有的居民甚至觉得，与其出几万元加装电梯，还不如换套新房子，反正现在峨眉城里的新楼房多。

据了解，峨眉山市现在的老房子，带装修的市场价每平方米一般三千多元。新楼房的市场价，根据地段和修建的时间，价格在四五千元至七八千元不等，与大城市相比，房子单价并不太昂贵。所以，居民就算把原来的房子卖掉，再换套新的楼房，“以房换房”也不会过多地增加经济负担。但在很多大城市，居民把自己原有的住房卖掉，再买一套新房子，连原来的成本都置换不回来。

2.“成本效益”与“经济效益”的权衡

笔者了解到，老旧小区的消费群体，主要有几类群体，一类是老年人，一类是征地拆迁人员和进城务工人员。峨眉山市随着城市的发展，最近几年的征地拆迁人员较多，加上前两年，峨眉山市委、市政府引导峨眉山上的村民自愿下山，现在大量的村

民涌入城市，而很多村民没有买房子。所以，大量的村民和进城务工人员就成为租房大军。而加装电梯本质上与房东有关，房东觉得出 6 万元装电梯，大大增加了居住成本，这些钱可以收 7 年的房租了。峨眉山市老旧小区房子的租金，一般是八九千元一年，加装电梯也不可能让租金提高到一万元以上，因为很多新小区，如峨眉河畔、爱情海蓝、维多利亚等新小区里面七八十平方米的房子，租金也就一万多元一年，所以在同等价格下，没有人会租老房子。另外，加装电梯后，一楼的房子不但失去了唯一的优势，还会导致房子贬值，而五、六楼的房子由于加装了电梯，解决了出行问题，房子必然会增值，这就等于是帮别人做“嫁衣”，所以加装电梯对于一楼业主就是一件损己利人的事情。老百姓心里有本账，对成本与效益算得很清楚。

3.“负面效应”的考虑

调研过程中，一楼的居民均表示，自己住在一楼，本来就不需要电梯，为何要多此一举加装电梯，就算不用自己出加装电梯的费用，但是后期电梯运行费用和维修保养费用，还是需要全体业主来出，就算用公共维修基金也是需要一楼住户来承担。同时，加装的外置电梯井，影响一楼房间的采光和通风效果，电梯运行时还会产生噪音，不管是上楼还是下楼，都要经过一楼，所以一楼噪音最多也最大。另外，由于楼上的住户都要在一楼等电梯，一楼业主的隐私和安全都会受到影响。

4.“规则意识”淡薄

老旧小区加装电梯的工作推进难度较大，其中一个主要的原因就是高楼层住户与低楼层住户的利益无法达成一致，且不少小区存在低楼层住户一票否决权，这就意味着加装电梯的第一道流程——申请这一关都过不了，更谈不上后面的流程。

2021 年 1 月 1 日实施的《中华人民共和国民法典》，第二百七十八条对业主共同决定事项及表决做了规定：“业主共同决定事项，应当由专有部分面积占比三分之二以上的业主且人数占比三分之二以上的业主参与表决。决定前款第六项至第八项规定的事项，应当经参与表决专有部分面积四分之三以上的业主且参与表决人数四分之三以上的业主同意。决定前款其他事项，应当经参与表决专有部分面积过半数的业主且参与表决人数过半数的业主同意。”该条第七项为“改建、重建建筑物及其附属设施”，而加装电梯就属于改建、重建建筑物。这实际上就是从法律的层面上对加装电梯的申请放低了门槛：计算下来，2/3 乘以 3/4，事实上就是 1/2，低楼层住户再也没有一票否决权。而且《实施方案》中，在增设条件中正是按照《民法典》规定的表决程序进行表决。

笔者在调研中了解到，明瑞新苑的居民已经通过表决，符合加装电梯的条件，但一楼的居民根本无视表决结果，阻拦工程，不让勘察，不让施工，甚至一度拿板凳坐在一楼门口阻挡，最终导致加装电梯无法顺利开展，暂时停滞。

5.“司法成本”与“人情成本”的比对

明瑞新苑的高层住户针对一楼居民无视投票结果、阻工的行为很是无奈，但考虑到大家都是邻居，住在同一单元楼，不到万不得已，不愿意把关系搞僵。而且一楼的居民又是70多岁的老人，担心激烈争吵会引发老人的疾病。同时，高层住户也不愿意诉诸法律，因为把一楼的住户告上法庭，那么邻里之间的关系就再也没有挽回的余地了，而且打官司，成本较高，既要负担诉讼费，还要负担律师费，并且耗时较长，一审简易审判程序三个月、普通审判程序六个月，如果还有二审，那耗时就更长。所以，“司法成本”与“人情成本”相对比，人情便占据了上风。

（二）从职能部门的角度分析

1.宣传力度不够

老旧小区加装电梯，对峨眉山市来说尚属“新生事物”，要推广这项工程，首先就应营造良好的氛围，加大宣传力度。但是很多老旧小区并没有开展任何宣传工作，小区居民对相关政策、申报程序、审批程序均了解较少，这就不利于该项工作的开展。

2.审批流程烦琐

电梯属于日常使用频率最高的机电设施，其安全性关系居民生命财产安全。在既有住宅上加装的电梯，除了要按照技术规范进行规划建设外，更应该在施工安全、建设质量、消防安全、电梯使用监管、运营维护等方面监督把关，加装电梯涉及电力增容、管线改迁、绿地改造等，需住建、市场监管、消防等多个部门参与，申报、审批、建设是一项情况复杂、涉及面广的社会系统工程。

3.协调力度不够

根据社区自治，加装电梯工作实际上是由社区主抓，社区多次召集业主开会协调，但一楼居民坚决不同意，导致加梯工作停滞。经社区反映情况，相关部门表示将会召开现场办公会进行协调，但办公会迟迟未召开，导致加梯工作一拖再拖。这从侧面反映出职能部门对加装电梯工作不够重视。

4.财政补助偏低

《实施方案》中规定的补贴标准：峨眉山市城区范围内增设电梯中符合条件的，按照每台财政补助10万元，若上级补贴标准每台超过10万元，以上级补贴标准为准。若安装费用10万元以内，按照实际支出的80%进行财政补助。

据了解，成都市既有住宅加装电梯，一部补贴20万；上海市，2019年12月，经上海市政府同意，上海市住建委、市房管局等10部门联合印发《关于进一步做好本市既有多层住宅加装电梯的若干意见》规定：加装电梯最高补贴从 24 万元增加到 28 万元。

乐山市级补贴标准为 10 万。所以，实际操作中，峨眉山市是根据乐山市的标准，每部电梯补贴 10 万。这导致居民自己出的费用较高，参与加装电梯的积极性不高。

（三）从电梯运营管理的角度分析

明瑞新苑小区若成功安装电梯，之后将要面临一系列的问题，电梯后期的维护、保养、使用、安全责任如何承担。比如电梯运营时的安全与维护问题，电梯作为特种设备，安全责任要求很高，如果不年检直接会被停用，而维保的主体怎样定，是物管公司，还是电梯公司？电梯年检问题，峨眉山市一部电梯每年的年检费用为八千元，这笔费用如何分摊？装一部电梯，一头一尾的工作很麻烦，安装其实很简单，只要居民有安装的意愿，投票表决通过，相关部门都会批准，关键因素在于业主内部，业主商量好后，才能推动加装电梯工作顺利开展。前期的筹备、征求意见，后期的使用、运营、维护，很多小区的业主自己都没商量好，大家都在观望，都在看别的小区如何搞，投入使用后，如果产生了相应的问题如何解决。这些问题都加大了加装电梯的难度。

三、加装电梯的思考和建议

（一）重视宣传工作，营造良好氛围

老旧小区加装电梯，前期的宣传、氛围营造非常重要。比如，峨眉山市在创建卫生城市工作中，市文明办的宣传工作做得很到位，除了宣传标语、发放宣传资料，还组建了宣讲团，到各单位、乡镇、社区进行宣讲，笔者当时也是宣讲团的成员，到多个镇乡和社区进行宣讲，让市民朋友深刻认识到创建卫生城市的重要性，进而投入创建工作中。

笔者认为，加装电梯的宣传内容应包括政策宣传和法律宣传两方面。职能部门的工作人员对加装电梯的政策进行宣讲，法律工作人员对加装电梯相关的法律法规进行宣讲。既从政策层面上宣讲，也从法律层面宣讲，让小区居民有深刻的认识。特别要讲清楚低层住户若阻挡施工被高层住户告上法庭，法院判决高层住户胜诉后，低层住户将会承担怎样的法律后果。因为笔者在调研中，社区工作人员和小区居民都提出了相同的问题：官司即使胜诉，如果低层住户仍然阻挡，那该怎么办？其实，在法院的裁判文书生效后，被告若拒不执行，原告可以向法院申请强制执行，强制执行是司法救济的重要途径。若此时，被告还不配合法院执行，法院有权对被告采取最高 15 天

的司法拘留；若司法拘留之后，被告仍不配合，此时就涉嫌刑事犯罪，根据《中华人民共和国刑法》第三百一十三条规定："对人民法院的判决、裁定有能力执行而拒不执行，情节严重的，处三年以下有期徒刑、拘役或者罚金。"这就意味着，有义务执行判决、裁定的当事人以及对判决、裁定负有协助执行义务的某些个人，如果有执行能力，但采取消极或者积极的方式，拒绝履行执行义务，司法机关可以"拒不执行法院判决裁定罪"，依法追究其刑事责任。很多居民的法律意识较淡薄，并不知道强行阻挡的行为可能给自己带来这样的法律后果。所以，应该重点从法律的层面上给居民讲解清楚。

（二）抓住关键人物，做好居民工作

老旧小区加装电梯的难点和堵点，就在低层住户的不同意见，做好低层住户的工作，就是推进电梯加装的关键所在。那么，如何做好低层住户的工作，笔者认为，应从思想工作和补偿工作两方面入手。

笔者在 2021 年 6 月份，参加了省委党校举办的浙江大学师资班，笔者在网上查阅到，杭州市在老旧小区改造、加装电梯方面走在了全国前列。在浙江大学学习期间，承办方带领老师们参观了杭州市王马社区和文晖社区。王马社区正好涉及老旧小区改造、加装电梯，该社区书记俞红介绍，加装电梯这项工作确实很难，必须要做好低层住户的思想工作。

首先，可以请社区、小区里德高望重的人出面做工作，或者了解哪些人与低层住户的关系好、感情好，请这些居民给低层住户做工作。在王马社区，凡是加装电梯成功的小区都有个特点，就是每个小区里面，都有热心人、让群众服气的人。比如，有个小区在加装电梯工作中，有一名退伍军人非常热心，成功调解化解了多次小区居民的矛盾纠纷，与小区的居民建立了很好的关系，很有威信。所以，小区低层住户的思想工作主要就由这名转业军人出面做。但就是这样，也反反复复做了不下 20 次工作，最后终于成功了。在杭州市的文晖社区，还成立了"和事佬""武林大妈""小小和事佬"机构，专门从事社区治理、矛盾纠纷调解工作，均取得良好的社会效果。

其次，要以心换心、将心比心。加装电梯对低层业主来讲，确实没有什么好处，反而增加了其负担，所以在前期协商的时候，一定要注意保护一楼业主的权益不要被过度牺牲，必须给一楼业主适当的补偿，以及免除其后期的管理、维保、年检等相关费用。对于高层住户来说，加装电梯确实收益很大，不仅大大方便了其生活，还提升了房价。所以，对于低层住户，应尽量弥补其损失。

（三）开辟绿色通道，探索使用"双金"

加装电梯之所以难，资金也是主要难点。目前，居民普遍反映峨眉山市的财政补

贴偏低。那么，如何筹措更多资金，减轻居民的经济负担也成为一个难题。峨眉山市《实施方案》中第四部分对加装电梯资金筹措进行了规定，其中有一条为：已缴存住宅专项维修资金的，经专有部分占该梯号住宅建筑物总面积三分之二以上且占总人数三分之二的业主同意，可按有关规定申请使用住宅专项维修资金，但提取金额不得高于个人账户资金总额的 50%。该条是对动用维修基金用于加装电梯的规定。但实际情况是，峨眉山市大部分小区的住房是 20 世纪八九十年代修建的，有的是房改房，有的是单位福利房，有的小区根本就没有维修基金，所以这条规定对这些小区而言，没有实际意义。

那么可否将居民的住房公积金用于加装电梯？河北省住房和城乡建设厅等六部门在 2019 年出台的《关于我省既有住宅加装电梯工作的指导意见》中明确规定：既有住宅加装电梯可以申请使用房屋所有权人及其配偶名下的住房公积金。上海市住建委、市房管局等 10 部门联合印发《关于进一步做好本市既有多层住宅加装电梯的若干意见》[5]规定：可提取住房公积金用于支付电梯建设资金。这些规定，正是对住房公积金用于加装电梯的肯定，为各地拓宽资金筹措提供了参考。

（四）用好法律武器，坚持依法推进

随着全国各地老旧小区加装电梯加速落地，由此产生的矛盾纠纷也越来越多。最典型的问题，就是“一楼反对”。因为“反对”而阻挠、妨碍，更有甚者，演变成为口角、拳脚冲突。定纷止争，当然不能任由业主之间的博弈失控失序，最终应通过司法途径寻求救济，这才是值得鼓励的“正道”。

2020 年，成都现首例“电梯加装”诉讼案：成都市温江区白马庙街 2 号小区 2 单元，加装电梯受阻，4、5、6 楼住户状告 1 楼住户，要求 1 楼住户停止阻碍电梯安装施工，配合加装电梯合同继续履行。成都市温江区人民法院受理了诉讼，并于 2020 年 9 月进行了审理。法院认为，涉案楼宇加装电梯事项已获专有部分占建筑物总面积三分之二以上且占总人数三分之二以上业主同意，对加装电梯事项亦在小区予以公示，即便一楼被告除外，也达到了两个“三分之二以上”的要求。另外，加装电梯相关流程也已按要求进行，且符合规定。因此，原告加装电梯的行为合法有效，被告不应对原告加装电梯的行为予以阻挠。最终，法院判决，1 楼住户须停止对电梯安装施工的阻挠和妨碍。一审后，被告不服提出上诉。2021 年 1 月，成都市中级人民法院审理认为，一审法院认定并无不当，驳回上诉，维持原判。

其实，不仅成都出现“电梯加装”诉讼案，广州市、合肥市等地也曝出了“电梯加装”诉讼案。截至 2021 年 7 月 1 日，中国裁判文书网显示“加装电梯”的相关裁判文书 2 239 篇。梳理此类案件，不难发现，其中的原告主体、诉讼主张、判决结果，都呈现出了鲜明的共性。简单讲，就是高楼层业主因一楼业主阻碍加装电梯而起诉，

法院最终判决也都支持了电梯加装，作为被告的“一楼业主”无一例外败诉。这类密集发生的，前因后果高度雷同的诉讼案，已经成为典型判例。“同案同判”，对于引导公众预期、调适社会纠纷，起到了定盘星的作用。

当然，有一点需要说明：法院的判决，并不是对“老旧小区加装电梯”的支持，有助政策实施之意，而是支持基于法定议事规则和表决程序所形成的多数人意志。因为从司法机关的本质上讲，审判机关是中立的，是独立于具体的公共政策之外的。法院审理此类案件，仅需对表决流程、表决结果进行“程序审查”即可，而不必对“加装电梯”这事本身进行“实质判断”。尊重业主自决、尊重多数人意愿、尊重法定的议事表决程序，这是“电梯加装”案诉讼所传递出的强有力的信号。少数服从多数，仍是老旧小区加装电梯最基本的规则。

综上，针对低层住户无视法律、无视大家按规定程序投票的结果而发生阻工的情形，在多次沟通无果的情况下，高层住户应该拿起法律武器，维护自身合法权益，依法推动加装电梯这项民生工程开展下去。

（五）学习成功案例，借鉴先进经验

笔者查阅了很多加装电梯成功的案例，这些案例都有共同的模式：共享电梯或者公交电梯。

共享电梯，就如共享汽车和单车一样，共享电梯也是由一个电梯公司来出资加装和后期管理，不需要业主们出任何加装费用和后期运营管理费用，业主乘坐电梯按次收费。而针对一二楼业主，电梯公司也会给出相应的经济补偿来让其同意。概括起来讲，就是免费装，有偿用，在解决居民出行问题的同时，电梯公司也能通过共享电梯模式获得收益。

安徽、浙江、云南、河北等省已经在推行共享电梯和公交电梯。

安徽省宣城市原来加装电梯建设资金为“政府补贴 60%、业主自筹 40%”的方式，推行起来难度较大。2021 年该市进一步创新方式方法，引进第三方企业开展市场化运作，与企业签订框架性合作协议，加装电梯建设资金来源转变为“企业全额出资建设、业主使用电梯刷卡消费”，由第三方企业全面负责维护维保、落实安全生产责任，通过购买安全生产保险等措施，探索电梯全生命周期管理与服务。新模式现在引进社会资本加装电梯，当地市民只需计量消费。具体做法为：加装电梯的工程由房地产开发有限公司负责，安装电梯业主不需要出一分钱，由公司全额垫资投入，后期的维护保养及电梯运行的电费也由公司承担。业主乘坐电梯采取有偿使用，给业主办卡，刷卡乘梯。乘一次就刷一次，像坐公交车一样按次收费。价格标准为：二、三楼每次 0.2 元；四、五楼每次 0.25 元；六楼每次 0.3 元；七楼每次 0.35 元。

在杭州市出台的《杭州市既有住宅加装电梯管理办法（草案）》[8]中明确指出：

鼓励积极探索代建租赁、共享电梯等市场化运作模式，帮助业主减轻一次性出资的压力。鼓励电梯公司来帮助老旧小区加装共享电梯，在解决居民出行问题同时，电梯公司也能通过共享电梯模式获得收益。杭州市临安区碧桂苑小区于 2003 年建成，该小区和一家电梯运营商创新推出了“公交电梯”，乘坐一次一元钱。目前已经有 75 台“公交电梯”投入使用，安装和维护电梯的费用由电梯运营公司全额承担。

云南省昆明市五华区宁丰街道春辉社区也有小区加装上了共享电梯，乘坐电梯非常方便，可以用刷卡、指纹、手机扫码等方式。乘坐电梯按次收费，根据楼层高低不同按阶梯式收费，2、3 楼乘坐一次电梯 0.2 元，4、5 楼乘坐一次电梯 0.25 元，6、7 楼乘坐一次电梯 0.3 元。该区仍在不断探索，还会推出月卡和年卡。

参考文献

[1] 2018 年全国两会政府工作报告 [EB/OL]. http：//www.china.com.cn/lianghui/news/2018-03/22/content_50737797.shtml.

[2] 2019 年全国两会政府工作报告 [EB/OL]. http：//www.gov.cn/premier/2019-03 /16/content_content_5374314.htm.

[3] 峨眉山市既有住宅增设电梯实施方案(试行)[EB/OL]. https：//xw.qq.com/cmsid/20201 023A0HH9J00.

[4] 中华人民共和国民法典[EB/OL]. http：//www.npc.gov.cn/npc/c30834/202006/75ba6483b8344591abd07917e1d25cc8.shtml.

[5] 关于进一步做好本市既有多层住宅加装电梯的若干意见[EB/OL].https：//m.thepaper.cn/baijiahao_5294147.

[6] 中华人民共和国刑法[EB/OL].http： //xingfa.org/.

[7] 关于我省既有住宅加装电梯工作的指导意见[EB/OL].http： //www.pmceo.com/show/201911/220182.html.

[8] 杭州市既有住宅加装电梯管理办法（草案）[EB/OL].http： //fgj.hangzhou.gov.cn/art/2020/10/9/art_1229268440_58871574.html.

[作者简介]

刘松（1981— ），男，汉族，四川泸州人，峨眉山市委党校法学高级讲师，研究方向：法学。

袁媛（1981— ），女，汉族，四川峨眉山人，峨眉山市委党校教师，研究方向：法学。

综合行政执法改革的乐山实践及对策建议

王京星 沈建军 李雯瑶

【摘　要】“中国之治”理当“良法善治”。“善治”的要义在于将制度优势转化为国家治理效能。深化综合行政执法改革，旨在实现综合行政执法体系和执法能力的现代化，构建简约便民、规范高效、权责清晰的政府治理体系。故此，课题组深入乐山市沙湾区、犍为县、井研县等地实地调研，对综合行政执法改革的乐山现状、成效进行了初步检视，并针对存在的问题，提出了加以完善的对策建议。

【关键词】综合行政执法；实践检视；面临问题；路径对策

“中国之治”理当“良法善治”。“善治”的要义在于将制度优势转化为国家治理效能。深化综合行政执法改革，旨在实现综合行政执法体系和执法能力的现代化，通过“整合执法主体，执法权相对集中，着力解决多头多层重复执法、权责交叉问题，建立权威高效、权责统一的行政执法体制”。由此，深化综合行政执法改革是推进国家治理能力现代化的重要举措，是构建权责清晰、规范高效、简约便民的政府治理体系的关键所在，也是一场“刀刃向内”的政府自我革命。实践中，如何统筹设置行政处罚职能和执法资源，怎么去相对集中行政处罚权，如何整合精简执法队伍，已成为目前综合行政执法改革的亟须。为此，课题组深入乐山市沙湾区、犍为县、井研县等地进行了实地调研。

一、乐山综合行政执法改革的实践检视

2017 年 1 月 17 日，根据川府函〔2017〕13 号文件批复，乐山市获得开展综合行政执法体制改革试点。经过几年的努力，改革试点工作基本完成，现在，综合行政执法体制改革已进入深化阶段。此阶段的核心在于：聚焦机构调整、职权界分、履职机制和队伍建设，重在改造“躯体”。也就是说，要明晰综合行政执法部门与相关领域主管部门的权责边界，切实解决重复执法、多层执法、多头执法、执法扯皮和执法队伍膨胀等问题。综合行政执法该解决两个的问题：一是纵向效率不高；二是横向联接不畅。

（一）乐山综合行政执法改革的具体做法

1.提出深化综合行政执法改革目标

建立健全“行为规范、职责明确、运转高效、边界清晰、保障有力、充满活力”的综合行政执法体制。解决职责交叉、机构重叠、重复执法等问题，打造政治强、本领高、作风硬、敢担当的行政执法队伍，增强基层政府治理能力，不断优化营商环境，更好服务企业和群众。通过深化改革，整合执法队伍，理顺职能配置，减少执法层级，夯实县级和乡镇执法监管责任，提高县乡执法效能，加快建立适应县乡经济社会发展的综合行政执法体系。

2.整合执法职能和执法队伍

（1）组建执法机构。一是组建县文化市场综合行政执法大队，同时承担“扫黄打非”有关工作任务，由县文体旅游局管理并以其名义实施执法。二是生态环境保护领域组建生态环境综合行政执法队伍，实行垂管运行体制。三是市场监管领域组建市场监管综合行政执法大队，综合行使工商、质监、食品、药品等执法职责，以县市场监管局名义实施执法。四是交通运输领域组建县交通运输综合行政执法大队，实施执法以县交通运输局名义。五是农业领域组建农业综合行政执法大队，实施执法以县农业农村局名义。沙湾区综合行政执法局共设置内设机构 3 个（综合股、业务股和政策法规股），执法大队 5 个，执法中队 8 个，共 16 个工作部门。

（2）整合人员编制。整合的原则是“人随编走、财物随职能走、编随事走”，对整合设置的行政执法队伍编制实行锁定。

一是整合人员编制。井研县综合行政执法局 2019 年 3 月成立，2020 年 4 月完成城市管理执法体制改革事项调整，从县住建局、县自然资源局、县水务局和县市场监督管理局划转执法类编制 12 个，划转 6 人，加上城市综合管理执法大队原有的执法类编制 40 个，共 52 个执法类编制，实有 42 人，其中 13 人身份为参公人员，其余 29 人身份为 2009 年参公单位改革后遗留人员，一直从事行政执法工作，但未明确个人身份。沙湾区综合执法局核定编制 140 名（行政编 8 人、参公编 132 名），局领导 1 正 2 副 1 机关党委书记，目前全局在编公职人员 80 人；实际在编在岗 60 人，其中下沉乡镇 16 人，借调、跟班学习、援彝 20 人；在岗临聘人员 114 人。犍为县农业综合行政执法大队核定编制 32 名（县动物卫生监督所划转 27 名、县农机监理站划转 5 名），设大队长 1 名、副大队长 3 名、中队长 4 名。县市场监管综合执法大队行政执法类参公事业编制 25 名，其中大队长 1 名（股级）、副大队长 2 名（副股级）；核定编外用工控制数 20 名（将原县食品药品稽查大队编制用工控制数 20 名划入）。16 个市场监管所核定编制 32 名，其中行政编制 16 名，在县市场监管局机关调剂；参公编制 16 名，在县市场监管综合行政执法大队调剂。各市场监管所设置所长（中队长）1

名。县交通运输综合行政执法大队核定编制 58 名（县路政管理大队划转 20 名、县道路运输服务中心划转 26 名、县港航服务中心划转 12 名），设大队长 1 名，副大队长 3 名，办公室主任 1 名，行政处罚股股长 1 名、中队长 4 名。

二是划转执法职责。峨眉山调整的行政权力事项涉及行政处罚、行政强制和行政检查 3 类行政权力共 1 769 项。其中，行政处罚 1 616 项，行政强制 78 项，行政检查 75 项。调整后，市综合行政执法局行政权力事项 1 678 项（其中行政处罚 1 673 项、行政强制 5 项）。沙湾区综合执法局在改革后，共划转行政执法权力 2 325 项，其中行政处罚 2 089 项、行政强制 114 项、行政检查 112 项，由综合行政执法局集中行使。

3.健全执法机制

综合行政执法改革要与城市管理综合执法改革有效衔接，实行“局队合一”，明确各自执法职责范围，建立健全联动机制。要进一步推进执法重心下移，组建镇乡综合行政执法队伍，通过法定程序受委托行使部分执法权，主要负责日常巡查、快速处置、协助调查取证等基础性工作，并接受上级行业主管部门业务指导，日常管理和考核以乡镇为主。

4.强化队伍建设

实行执法人员持证上岗和资格管理制度，将执法办案的数量、质量、效果及执法办案活动情况，作为对执法人员考核评估的主要依据。集中清理临时工、合同工，消除不具备行政执法资格的人员行使执法权，加强对执法人员法制理论和业务技能培训，培养紧缺急需执法专业人才，不断提高执法队伍整体素质和执法水平。

（二）综合行政执法改革的亮点

1.“党建引领”全过程

各地综合执法局坚持政治建局、从严治局，聚焦“四个铁一般”标准，坚持党建领航和典型示范引领作用。一是锤炼本领。针对综合行政执法范围广、领域宽、难度大、责任重的实际，围绕“综合执法、执法为民”的宗旨，坚持“柔性执法和刚性打击”相结合执法理念，用“九部曲”“法、严、柔、廉、公、民、实、学、细”谱写综合行政执法工作新乐章。二是锤炼队伍。各地综合执法局扎实开展“大练兵”活动，狠抓执法规范化建设，不断提升全体干部执法办案的能力和水平，营造 “人人有激情、时刻在状态”的执法氛围。三是锤炼党性。以“扬正气、讲奉献”为主题，要求干部职工不能局限于自己的“一亩三分田”，要善于观大势，自觉服务大局。同时，打造特色廉政教育走廊，把廉政文化建设融入日常工作和生活中，用润物无声、潜移默化的方式，增强廉政文化的感染力和渗透力，全面提升执法人员廉政意识，促进干部清正、队伍清廉、执法清明。以“不忘初心、牢记使命”为主题，要求全体干部职工站稳政治立场，增强政治定力，严守政治规矩，坚定正确政治方向，做政治上的明白人。把“我为群众办实事”主题教育同推进深化综合行政改革相结合。四是全力打造“金字招牌”。全体综执人坚持以人民为中心，着力打造良好的执法公信力，让群众感知“公正、公平、温暖”，赢得了群众的满意。沙湾区综合的行政执法改革入选全省法治政府建设创新实践案例和《法治蓝皮书·四川依法治省年度报告（2021）》。今年6月，被市、区司法行政部门推荐为四川省法治政府建设工作先进集体。

2.“一支队伍”管执法

打造跨领域跨部门、部门内、区域性的综合行政执法模式，实现“一职多能，一综到底”。市级部门承担执法职责并设立执法队伍的，县本级不设执法队伍；县级部门承担执法职责并设立执法队伍的，市本级不设执法队伍。综合行政执法改革后，相关部门的行政处罚权划转至县综合行政执法局行使，随之划转的还包括行政强制权、行政检查权。原部门不再行使，避免了多重执法、交叉执法、执法缺位等问题。同时，实行监管分级分工机制。按照分类别负责、捆绑式执法方式，实行集中执法监管“网格化”，将综合行政执法队伍延伸到乡村（社区），完善“所管全面、组管片区、员管网格”的机制，分区包片、定人定责，提高执法时效。二是强化执法队伍整合。沙湾区突出系统集成，建立“1个领导班子+5支大队+8支中队”的“一核五梁八柱”组织架构，按照“部门+镇”双重管理，推动20%干部力量下沉镇村联合执法。具体下沉执法力量8支，与镇综合执法办公室联合办公，日常管理和考核工作实行“区+镇”双重管理，进一步搭建起“镇（街）主导、资源统筹、联合执法”的综合执法平台，建立“区—镇（街）—村（社区）”三级网格，通过“网格呼叫、执法报到”的运作模式，实现“小网格、大管理、一支队伍管到底”，有效提升了基层治理能力，打通了基层执法的“最后一公里”，增强了人民群众的获得感、幸福感、安全感。三是推动执法体制优化。采用“一个机构、两块牌子”，实行“局队合一”，既承担行政主管职责，又承担行政执法职责大队长由主管部门主要负责人兼任，从而确保了“一个部门一支队伍”“一个领域一支队伍”。

3.“一张清单”管权力

一是划转权力“明边界”。建立权责清单制度，实现权力清单透明化，标明每项权限名称、依据、流程图和监督方式，无缝对接责任清单，实现”“权责统一”，确保县（市区）权力能够“放得下”，乡镇（街道）能够“接得住、管得好”。峨眉山划转行政执法权力1 769项；沙湾区划转行政执法权力2 325项；井研县综合行政执法局城市管理执法体制改革共划转行政处罚407项，行政检查23项，行政强制9项。行政执法权力划转后的原行业主管部门负责本行业划转工作的日常监督管理工作，承担监督管理主体责任，依法履行审查审批、批后监管、业务指导，不得以行政处罚权划转为由拒不履行监管管理职责；积极配合做好综合行政执法职权行使所涉的检验、检测、鉴定、认定等技术支撑工作。对于行政审批事项仍由原部门与行政审批局对接，以便行业主管部门行使日常监督管理职能，综合行政执法局只负责行政处罚工作。二是执法“被动”转“主动”。转变 执法理念，主动作为、提前介入，强化前端服务，着力推行柔性执法，把行政提示、宣传引导、行政约谈作为柔性执法常态，积极回应老百姓的急难愁盼问题，得到群众好评。三是落实“属地管理”。明晰县、乡职责，解决长期困扰乡镇（街道）执法“权小责大、执法乱象”问题，真正做到“执法有主体、违法有人纠、责任有人担”， 乡镇（街道）不仅“看得见”，而且能够真正“管得着”。

4.“一套制度”管规范

紧盯“执法软散、效能不高”问题，建制度、强监督，着力提升行政执法效能。

一是实行“多规合一”制度。实行执法规则统一、执法队伍统一、执法派遣统一，确保办案合法、规范。

二是建立无缝联动机制。形成 “统一指挥、部门协同、整体联动”执法机制。相关部门对已经审批的事项，行业主管部门要依照法律、法规、规章的规定，承担对当事人是否严格按照批准的内容、范围、方式以及是否持续符合批准条件和要求进行监管。发现当事人违反法律、法规、规章，超出或者缩小批准范围实施相关事项的，应当责令当事人改正或者限期改正；对拒不改正或者确需给予行政处罚的，及时将相关证据材料移交县综合行政执法局实施行政处罚。相关部门对未经审批的事项，行业主管部门要加强日常监管，发现当事人未依法取得本部门批准，擅自从事有关活动的，应当根据有关规定和程序，督促当事人限期改正或补办相关手续，拒不改正或者依法需要对当事人有关行为给予行政处罚的，应当立即固定证据，及时将相关证据材料移交县综合行政执法局实施行政处罚。综合行政执法局对行业主管部门移送的违法线索进行立案、调查、取证，按规定作出相关处罚决定，组织采取有关行政强制措施，并及时向行业主管部门通报处罚（理）结果。涉嫌犯罪的依法移交司法机关处理。行业主管部门开展专项检查或行业整治活动时，需要县综合行政执法局协助的，综合执法局应积极予以配合。整合利用乡镇（街道）现有的社区管理网络和社会治安综合治理、应急管理（疫情防控）网络，推进乡镇（街道）、社区、村三级网格化管理，打造“管理全覆盖、责任网格化”的管理新格局。

三是建立过程监督机制。推行“双随机、一公开”监管，严格执行“三公”制度，也就是说，始终坚持“行政执法公示、执法全过程记录、重大执法决定法制审核”制度，将案件调查与审理分离，严格行政执法“责任追究”，制定行政处罚、行政强制措施、行政强制执行 3 项执法案件办理流程图，配套出台重大行政处罚案件集体讨论制度、综合行政执法协作管理规定等 6 项制度，推进执法流程标准化、执法手段规范化。打造全方位的监管模式，推行“前台+后台”，实现行政执法资源共享，行政执法信息共享。

二、综合行政执法改革面临的问题与挑战

综合行政执法改革取得的成效有目共睹，但亟待破解的难题也不可忽视。

（一）体制机制尚未理顺，“衔接沟通”存障碍

县（市区）综合执法涵盖城市建设、市场监管等七大领域，要一一对应七个领域的上级部门，对各部门下达的执法监管任务应接不暇。由于不是自上而下的改革，导致对应行业主管部门多，对上又无市级指导部门，5 支执法队伍级别不一，干部队伍发展空间和对外、对上沟通衔接存在一定障碍。同时，执法机构的名称、执法程序、队伍着装尚未完全统一，影响了执法形象。

（二）执法主体独立性不强，“执法效能”不高

一是执法主体独立性不强。权力划转“边界”尚未完全明晰。至今，综合行政执法机构实际上仅集中了行政处罚权，与之匹配的其他权力则大多保留在原部门，并且存量案件与执法权的调整未能形成有效衔接。沙湾综合行政执法局实际在岗 60 人中有 26 人是原执法队伍工勤人员，无法办理行政执法证，只能承担辅助执法工作。执法力量下沉乡镇多为工勤人员，无执法主体资格，下沉执法中队 2 人形不成独立执法力量，基层执法最后一公里实际未打通。

二是权力下放不顺。有的放权搞选择性，放权不彻底，有保留；有的将一些操作复杂、利少责多、专业性要求较高的事项交由乡镇处理，乡镇无法接住，反而加重了乡镇行政管理的负担；有的放权与基层关联度不高，脱离乡镇实际，无法有效整合执法资源，致使“执法效能”不高。

三是执法力量严重不足。沙湾综合行政执法局核定编制共 140 名，目前实有 80 人（实际在岗 60 人），空编 60 名，空编率 43%。目前仅有 36 人办理了综合行政执法证件（其中 9 人借调到了其他单位），另外 19 人暂时办不了执法证。因为执法力量严重流失，个别执法大队无以为继。例如，执法四大队负责自然资源（土地、林业、矿产）领域执法，核定编制 15 名，划转到位 10 人，现在岗 2 人（其中只有 1 人有执法证）；执法五大队负责农业农村和水务领域执法，核定编制 30 名，实际在编在岗 4 人；

在今年换届提拔和授彝调整后，局内选任中层干部都困难。

四是执法队伍素质有待提高。执法队伍专业素养偏低，借助新技术、大数据、互联网平台办案经验不足。综合执法牵涉的部门众多，涉及的法律法规繁巨，综合执法改革将各部门对应执法口人员剥离出来，黏合在一起，如果缺少综合能力的有效养成手段，将在很长时间内都只能是按原部门各自为战，综合执法的综合性大打折扣，难以实现综合执法改革的初衷。

（三）政府职能转变不到位，“协调配合”不畅

虽然涉改部门之间建立起了综合行政执法协作机制，但在日常工作中未真正按照协作机制规定履行职责，案件移交不规范，监管执法存在推诿扯皮现象，要求承担相关行业主管部门的大量日常监督管理责任。

一是以综合执法“包打天下”。一些部门和领导对综合行政执法的概念和边界认识比较模糊，认为行政执法工作是最末端、最有效的，通过处罚能解决大部分管理问题，在实际工作中弱化了事前事中管理的作用，没有从矛盾的形成期或者初期采取引导和管控手段，而是期望通过末端执法手段最终解决。

二是将执法等同于监管。综合执法是将监管最有力的手段——处罚权从原有管理结构中予以剥离并重新组合，一些部门有意无意地混淆了这一本质问题，在转移行政处罚权时随之转移监管职责，把部分或者全部行政管理嫁接到了综合行政执法机构。有的部门甚至认为执法权转移后，原部门已缺乏有力抓手，也没有能力再履行监管职能。

三是审批、监管、执法衔接不畅。行政审批、监管、执法“三权分立”后，各自为政，三方面的信息没有形成共享、联通、一些行业部门在其上级政策传达、工作安排、业务培训上不支持、不合作，缺乏改革后的部门有效联动。

四是县乡（街道）协同机制缺乏。乡镇与派驻机构之间的事权关系尚未理顺。派驻机构虽名义上接受乡镇党委、政府的统一指挥和管理，但人、财、物和工作关系仍属于上级主管单位，运行中只承认“条管”的领导，导致乡镇领导很难发挥指导和协调作用，联合执法难度较大。街道层面的执法力量较多，隶属不一，事权下放职责不清，易造成“有利的争着干，无利的相互推诿”局面，分工合理、协调一致的政府治理运行机制亟待破题。

（四）配齐配强执法力量不足，“保障监督”力度不够

一是硬件经费保障不到位。执法车（艇）是保障执法工作正常运转的必备硬件，综合执法改革对划转执法装备（车辆）权限有明确规定，改革至今仍然没有划转到位，

执法车辆划转、配备不能满足现实执法办案需求。辅助执法队员经费近十年来一直是包干使用，工资较低，曾出现收受当事人贿赂后选择性执法的行为。

二是对协调配合的监管力度不够。上级监督距离远，监督的作用无法发挥；同级监管太软，力度不够；公众监督缺失，公众普遍法律意识淡薄，很难参与自身利益之外的事务。

三、完善综合行政执法改革的路径选择

综合行政执法改革是一项涉及面广、社会关注度高、利益格局调整大的改革，是提升政府治理能力的重要举措，必须坚定、循序向前推进。

（一）健全机制 “保畅通”

一是建立综合行政执法联席会议制度。由分管领导担任召集人，定期不定期召开联席会议，发挥综合引领作用，对行政执法过程中遇到的问题进行集中分析研判，集中协调解决。积极解决执法大队的机构职级。

二是构建闭环联动运行机制。以村（社区）为单元，将乡镇（街道）统筹合理划分为若干个综合网格，做到“横向到边、纵向到底”，实现网格划分管理、平台集成维护、人员配置科学、数据采集共享，进而实现“日常巡查、整治、执法”闭环运行。

三是健全各行政部门之间执法协作机制，完善行政执法与司法、执法与监管之间的衔接机制，理顺行政部门内部的分工协作机制，确保综合行政执法各环节规范操作，畅通运行。

（二）厘清职责“凸综合”

一是厘清综合执法机关与各行政部门的职责权限。综合行政执法机关负责查处行政违法行为，政策制定、审查审批、批后监管、协调指导等职责以及日常监督管理的引导、规范由各行政部门负责。

二是明晰基层综合行政执法队与职能下放部门的职责权限。打造分工明确、紧密联系的监管执法工作机制。同时建立首问负责、联合会商、案件移送抄告等制度体系。

三是细化执法重心下移权责清单。厘清乡镇（街道）执法责任边界，实行网格化管理，弥补执法空当，实现“看得见、管得了、不出错”的目标。

（三）协调配合“提效能”

一是健全部门协调配合机制。进一步处理好综合执法机关与行政主管部门的关

系。双方力求做到协调联动、资源共享、信息互通。综合执法需要技术支撑的，检验检测机构或专业科研机构，应主动配合综合执法机构。行政许可、检查、处罚规范配合运行，广泛开展联合执法，提高执法效能和工作效率。

二是建立案件会审机制。由监管端部门和综合执法部门共同裁量处罚，也可以由综合执法部门向监管端部门征求意见的方式实现共同裁量，确保执法公正。

三是推进案件管处会审。建立案件会审制度，由监管端部门和处罚端部门（综合执法部门）共同裁量处罚，也可以由处罚端部门（综合执法部门）向监管端部门征求意见的方式实现共同裁量，始终保留处罚端部门的最终决策权，避免部门间出现严重分歧时难以定论。以此实现最终处罚充分体现监管端和处罚端的评价，确保执法公正。

四是实现行政执法与司法互动，提高行政执法公信力和权威性。

五是发挥综合行政执法“集中力量办大事”的队伍优势。进一步提高综合执法队伍的综合素质，严把行政执法人员的录用关。加速引进、招录执法人员及具备法律职业资格证的人员，解决执法人员缺乏的困境。加紧对现有人员执法业务能力的培训，要走出去接受真正专业对口的权威培训，同时分批将执法人员放在不同执法板块实战轮训，用办案倒逼干部学习，打造复合型执法者。

（四）强化平台“促保障”

一是强化信息化平台建设。有效整合各行业主管部门资源信息，从信息化平台上强化综合执法与行业主管部门资源共享，特别是将天网平台、政务服务平台、自然资源平台、公安交警平台等有机整合。全面推进智慧执法平台建设，打造归集、研判、指挥、执法、监督“五位一体”的智慧执法平台，使之具备执法指挥、执法协调、执法记录、执法处置、执法监督、统计分析、执法考核、风险防控等综合功能，最终实现与四川省政务信息共享交换平台、四川省智慧执法平台的数据对接，建立全省统一的智慧执法平台体系，实现跨部门、跨层级、跨地区执法信息系统互联、数据共享。

二是配齐配强执法力量。积极做好综合执法改革后续问题对接解决，包括执法车辆等执法资产移交问题。进一步提升辅助执法队员工资福利待遇。此外，积极对上争取资金支持，合理利用财政资金，有计划、分批次配置执法装备，优先配置执法记录仪、执法车辆等紧缺执法装备。

三是强化监督考核问责。在现有综合行政执法协作机制基础上，由综合行政执法局牵头建立与行业主管部门间的案件移送考核制度，每季度由区政府督察室对行业主管部门案件移交质量、综合行政执法局案件办结量进行考核通报，进一步强化综合行政执法与行业主管部门的协作配合。

参考文献

[1] 国务院办公厅关于继续做好相对集中行政处罚权试点工作的通知（国办发[2002]63号）.

[2] 中共乐山市沙湾区委办公室 乐山市沙湾区人民政府动办公室关于印发《沙湾区综合行政执法改革方案》的通知（乐沙委办[2019]61号）.

[3] 中共犍为县委机构编制委员会关于印发《犍为县深化市场监管等5个领域综合行政执法改革的实施意见》的通知（犍编发[2019]94号）.

[4] 中共井研县委、井研县人民政府《关于深入推进城市执法体制改革改进城市管理工作的实施方案》（井委发[2018]7号）.

[作者简介]

王京星（1981— ），男，汉族，四川乐山人，中共乐山市委党校法学副教授，主要研究方向：行政法学。

沈建军（1968— ），男，汉族，四川仁寿人，中共乐山市委党校法学教研室主任，法学教授，主要研究方向：应用法学。

李雯瑶（1982— ），女，汉族，四川峨眉人，中共乐山市委党校法学讲师，主要研究方向：应用法学。

共建共治共享社会治理的乐山实践与探索

沈建军　王京星　李雯瑶

【摘　要】坚持和完善共建共治共享社会治理，既是制度的重大创新，也是推动国家治理体系和治理能力现代化的关键点与突破口。社会治理，当以“共建”为基础，促多元主体共同参与社会建设；以“共治”为核心，形成治理合力；以“共享”为目的，让社会治理成效公平惠及每一个人。文章以乐山为视角，对共建共治共享社会治理的乐山现状、成效进行了初步检视，分析了共建共治共享社会治理面临的挑战，提出了完善共建共治共享社会治理的路径选择。

【关键词】社会治理；共建共治共享；面临挑战；路径选择

人人有责、人人尽责，社会治理共建共治共享。党的十九届五中全会提出，要坚持和完善共建共治共享社会治理制度，这既是制度的重大创新，也是推动国家治理体系和治理能力现代化的关键点与突破口。社会治理，当以“共建”为基础，促多元主体共同参与社会建设，实现“自上而下”与“自下而上”有机衔接、良性互动；以“共治”为核心，整合多方优势，发挥各方能动性，共同参与社会治理，形成治理合力；以“共享”为目的，使“获得感、幸福感、安全感”落地落实，让社会治理成效公平惠及每一个人。

一、共建共治共享社会治理的乐山实践检视

社会治理究竟治理什么？谁来治理？怎么治理？带着这些问题，课题组深入乐山市夹江县、井研县、市中区、沐川县等地实地调研，对共建共治共享社会治理的乐山现状、成效进行了初步检视。

（一）调研对象的基本情况

夹江县青衣街道是课题组调研的第一站。青衣街道成立于2019年9月，面积49.68平方公里，下设辖5个社区：迎春社区、在古社区、滨江社区、千佛社区和凤山社区，

2 个行政村：依凤村和青衣江村，共 47 个村民小组，25 个居民小组，户籍人口 46 394，常住人口 62 564。街道党工委下属 6 个党委，1 个党总支，党支部共 41 个，其中机关支部 6 个，村（社区）支部 31 个，两新党支部 4 个，党员人数共 1 392。井研县县城面积 840 平方公里，人口 39.8 万，原有乡镇 27 个，行政区划调整后，全县镇建制变为 15 个（其中街道 1 个）；原有村 231 个，社区 32 个，村级建制调整改革后，村建制调减至 119 个；村（居）民小组数量由 2 803 个调减至 1 508 个。撤并的乡镇保留了便民服务机构，卫生、教育、养老、治安、集市等功能维持不变。沐川县通过乡镇行政区划调整和村级建制调整改革后，现存 13 个乡镇，129 个行政村。乡镇配备干部 577 名，行政村配备村组干部 2 230 人，其中村两委干部 644 人。同时，深入市中区中心城区街道、社区调研。中心城区共有老旧小区 1 500 余个，其中“三无”小区 680 余个。市中区构建了以“城乡治理委”为核心，5 个街道党工委、55 社区大党委为枢纽、169 个小区党支部为支撑、618 个自管委党小组为基础的五级党组织治理体系。

（二）共建共治共享社会治理的乐山做法

1.社会治理，“党建引领”全过程

党建引领就要突出政治功能和组织力。沐川结合实际，创新党组织引领方式，实行 “一条红线、两大版板”模式。把全面加强党的领导贯穿于城乡社会治理各领域全过程，着力构建和完善党组织领导下的城乡社会治理体制机制，充分发挥各级党组织政治领导核心作用，切实把党的力量和主张落实到基层社会治理的最末端、服务群众的最前沿，此谓“一条红线”。“两大版板”，一是城市治理，重点构建“社区党建 + 小区党建 + 群建 + 网格化管理”的治理架构，着力提升社区环境综合治理、公共服务供给体系建设、物业管理服务、志愿服务、行政审批服务、维稳安全管理等治理水平。二是乡村治理，重点构建乡镇党委领导下的“村三委 + 集体经济组织”治理架构，着力推进乡村领导机制、运行管理机制、农村产权制度改革、村级建制调整改革、集体经济发展、人居环境整治、便民服务、基本公共服务体系建设等工作。乐山市中区牛咡桥社区，形成了独具“红旗”特色的政治、法治、德治、自治、智治“五治融合”的基层社会治理模式。坚持以党建引领小区治理、推动服务创新、凝聚治理合力，建立以社区党委为核心，辖区驻区单位广泛参与的区域化党建联盟，探索形成了“365 工作法”，创造出了充满生机活力的乐山老旧小区治理“红旗效应”，党建引领小区破解难点、痛点的“微治理” 被《人民日报》作为成功经验专题报道。夹江县青衣街道办事处积极发挥社区基层党组织“红色引擎”作用，探索“支部建在网格上、小组连到楼栋里、服务走进身边来”链条式管理模式，实现党建全面引领、基层社会治理能力全面提升。

2.矛盾纠纷，“多元化解”在基层

各地面对城乡快速发展带来的利益多元化，矛盾多样化现状，畅通和规范群众诉求表达、利益协调、权益保障通道，创新基层矛盾纠纷化解办法与手段，完善信访制度，完善人民调解、行政调解、司法调解联动工作体系。夹江县千佛社区通过调解委员会“三三制”将矛盾化解在基层。千佛 4A 景区当初建设时，民众对拆迁不理解，存在矛盾纠纷。千佛社区调解委员会坚持用“三三制”，一一将纠纷化解。市中区红旗小区通过开展基层夜话市场整治、假日巡逻、管网改造等多项行动，逐步解决了长期困扰红旗小区的老旧院落多、流动人口多、问题诉求多和社会治理难、党员发动难、群众满意难的“三多三难”问题，为打通基层治理的“神经末梢”提供了有益借鉴。井研县采用“红、橙、黄”三色预警机制，健全矛盾纠纷调解制度，每月召开矛盾纠纷分析研判会，到重点镇（街道）司法所为化解疑难纠纷进行会商、评估，坚持一般纠纷调解“三三调”、重大疑难和易激化矛盾纠纷联动调解制以及领导包案化解制。仅今年上半年，就受理纠纷 557 件，成功化解 552 件，成功率 99.1%，践行了“小事不出村、大事不出镇、矛盾不上交”的要求。

3.治安防控，“群防群治”聚合力

治安防控需形成“问题联治、工作联动、平安联创”的工作机制，提高预测预警预防各类风险能力和智能化水平。夹江县开展“党员服务进小区、法治宣传进小区、矛盾化解进小区、志愿服务进小区”的“四进”活动，依托党员“双报到”机制，发动网格内的各类党员、法律顾问、网格员、法律工作志愿者等参与矛盾化解，统筹派出所、民政、人社、国土等各方力量，变“单打”为“混打”，强化联调联动，化解辖区内的矛盾纠纷。井研县依托“互联网+社会治理”，建设了 1 210 个“雪亮工程”监控点位， 122 个“天网工程”建设点位，实现了主城区和重点部位全覆盖。同时，加强县、镇（街道）综治中心建设，注重发挥“两所一庭”和镇（街道）村（社区）网格员、调解员、综治巡逻员的基础性作用。沐川实施“互联网 + 社区”行动计划，推进社区、社会组织、社会工作“三社联动”，打通联系服务群众“最后一公里”。市中区打造出集可视化调度、立体化巡防、无缝隙管控于一体的智慧安防小区，实行小区党支部引领，物业服务企业和业主委员会“三组织”交叉任职制度，形成了“共治共建”的联动管理，极大提高了管理的效率。

4.公共安全，“排查预防”成体系

各地建立公共安全隐患排查和安全预防控制体系，优化应急管理能力体系建设。井研县完善和落实安全生产责任和管理制度，坚持党政同责、一岗双责、失职追责，建立公共安全隐患排查和安全预防控制体系，在今年上半年，排查矛盾纠纷 277 次，发现纠纷 145 起，预防纠纷 121 件。夹江县实施源头治理，每日开展矛盾纠纷排查调处工作，重点关注人民群众最关心、最直接的问题，对群众诉求合理的 100%解决到位，不能解决的 100%解释到位，青衣街道按照“1+N”的模式开展网格排查预防工作，各级调委会上半年主动排查出矛盾纠纷 22 件，成功化解 21 件，成功率达 95.5%。市中区莱茵水岸小区依托党群服务站，整合“三组织”资源，组建了“法律家园”，定期开展矛盾纠纷排查，成功化解“楼上楼下渗水”“宠物伤人”等纠纷 12 起。

5.基层治理，“三治结合”显威力

各地健全党组织领导的“自治、法治、德治”相结合的城乡基层社会治理体系，实现政府治理和社会调节、居民自治良性互动。夹江县构建自治、德治、法治“三治”结合工作法，着力建体系、提能力、补短板、治痛点、破难题。结合“三无小区”缺管理问题，由社区党委搭建平台，组建以网格党支部为核心，离退休党员干部、有志人士、居民代表共同参与的“1+3”小区自治新模式，整合单元网格内现有社区两委成员、居民小组长、楼栋长、物业管理主要负责人等力量，逐步理顺“三无小区”治理体系，实现由“乱”到“治”的转变。井研县在“三治”建设中，依法开展村委会（社区）换届选举，探索积分制管理新模式，为基层社会治理提供了重要经验和实践样本。利用“蒲亭新颜”电视网络终端平台、村（社区）微信群、微信公众号、QQ 群等多媒体手段，持之以恒推进村务公开。打造县、镇（街道）、村三级“一站式”综合性公共法律服务实体平台 112 个，完善村规民约（居民公约），全县已有 96 个村、23 个社区完成了村规民约（居民公约）的修订上墙工作，为化解民忧、维护民利提供了保障。组建“好好学‘习’宣传队”“百名宣传委员”“千人网评员”“万名志愿者”四支队伍，利用“四川省唯一农民画乡”品牌效应，以“农民画+”形式，组织创作“德治”主题农民画，推动文明创建，全县成功创建国家级文明村 2 个、市级文明村镇 20 个、县级文明村镇 103 个，县级以上文明村镇占比逾 50%。市中区在社区社会治理中，依托“三组织”机构，组建“法律家园”，打造法治读书角和法治讲堂，推选小区“法律明白人”，公示“三官一律”、便民热线等联系方式，开展“1 + 10”法治主题宣传活动和送法入户活动，通过“固定平台 + 敲门入户”模式为小区群众提供法律咨询、普法宣传、法律援助和公证导引等服务，打通法律服务“最后一公里”。

二、共建共治共享社会治理面临的挑战

（一）基层社会自治的需求与能力不足凸显

当下共建共治共享社会治理面对的挑战之一就是基层社会自治的需求与能力不足。一方面，民众需求是治理的导向，需要引导民众主动参与到治理中，积极配合自

治制度，实践自治行为。但当下虽然基层民众在各级党组织的引领下，参与社会治理的积极性有所提升，但部分群众受限于文化水平、思想观念以及基层治理方式简单等，仍处于“被治理”的状态，参与治理意愿较低，自治意识不强，导致基层社会自治需求不足。

另一方面，基层社会自治能力会直接影响自治的成效。当下虽然如青衣街道、井研县、沐川县等积极开展基层治理，但也面对能力不足的问题，如工作任务重，但干部职数少。同过村建制调整以后，村组进行了合并，人口增多，工作任务加量。但干部职数没有增加，干部“白加黑”“五加二”已经是常态。井研县也是管理人才缺乏，能力不强。人民群众生活水平提高和权力意识增强后，基层治理需要适时改变，提供更多元、优质、科学、人性化的社会服务。当下其基层干部的能力水平、服务意识以及理念尚不能完全满足群众需求，基础治理尚停留在管理层面。管理队伍能力不足加上人才的缺失，导致基层治理工作推进缓慢。

（二）社会治安防控体系协同性、精准性不够

完善社会治安防控体系，增强其整体性、协同性和精准性是重要一环。虽市中区、夹江县、井研县等着眼于社会治安防控体系建设的整体性。但在协同性和精准性方面还存在不足之处。一方面，协同性不够是因为基层“管理”多于“治理”，党政机关单一主体的管理，还是多元主体参与的协同治理，是基层管理与治理的主要区别。当下井研县基层治理还是停留在“管理”层面，而不是如社会治理一般倡导多方主体积极参与，发挥协同作用来处理治安问题。因为工作量大、事多、人员少的原因，工作疲于应付，无法引导更多社会组织参与，在事务上大包大揽，导致出现体系漏洞、治安防控不到位现象。

另一方面，井研、沐川等县虽然大力开展网络基础设施建设，探索“互联网+社会治理”，但因为时间较短，基础数据平台比较薄弱，要面对数据共享程度低、精准性存疑以及数据挖掘应用水平不高等问题。政府部门在数据开放上不够，使得一些数据无法共享，加上技术、数据录入、历史原因和人口流动等因素，个人信息无法精准获取，这也会对社会治安防控体系建设造成影响。

（三）公共安全体制机制不健全

党的十九届四中全会提出要“健全公共安全体制机制”，完善落实安全生产责任与管理制度，建立公共安全隐患排查和安全预防控制体系。在这方面，夹江、井研、沐川等县虽做了一些工作，但公共安全体制机制不健全仍旧是一问题。一方面，安全生产规章制度不健全，安全生产管理措施未全面落实，稍有遗漏，都会埋下危险因素和安全隐患，可能导致事故的发生。基层尚未形成严密科学的安全生产责任和管理体

系，并严格落实安全生产责任和管理制度。因为人员、治理经费不足等制约，无法对隐患进行全面排查，做到事故的超前防范。

另一方面，基层治理公共安全体制机制建立的公共资源保障不足。如乡村道路不宽、垃圾清运不及时、废物处理程度不高、生活用气保障不够、服务供给阵地不足等问题仍旧存在，公共交通、公共安全、公共设施等的提供与人民群众的需求存在差距，一定程度上制约了基层治理的效能，也影响公共安全体制机制构建健全。

（四）基层社会治理新格局尚未形成

基层社会治理新格局建立，是适应社会主要矛盾转化与建设社会治理共同体的必然要求。想要推进基层社会治理新格局形成，就需要聚焦民众需求增长点，找准利益结合点，满足民众多层次、差异化、个性化需求。坚持以民为本。但是当下存在的主要问题是部分基层干部不走群众路线，工作上只唯上不唯实，只做虚功图业绩，而不为民众做实事，导致民众的合理诉求无法得到解决，矛盾纠纷得不到化解。

在扶贫领域，存在漠视民众疾苦的状况，且两不愁三保障问题得不到彻底解决。在产业规划方面，脱离群众需求实际，导致群众不支持、不参与。以上这些问题，都是源于部分基层干部为从民众的角度出发，不从民众最直接现实的问题入手解决谋划社会治理思路并制定治理对策，而以管理者身份凌驾于民众之上，官僚主义、形式主义突出，所导致的结果。这使基层社会治理新格局也因此迟迟无法形成。

（五）国家安全体系尚需完善

构建基层社会治理新格局，需要推进国家治理体系和治理能力现代化，完善国家安全体系。目前国家安全体系尚需完善，面对的主要问题有：一是农村土地纠纷问题，土地是农民的生存保障，这使得土地争议具有对抗性和持久性。像是千佛岩东风堰4A 景区在建设中，民众对拆迁存在不理解，住在风景区的民众，都需要政府出资来改造，还要争取民众的配合，任务艰巨，出现许多矛盾纠纷。二是公众对政府环境治理的质疑。近些年环境问题引发的群体性事件增多且呈增长趋势，这既影响到政府治理，又影响安全体系建设，一些环境污染群体性事件，主要冲突主体为政府、污染企业和受污染的民众，在基层治理的过程中都需要切实解决。三是虽然井研县等建立了政务服务、镇街便民“一体化”平台，全县公共法律服务依托“两微一端一网”打造网络平台进行远程办理。但是，因为起步较晚，所以在数据的整合和共享上还存在不足，一些国家安全方面的治理安全分享还不到位。以上一些问题，都会影响国家安全体系的完善建设，导致基层治理效果不理想，需要立足实际切实解决。

三、完善共建共治共享社会治理的路径选择

共建共治共享社会治理的理想状态，无疑是将矛盾消解于未然，将风险化解于无形，人民安居乐业、社会安定有序。基于此，必须加强和创新社会治理，完善党委领导、政府负责、民主协商、社会协同、公众参与、法治保障、科技支撑的社会治理体系，建设人人有责、人人尽责、人人享有的社会治理共同体。

（一）完善党委领导，确保社会治理“政治方向”

党是领导一切的。共建共治共享的社会治理，必须坚持党的领导。要把党的领导始终贯穿于社会治理的全领域、全过程、全环节，确保社会治理方向最终达到“人人享有、社会稳定、国家安全”。由此，强化以下几点：

1.全面落实各级党委社会治理主体责任

科学配置各级党委社会治理职责权限，加强社会治理顶层设计、整体规划，将党的政治、组织、宣传优势转化为引领、管理和服务优势，确保多元治理主体权责明晰、分工负责、各尽其能，和谐有序参与社会治理。

2.突出基层党建引领社会治理

在城市，推动社区党建工作延伸到小区，理顺社区党组织和居民委员会、业主委员会、物业服务企业之间的关系，构建党建引领下的社区治理机制。推行社区党组织书记通过法定程序担任居民委员会主任、“两委”班子成员交叉任职。扩大小区党组织有效覆盖，采取单建、联建等形式建立小区党支部（党总支）、党小组，推动小区党组织书记或成员通过法定程序担任业主委员会主任或成员，推动符合条件的社区“两委”成员通过法定程序兼任业主委员会成员，形成“小区党组织＋业主委员会＋物业服务企业”三方联动格局，探索建立小区党组织领导下的小区议事决策机制，推动小区内部各方面共建共享，统筹小区业主委员会、小区物业公司资源共享、阵地共建、事务共管、问题共商，打通党同城市居民的“最后一公里”。在农村，加强村党组织对村委会、村级集体经济组织的领导，推行村“两委”班子成员交叉任职，通过法定程序推动村党组织书记担任村委会主任，实现“一肩挑”。同时，强化对基层权力运行的监督和制约，建立小微权力清单，扎紧村级监督制度“笼子”。

3.配强基层党组织核心骨干

“群众富不富，关键在支部”“支部强不强，要看领头羊”。坚持“内育、外引”相结合，突出政治素质好、服务群众能力强、有群众感情和奉献精神标准，通过个人自荐、基层选拔、组织委派等形式，吸引更多优秀人才加入村、社区、小区党组织，

形成结构合理、来源广泛、素质优良的基层党组织干部队伍。

（二）完善矛盾纠纷多元预防调处化解综合机制，确保矛盾“基层化解”

抓基层，打基础，预防在先，就地化解矛盾纠纷，实现 “矛盾不上交、平安不出事、服务不缺位”。

1.加强源头防控

推进“诉源治理”， 主动作为，变上访为下访，主动排查各类矛盾风险点，坚持日常排查、定期排查、重点排查和专项排查相结合，及时管控矛盾苗头，把着眼点放在前置防线、前端控制、前期处置上，通过设置群众意见箱、领导信访接待日、网上信访、视频接访等形式，畅通和规范群众诉求表达、利益协调、权益保障通道，延伸排查矛盾纠纷触角，力求把矛盾问题消解在萌芽状态和初始阶段。

2.强化纠纷联动化解

矛盾纠纷发生后，加强“诉非对接”，多元调处，变“单打”为“混打”，强化联调联动，实施“公调对接”“检调对接”“访调对接”，发挥工会、共青团、妇联、消费者协会、派出所、民政、人力资源和和社会保障、自然资源等各方优势，建立多元化纠纷解决机制，力求做到小事不出组、大事不出村，小案止步于开庭前。

3.推进综治中心发展

完善综治中心、乡镇（街道）政法委员制度，发挥区、镇（街道）、村（社区）三级综治中心应对重大风险“指挥部”、汇集情报信息“参谋部”、解决治理难题“服务部”的重要作用，健全矛盾纠纷调解室、心理咨询室、分析研判室等功能组成；整合各部门资源力量，集中办公、集约管理、集成服务，实现矛盾纠纷联调、社会治安联防、突出问题联治、重点人员联管、服务管理联抓、基层平安联创的良好工作局面。

4.注重社会心理服务体系建设

培育自尊自信、理性平和、积极向上的社会心态，正确、理性看待各种社会现象，正确、理性对待自己个人的成功与失败、顺境与逆境，确保共建共治共享的社会治理格局健康可持续发展。

（三）完善社会治安防控体系，增强社会治理的“整体性、协同性、精准性”

完善社会治安防控体系，旨在打造点线面均衡布局、网上网下交汇融合、人防物防技防有机结合、打防管控一体化的社会治安防控新格局。

1.健全社会治安防控制度

制度是行动的保障和前提。搞好治安防控，首先需要健全相应的保障制度。要完善专群结合、群防群治制度；完善资源共享制度，推动各部门数据集成应用，实现社会治理信息资源一体化；完善安全防护制度，推进安全技术措施与大数据平台同步规划、同步建设、同步应用；完善网络安全协同参与制度，建立健全政府依法监管、网站自净、网民自律、社会监督等多主体共同参与的网络社会治理模式；健全区域联动、部门协作机制，完善重点物品监控制度、重点部位安全保卫制度，增强社会治安防控的整体性、协同性、精准性。

2.坚持专群结合、群防群治

将专门工作与群众路线相结合，依靠群众、发动群众，推进市、县、乡三级综治中心规范化建设，增强社会治安整体防控、协同防控、精准防控，实现综治中心与网格化管理服务中心平台一体化运行，与同级公安指挥中心、城市管理中心或心连心服务中心深度融合，统筹法院、检察院、公安、应急等社会治理单位的职能职责，整合社会治理各类数据信息，逐步形成城乡基层问题联治、工作联动、平安联创的工作格局。

3.提升网格化管理服务水平

社会治理共建共治共享，科技是支撑。要充分运用互联网、物联网、大数据、云计算以及人工智能等现代技术，实现社会治理的专业化、标准化、精细化以及高效与便利。要以“小网格、大服务”为主线，以微治理为基点，按照“全域覆盖、全网整合、规范高效、常态运行”要求，依托省、市、县三级“雪亮工程”交换共享平台，整合公安“天网”以及社会视频资源，坚持社会治理大联动，促进职责融合、队伍融合、平台融合、数据资源融合，建立“网格发现、社区呼叫、分级响应、协同处置”工作机制，实现大事全网联动、小事一格解决；建立完善镇、村（社区）、网格三级心连心服务站点，继续探索建立“社区吹哨、部门报到”制度，确保问题在基层解决、矛盾在基层化解、民声在基层回应， 真正提高社会治理的能力和水平。

（四）构建基层社会治理新格局，实现“政府治理、社会调节、居民自治”良性互动

共建共治共享的社会治理，既是“人人有责、人人尽责、人人享有”的社会治理共同体，也是政府治理同社会调节、居民自治的良性互动，需要政府负责、民主协商、社会协同、公众参与、法治保障。

1.共建共治共享，有赖“政府负责”

政府是坚持和完善共建共治共享社会治理制度的重要责任主体和关键主导力量。

首先，坚持“法定职责必须为”。政府管好该管之事，加强源头治理、动态管理和应急处置，加强市场监管、质量监管、安全监管，完善基本公共服务体系，加快基本公共服务均等化建设，逐步形成以政府为主导，多元主体协同互动的公共服务治理格局；构建公共政策支持体制，及时公开公共政策信息，保持公共政策的公开透明和事后评估，提高决策科学化、民主化、法治化水平；加强监督力量，构建市县区、乡村组监督网络，聚焦监督重点，加强对管钱、管物人员的监督。加强对教育医疗、住房养老、环境保护、食品药品安全和村务公开、“三资”管理、项目建设、惠农政策落实情况的监督，用好互联网、大数据监督平台，提升监督质效。

其次，坚持“法无授权不可为”。厘清政府与市场、政府与社会关系，规范政府治理边界，实施政社分开、政企分开；协调好服务与放权的关系，政府公布“权力、责任、负面”三个“清单”，退出“越位点”，补好“缺位点”，减少、简化各种行政审批手续与流程，激发社会活力与创造力，形成社会治理和政府治理的良性互动。

最后，坚持“严格规范公正文明执法”。把依法行政贯彻落实到社会治理各方面，推进大市场、大文化、大城管等跨部门综合执法、规范执法，做到“刚”“柔”相济，“宽”“严”结合 ，把握“过罚相当”原则，提升群众获得感、幸福感、安全感。

2.共建共治共享，应高度注重“民主协商、社会协同”

要完善社会治理协商制度，坚持“民事民议、民事民办、民事民管”，对涉及基层社会治理的重大决策事项、重大项目建设、地方政府规章等进行充分协商，把尊重民意、汇集民智、凝聚民力贯穿于社会治理全过程。通过各种制度化的委员会、座谈会、恳谈会等政策咨询机制，保障各类治理主体的知情权、参与权、决策权、管理权、监督权和话语权，搭建起政府、企事业单位、社会组织和社会公众等多元治理主体间的共商共治平台，凝聚社会公众的意见、诉求和要求，实现多元治理主体间积极有效的合作和民主协商的格局。

3.共建共治共享，需有序扩大“公众参与”

打造共建共治共享社会治理格局的重要前提是公众具有参与意识与参与能力，公众在社会治理实践中依法“自我管理、自我服务、自我教育、自我监督”是完善共建共治共享社会治理制度的重要内容和保障。因此，在社会治理中，首先要培育公众的参与意识，提升公众的参与能力。利用互联网，引导公众参与社会治理，特别是在涉及公众切身利益的民生项目民主讨论中提升公众参与能力，实现“民生带动民主，民主反促民生”的良性互动。其次要发挥市场机制作用，通过购买服务、项目外包等方式吸纳社会力量参与社会治理。最后要加强城乡社区建设和社区内部治理资源的整合，使社区集体归属感更强，激发公众参与社区公共事务治理的热情。同时，加强流动人口、两新组织、网络空间的群众工作，鼓励行业协会、商会、学会等社会组织、群团组织以及国有企业支持和参与共建共治，实现基层社会治理从单打独斗到合力互动。

4.共建共治共享，要发挥“自治、法治、德治” 相结合功能

健全自治、法治、德治相结合的城乡基层社会治理体系，增强人民群众获得感、幸福感和安全感。

首先，提高基层社会自治能力。健全完善社区、村自治制度，大力发展自治组织。在城市，鼓励居民成立社区自治组织，发挥社区联接社会组织、社会企业、社区人才作用，壮大志愿者队伍，引导驻区机关、国企、事业单位、“两新”组织参与社区共建，重点推进“三无小区”成立自治管理委员会，推进“院落自治”“楼栋自治”；在乡村，充分发挥村民议事会、监事会等自治组织作用，完善村民会议和村民代表会议等自治制度，全面修订村规民约，推广实施红白理事会制度、“红黑榜”做法，提升群众自治能力；同时，积极培育发展城乡社区服务类、公益慈善类、行业协会商会类、科技类社会组织，推进社区、社会组织、社会工作“三社联动”； 充分发挥工会、妇联、共青团、法学会等人民团体带头参与社会治理的骨干作用。在社区治理、基层公共事务和公益事业中，组织村（居）民通过“民主选举、民主协商、民主决策、民主管理、民主监督”等方式有序参与基层社会治理，实现共建力量来自人民、共治智慧出自人民、共享成果为了人民。

其次，加强基层德治教化建设。注重发挥家庭家教家风在基层社会治理中的重要作用，开展文明家庭创建活动，开展新时代文明实践中心建设，构建“实践中心—实践站所—实践站”县乡村三级组织体系，以文明村镇（社区）、文明单位、文明校园、文明家庭创建为载体，践行社会主义核心价值观，广泛开展社会公德、职业道德、家庭美德、个人品德教育，开展“传家训、立家规、扬家风”等活动，大力宣传时代楷模、道德模范、身边好人，倡导邻里和睦文化，褒扬见义勇为、孝老爱亲等先进事迹，加强基层治理诚信体系建设，建立健全失信联合奖惩机制，弘扬和谐文明诚信社会风尚。

最后，提升基层法治保障能力。坚持用法治思维思考问题，用法治方式解决问题。强力推动政府依法行政，推进政府机构、职能、权限、程序和责任法定化，厘清行政权力边界；重视对企业、社会组织、社会公众等其他社会治理主体依法规制；健全完善各种市民公约、乡规民约、行业规章、团体章程；落实“谁执法谁普法”普法责任制，深化拓展“法律七进”，深入开展“法治宣讲基层行”活动；健全完善诉非衔接、

检调对接、公调对接、访调对接机制，推进社会治理“五大行动”和扫黑除恶专项斗争，健全市县乡平安建设协调机制，在法治轨道上统筹社会力量、平衡社会利益、调节社会关系、规范社会行为、化解社会矛盾。

自治、法治、德治相辅相成、相互支撑，要以法治保障自治，以德治支撑自治；在自治中体现法治，信守德治；用德治促进法治；在法治中体现德治，才能实现城乡社会的善治。

（五）健全基层公共安全体系，维护国家安全

1.健全基层公共安全体系

严格落实应急管理和安全生产责任制，织密全方位立体化的公共安全网。重点强化基层食品药品安全、安全生产、防灾减灾救灾、社会治安防控等领域的治理工作，抓好社会治理多元共治体系建设。加强基层应急管理组织体系、综合应急救援队伍和应急保障能力建设，完善应急预警预案体系，建立专群结合开展风险隐患排查和治理机制，提升基层防灾减灾救灾能力。把基层一线作为公共安全的主战场，加强信息化源头管控、精准化监测预警、动态化风险评估、智能化威慑打击，推动城乡公共安全监管执法和综合治理一体化，把好基层公共安全第一道关口，实现公共安全治理模式从事后应对向事前防范转型。

2.维护国家安全

捍卫国家安全是社会治理的第一要务。要坚持总体国家安全观，统筹发展和安全，坚持人民安全、政治安全、国家利益至上有机统一，构建党委领导、多方参与、社会协同的工作机制，完善风险研判、防控协同、防范化解制度，加强国家安全人民防线建设，坚决防范、严厉打击敌对势力渗透、破坏、颠覆、分裂活动，铲除影响国家安全的土壤，加强意识形态阵地建设，做好反邪教工作，深化反恐怖反分裂斗争，筑牢捍卫国家安全的铜墙铁壁。

参考文献

[1] 中国共产党第十九届中央委员会第五次全体会议公报[M].北京：人民出版社，2020：17.

[2] 中共中央关于坚持和完善中国特色社会主义制度推进国家治理体系和治理能力现代化若干重大问题的决定[N]. 人民日报，2019-11-06（5）.

[3] 周红云. 全面共建共享的社会治理格局：理论基础与概念框架 [J]. 经济与社会体制比较，2016（2）.

[4] 习近平谈治国理政：第三卷[M]. 北京：外文出版社，2020.
[5] 高斌. 共建共治共享的社会治理格局——演进轨迹、困境分析与路径选择 [J]. 理论研究，2018（6）.

[作者简介]

沈建军（1968— ），男，汉族，四川仁寿人，中共乐山市委党校法学教研室主任，法学教授，主要研究方向：应用法学。

王京星（1981— ），男，汉族，四川乐山人，中共乐山市委党校法学副教授，主要研究方向：行政法学。

李雯瑶（1982— ），女，汉族，四川峨眉人，中共乐山市委党校法学讲师，主要研究方向：应用法学。

城乡基层治理法治化的乐山路径

邱家胜 韩琼慧 王雨婷

【摘 要】党的十九届六中全会指出，全面依法治国是中国特色社会主义的本质要求和重要保障，是国家治理的一场深刻革命。城乡基层是国家治理的基本单元，城乡基层治理法治化是国家治理现代化的根基所在，也是国家长治久安的基石。在新时代新征程上，我们必须勇于面对城乡基层治理现代化存在的薄弱环节和普遍性问题，健全城乡基层治理法治化组织领导体制，依法界定城乡基层治理主体职能职责，增强城乡基层治理领导干部法治观念，努力培育城乡基层治理群众法治意识，坚持在法治轨道上推进乐山城乡基层治理现代化。

【关键词】城乡基层；治理现代化；法治路径

城乡基层是社会治理、国家治理的基本单元，城乡基层治理法治化是国家治理现代化的根基所在，是国家长治久安的基石。城乡基层治理法治化是指在城乡基层治理工作中，政府部门、非政府部门和公民在党的领导下，依法实现政府治理和社会调节、居民自治良性互动，推进城乡基层治理制度化、规范化、程序化。大力提升城乡基层治理组织领导、依法执政、依法行政、公正司法、普法宣教等法治化水平，有利于推进城乡基层治理制度创新和能力建设，构建城乡基层治理新格局，促进城乡基层治理能力现代化。

2020 年 5 月以来，课题组深入乐山辖区 11 个区市县、部分乡镇（街道）和城乡社区，开展城乡基层治理法治化实践的专题调研，总结提炼乐山推进城乡基层治理法治化的好经验、好做法，分析当前城乡基层治理法治化存在的薄弱环节和普遍性问题，在此基础上，提出了推进乐山城乡基层治理法治化的对策与思考。

一、乐山市推进城乡基层治理法治化的主要做法及成效

近年来，乐山市各级党委政府、城乡基层自治组织和其他社会组织紧紧围绕推进城乡基层治理制度创新和能力建设的目标，坚持法治思维和法治方式，从坚持依法执政、创新制度体系、推进依法行政、深化公正司法和加强社会法治等方面着力，不断

提升城乡基层治理法治保障能力。

（一）坚持依法执政，不断加强城乡基层治理法治领导能力

1.坚持党委揽总，强化组织领导

一是在市级层面，2019 年 2 月，乐山市将市依法治市领导小组更名为市委全面依法治市委员会，负责全市依法治市顶层设计、统筹协调、督导落实工作，办公室设在市司法局，委员会下设立立法、执法、司法、守法普法 4 个协调小组，由办公室秘书科负责日常工作。二是在县（区、市）级层面，乐山市所辖 11 个县（区、市）均成立了党委依法治县（区、市）委员会，分别组织领导全县（区、市）依法治县工作，对应市级层面分别设立了 4 个协调小组，由办公室秘书股负责日常工作。三是在乡镇（街道）层面，各乡镇（街道）、部门均成立党委依法治理领导小组，由政法委员分管乡镇（街道）依法治理工作。四是在城乡社区及以下层面，成立了城乡社区党组织书记任组长、社区其他各类基层党组织书记为成员的依法治理工作小组，组织领导城乡基层依法治理工作。同时，建立了乐山市 4 级党组织统筹揽总、4 个协调小组分工负责、各单位具体落实的“1+4+N”的依法治理协调推进机制，搭建党委副书记分管、党政办主任负责、专人具体落实的工作网络，初步形成“各司其职、各负其责、齐抓共管”的依法治理工作格局，强化了乐山市城乡基层治理的组织保障。

2.坚持建章立制，构建制度体系

一是坚持每年制发“全面依法治市（县区市）工作要点”“全面依法治市（县区市）创新工作清单”制度，如 2020 年市县两级工作要点均列入了“夯实城乡基层治理基础，着力打造‘法治小区’‘法治小镇’等城乡基层治理创新工作内容”，同时将依法治市（县区市）工作与全局工作同部署、同落实、同考核。二是建立了市、县两级党委领导和支持人大及其常委会依法行使职权、政府依法行政、监察机关依法履行职责、司法机关公正司法的工作制度和衔接机制，不断完善支持人民政协履行职能，健全民主党派、人民团体和其他社会组织依照法律章程开展工作的规章制度。三是市、县（区、市）、乡镇（街道）党委委员会结合自身实际，均制定了“两规则一细则”，明确机构性质、机构设置和职责任务等内容。各种规章、制度、规则和细则的建立健全，推动了乐山市全面依法治理各项工作落地落实，也为城乡基层依法治理工作提供了制度性保障。

3.坚持示范带动，提升法治能力

一是坚持各级领导干部带头学习宪法法律、各级党委常委会会前和党委中心组集中学法制度，如 2019 年，市委常委会会前学法 5 次，市政府常务会会前学法 7 次，

市中区党委常委会和政府常务会学法 16 次、常务会专题学法 1 次、区委中心组集中学法 4 次。严格领导干部述法测评、学法考法通报制度，市、县两级党委政府均成立了法律顾问团，全市所有乡镇（街道）、城乡基层组织实现了法律顾问全覆盖。二是乐山市委修改了《重要事项决策实施办法》《重大事项票决办法》，严格落实合法性审查和风险评估制度，保障依法决策、科学决策，严格行政案件责任追究。三是市、县两级党委不断深化党内法规制度建设，深入开展法律法规执行情况监督检查和规范性文件审查，依法清理废止和修订完善规范性文件，加强党内规范性备案审查制度和能力建设，如 2019 年井研县就上报党内规范性文件 17 件，审查乡镇一级备案文件 29 件，峨眉山市对规范性文件审查 8 件、备案 2 件，犍为县县备案规范性文件 7 件。

（二）推进依法行政，稳步提升城乡基层治理法治执行能力

1.严格决策程序，推进合法性审查

乐山市各级政府及职能部门全面推行行政执法“三项制度”，严格执行《四川省行政决策合法性审查规定》《四川省重大行政决策程序规定》《乐山市法律顾问团管理办法》等制度，强化专家论证、专业机构测评、风险评估等 8 项关键环节，进一步规范行政决策程序。2019 年，在市级层面，共计审查重大行政决策 320 件，审查重大招商引资合同协议、城市友好合作协议、企业与政府间合作框架协议 40 余件，涉及总金额 500 多亿元，顾问团法律建议 145 条，在县级层面，仅井研县就审查重大行政决策 67 件，法律建议 53 条，参与涉法会议 120 余次。

2.创新执法机制，提升执法成效

一是在全市严格落实持证上岗、亮证执法制度，组织全市行政执法人员开展统一法律资格考试，2019 年以来，全市 11 个考点 1 329 名执法人员参考，通过率达 76.1%，新申领行政执法证 1 164 本。二是全面深化市级、11 个县（区、市）、乡镇（街道）综合执法改革。2020 年 4 月 20 日，成立市交通综合行政执法支队，有利于市交通运输执法领域由分散执法向综合执法转变。2020 年 1 月，沙湾区推动综合执法改革，成立综合执法局作为政府职能部门，实现了“一支队伍管执法”，撤并整合城市管理、市场监管、交通运输等 7 个领域权力事项 2 242 项。三是推进市、县行政执法力量下沉，充实乡镇（街道）执法力量。2020 年，市中区推进街道管理体制改革，优化 5 个街道职能配置，推动旅游综合、农业综合、食药稽查等三支执法队伍下沉城市一线，明确赋予街道评价部门权、重大事项参与建议权等 6 大权利，提升街道统筹能力。沙湾区综合执法局由 5 个大队负责城区执法、8 个中队下沉各镇（街道），打通基层执法“最后一公里”。

3.简化政务服务，深化“放管服”改革

2019年，乐山市制发《乐山市深化“互联网+政务服务”推进政务服务“一网、一门、一次”改革实施方案》，市本级一体化政务平台配置“最多跑一次”事项1 847项，占比97.72%。同时，全市11个县（市、区）均成立行政审批局，推动实现“一颗印章管审批”和行政审批“一窗受理”，审批办理实际提速74.6%，按时办结率保持100%。

4.加强行政监督，发挥救济功能

积极开展行政执法监督，维护行政相对人合法权益。2019年，在市级层面，乐山市共受理行政复议案件37件，办结32件，纠错3件，纠错率9.38%，法定期间内办结率100%。市政府作为被告的行政应诉案件共21件，应诉胜诉率为100%。在县级层面，仅犍为县就办理行政复议案件11件，其中本级复议7件，向市政府答复4件，一审行政应诉案件88件，重大行政处罚备案1件。

（三）践行公正司法，努力增加城乡基层治理法治公信能力

1.优化司法资源，深化司法改革

一是搭建执行网格员平台，破解执行难题，市县两级法院系统搭建执行网格员执行协作网络对接平台，借助全市每个乡镇（街道）网格员的通力协作，及时掌控被执行人的下落及财产线索，构建完善“一处失信，处处受限”信用惩戒体系。二是加强新型办案团队建设，在法院、检察院设立律师值班工作室，推进诉前调解机制和认罪认罚从宽制度，并与公安、检察、法院、司法等部门就认罪认罚从宽制度的适用范围、具体程序、量刑建议等问题达成共识，形成《关于认罪认罚从宽制度的实施细则（试行）》，推动认罪认罚从宽制度乐山司法实践，2019年，仅峨眉山市就办理认罪认罚案116件。三是深入推进政法智能化，深化综治中心、智能辅助办案系统、涉案财物保管中心等建设应用。依托官方微博、微信、今日头条、抖音等平台，推进智慧法院、智慧检察、智慧公安、智慧司法行政建设。

2.强化司法监督，促进依法行政

一是结合行政审判工作，2019年，乐山中级人民法院发布《行政审判年度审查报告》，主要就行政机关在治安处罚、土地征收、社会保障工作中存在的问题向行政机关提出了相关的建议意见。二是强化法院、公安、人社、国土等主要执法部门的互动，建立人力资源社会保障行政执法、公安行政执法与行政审判联席会议制度。三是为了促进工伤保险费收缴、房屋产权办理等行政执法的规范化，为政府及职能部门提

出法律意见书和司法建议。2019年以来，乐山市法院系统针对行政纠纷“多发领域、多发行为、多发主体”，给市县（区、市）各级政府及职能部门提出司法建议29条。

3.坚持司法为民，服务中心大局

一是乐山市、县（区）两级法院坚持司法为民理念，助力彝族聚居区（“两县一区”）如期脱贫。截至2020年10月，市、县（区）两级法院在彝族聚居区乡镇设立28个法官工作站，实现彝汉双语法官进乡驻站，借助“法官工作站”“调解室”诉前化解彝族聚居区林地承包、婚姻家庭、邻里矛盾等民间纠纷650余件；共审结彝族聚居区涉贫、涉民生纠纷473件，平均结案时间同比减少4.5天，扶贫领域的贪污、受贿、挪用、滥用职权等犯罪案5件5人，挽回涉案资金83万余元；为贫困群众减、免、缓缴交诉讼费17余万元，发放司法救助金26万余元。二是乐山市县法院系统精准发力为企业复工复产“保驾护航”，法官主动走访企业，了解企业困难，对因疫情可能产生的纠纷进行预判。三是充分发挥法官工作站面对基层、紧贴群众的优势，“点对点”开展矛盾纠纷化解、法律咨询服务、法治宣传引导等工作，利用巡回法庭等平台，针对企业因疫情导致的合同履行延期、资金结算等问题提出合理法律建议。

（四）加强社会法治，不断夯实城乡基层治理法治支撑能力

1.加强平台建设，补强治理短板

一是建设并完善综治中心规范化建设，2019年完成全市11个县（区、市）、乡镇、村三级综治中心建设任务，并投入使用，实现信息共建共享；全市提升并完成9个县、205个乡镇（街道）、257个社区、1 732个村综治中心规范化建设任务。二是稳步推进“雪亮工程”建设，以抓投入、抓机构、抓延伸、抓效能为出发点，实现省市县“雪亮工程”互联互通6 900余路，全市累计完成2 032个村（社区）“雪亮工程”建设。三是深化网格化管理工作。2019年，全市进一步完善分流指派、督办考核、分析研判等工作机制，将消防、禁毒等工作纳入网络化管理，办结事件13余万件，开展流动人员管理走访5 737次，排查发现治安隐患排查295条，有效解决服务群众最后一公里问题。

2.培育多元主体，构建治理新格局

一是推进行业治理，运用司法大数据，聚焦重点行业，培育市县调解组织40余个。峨眉山市建立涉金融、房地产、交通事故纠纷调解中心，将2 000多件案件纳入诉源治理，今年以来，法院培训调解员、网格员840余人次，指导行业和基层调解纠纷680余起，司法确认调解协议184件，全市矛盾纠纷增长率同比降低12.9%。二是

推进群众自治，发挥自治组织、农村乡贤、彝区德古的作用，开展“无诉村”“无诉社区”创建活动。指导各地全面建立了村务监督委员会，推动全面从严治党向基层延伸，进一步完善村党组织领导的充满活力的村民自治机制，极大提升了村（社区）依法治理能力。三是加强对城乡基层组织和社区组织考核责任。将万人起诉变化率、矛盾纠纷增长率、矛盾纠纷化解率等纳入地方目标考核，落实县、乡、村三级主体责任。

3.健全多元机制，及时化解矛盾

着力推进乡镇社区一站式纠纷解决平台建设，实现“小事不出村、大事不出乡、矛盾不上交”。井研推进法庭与辖区政府、专合社开展诉调对接合作，诉前化解矛盾纠纷110件。健全县乡解纷机制，以人民法庭为点、车载法庭为线、基层法院为面，完善司法服务网络，对邻里关系、婚姻家庭、交通事故等常见性、多发性矛盾纠纷，就近就地及时化解。健全市县解纷机制，市、县法院在诉讼服务中心引入第三方调解组织，引导当事人先行开展律师调解、人民调解、行业调解，把非诉讼解纷机制挺在前面，维护社会和谐稳定。

4.创新普法宣教，增强法治信仰

一是大力实施普法宣教“六加工程”。2020 年，乐山市、县（区市）、乡镇（街道）大力实施“清单制+责任制”“党纪+法规”“典型人物+平台队伍”“漫画+年画+农民画”等法治宣传“六加工程”，通过聚主线、抓重点、扩层面，大力营造了乐山市浓厚的法治氛围。二是强化了普法工作清单和责任清单制度。2020 年市委全面依法治市委员会制定并层级下发全面依法治市创新、法治宣传和氛围营造工作清单，将工作任务分为信息宣传、户外宣传、媒体宣传、网络宣传等 4 大类 18 小项，明确宣传、交通、城管等 13 个重点部门牵头责任。三是全面推行“谁执法谁普法”工作责任制，按照“一月一主题，月月有活动”，各级各地各部门采取线上与线下、法律知识与案例教育相结合等形式广泛开展各类普法宣传活动。

二、当前城乡基层治理法治化实践面临的主要问题

总体而言，党的十八届四中全会提出“推进基层治理法治化”以来，全国各地深入推进城乡基层治理法治化实践，城乡基层治理法治化水平明显提升。但是我国当前正处于经济社会加速转型发展时期，城乡基层各种利益冲突、矛盾纠纷异常复杂，城乡基层治理法治化建设与党的十九届四中全会提出“构建基层社会治理新格局”的目标要求还有很大差距，城乡基层治理法治水平尚需持续提升。

（一）城乡基层治理组织领导体制尚需完善

当前，全国各地在推进城乡基层依法治理工作中，无论是在理念上，还是在实践上，始终坚持和加强党的领导，把坚持党的领导作为推进城乡基层治理制度创新和能力建设的根本保证，有力地提升了城乡基层治理法治化的组织保障，推进了城乡基层依法治理工作。与此同时，课题组调研发现，在推进城乡基层依法治理工作中，一些党组织存在组织领导体制不够完善，组织领导核心作用发挥不充分的问题，具体表现在：一些县（区、市）、乡镇（街道）、城乡社区党组织主动作为不够，习惯于被动传达、落实或应对上级党组织关于推进城乡基层依法治理文件、会议精神或考核评估多，主动结合地方实际统筹谋划推进城乡基层依法治理工作少；一些乡镇（街道）、城乡社区党组织对于推进城乡基层治理的制度建设重视不够，强调城乡基层治理的党建业务工作多，建立健全党组织领导城乡基层依法治理相关制度少；一些乡镇（街道）、城乡社区党组织领导作用发挥不够，加强自身党的建设多，领导下级党组织或各类组织（如物管、业委员）和各项工作少；等等。

（二）城乡基层治理主体职能职责界定模糊

1995 年，联合国全球治理委员会认为“治理就是指政府部门、非政府部门和公民对公共事务的共同处理”。治理的概念表明了城乡基层治理必然是多元主体的协同共治行为，要达成城乡基层共治的目标，必须要推动城乡基层治理法治化。基层治理法治化能够为城乡基层治理的参与主体提供明确的权利义务，以及需要履行的职能、承担的职责。城乡基层治理需要城乡基层党委政府、城乡社区党组织与自治组织、社会组织和基层群众共同参与，协力共治。但是课题组调研发现，在推进城乡基层治理工作中，普遍存在各治理主体的权利与义务不明确，职能职责界定模糊的问题，主要表现在：县级党委政府的职能部门与乡镇（街道）党委政府之间权利义务不明确、职能职责边界模糊，乡镇（街道）经常处于有责任无职权的尴尬地位；乡镇（街道）党委政府与城乡社区党组织和社区自治组织之间权利义务不明确、职能职责边界模糊，其他治理主体参与城乡基层治理权利义务也不尽明晰，致使城乡社区党组织和社区自治组织高度行政化、部门化，不能在推进城乡基层治理工作发挥应然作用，也导致基层党委政府管得太多，管得太累，结果必然是费力不讨好。

（三）城乡基层治理领导干部法治观念淡薄

城乡基层领导干部是推进城乡基层治理的领导力量和主导力量，其法治观念对推进城乡基层治理法治化具有示范带动作用。但课题组调研发现，一些领导干部在思想认识上存在“法出于权、权高于法”的人治意识，对提升城乡基层治理法治思维和法治方式的重要性认识不足，存在着“说说重要、做做次要”的思想；一些领导干部存在不依法执政、不依法行政的行为，损害了城乡基层组织的成员利益，在对重大事项决策中不严格执行决策程序、合法性审查；一些领导干部，尤其是城乡社区干部不重视法治建设，不注重自身法律素养提高，运用法治思维和法治方式深化改革、推动发展、化解矛盾、维护稳定的能力和水平还不高，有的城乡社区干部存在选举中进行贿选、权力干预、宗族派系等现象，有的城乡社区干部存在滥用手中权力、侵吞集体财产等问题。

（四）城乡基层治理群众法治意识有待提高

社会公众是城乡基层治理的主体力量，其法治意识的高低直接决定推进城乡基层治理的成败。但反观中国的法文化传统和现实国情，社会公众的法律信仰和法治意识还没有达到城乡基层治理法治化的客观要求，群众公民意识和法治素养亟须提高，全社会学法知法守法、严格依法办事的氛围还不够浓厚，部分群众法治意识还比较淡薄。主要表现在：一些群众“信访不信法”现象较为突出，甚至违法信访；一些群众不依法办事，不依法承担法定义务和合同约定的义务，如有的小区住户长期拖欠物业管理费，甚至根本不交物管费；一些群众依法维权意识缺乏，相信“关系户”“关系网”，遇到矛盾纠纷不寻求法律途径解决，而是找熟人托关系，给城乡基层治理法治化带来负面影响。

三、推进城乡基层治理法治化的路径选择

全面依法治国是坚持和发展中国特色社会主义的本质要求和重要保障。当前，推进城乡基层治理制度创新和能力建设必须坚持依法治理、改革创新，充分发挥法治固根本、稳预期、利长远的保障作用、利长远上下功夫，将制度优势转化为治理效能，推动城乡基层治理体系和能力更加成熟、更加定型，让城乡基层治理在法治轨道上不断释放发展活力。

（一）健全城乡基层治理法治化组织领导体制

坚持和完善党的领导是推进城乡基层治理法治化的重要保障。党的十八届四中全会提出了“要发挥基层党组织的战斗堡垒作用”作为推进基层治理法治化的重要保障。2017 年 6 月，中共中央、国务院《关于加强和完善城乡社区治理的意见》也把“坚持党的领导，固本强基”作为完善城乡社区治理的首要原则。当前，在推进乐山城乡

基层治理的工作中，乐山各级各地要充分发挥基层党组织的政治核心作用，创新城乡基层治理法治化的新模式，依照国家法律、党内依规不断健全城乡基层治理组织领导体制。一是各级党组织要依照党内法规全面落实党建工作责任制，把推进基层城乡治理法治化工作纳入重要议事日程，完善党委和政府统一领导，切实担负起城乡基层治理法治化的主体责任，充分发挥党组织领导核心作用。二是建立健全社区党组织领导基层群众性自治组织或社会组织开展工作的相关制度，避免在城乡基层治理过程出现制度缺失、制度错位和制度异化等“低制度化”问题或现象，包括建立城乡基层党组织、政府与社会组织、群众双向考评制度，推进服务型、法治型基层党组织建设制度，小区事务管理实行决策、执行、监督“三权”分离制度等。三是加强和规范城乡基层党组织建设，科学设定城乡基层依法治理的工作目标、工作内容、工作重点和工作方式，着力解决推进城乡基层依法治理工作中存在的共性问题，如组织领导乐山市全面推行村（社区）党组织书记通过法定程序担任村（居）民委员会主任、“两委”班子成员交叉任职，形成协同联动的城乡基层治理法治化的组织架构。

（二）依法界定城乡基层治理主体职能职责

科学界定各治理主体权利义务、职能职责是推进城乡基层治理法治化的关键环节。与我国传统的城乡基层管理模式不同，城乡基层治理的参与主体除了政府及职能部门外，还包括城乡社区群众自治组织、社会组织和社会个人。因此在推进城乡基层治理法治化工作中，我们应要进一步厘清各治理主体的定位关系，权利义务、职能职责的科学划分，建立健全统分结合、上下联动、整体的多元治理主体协同参与运行机制。一是有效发挥基层政府的主导作用，制定区县职能部门、街道办事处（乡镇政府）在城乡基层治理方面的权责清单；依法厘清街道办事处（乡镇政府）和基层群众性自治组织权责边界，明确基层群众性自治组织承担的社区工作事项清单以及协助政府的社区工作事项清单；基层政府必须依靠“权责清单”行使权力，坚持法无授权不能为，依法承担法定职责。二是注重发挥城乡社区群众性自治组织的基础作用，制定“城乡社区职责清单”，“社区职责清单”以外事项，由政府制定“政府购买服务清单”承担相应城乡基层治理的职责。充分发挥自治章程、村规民约、居民公约在城乡社区治理中的积极作用，构建自治、法治、德治城乡基层治理新格局。三是统筹发挥社会力量协同作用，推进社区、社会组织、社会工作“三社联动”。推动制定并完善社会组织的孵化培育、改革登记备案制度、促进公益性优质社会组织转型为社会企业、开发公益项目等措施，支持、鼓励社会组织依法参加城乡基层治理工作。各类企事业单位、各种团体组织既是城乡基层管理服务对象，也是城乡基层治理的重要主体，要依托区域化党建组织体系，发挥驻社区单位资源优势参与城乡基层治理和服务。

（三）增强城乡基层治理领导干部法治观念

增强领导干部法治观念，提高领导干部运用法治思维和法治方式能力是推进城乡基层治理法治化的重要途径。党的十八届四中全会强调指出："提高领导干部法治思维和依法办事能力……各级领导干部要对法律怀有敬畏之心，牢记法律红线不可逾越、法律底线不可触碰，带头遵守法律，带头依法办事，不得违法行使权力，更不能以言代法、以权压法、徇私枉法。"当前，在推进城乡基层治理法治化工作中，我们应不断增强县级党委政府、乡镇（街道）党委政府领导干部，城乡社区党组织与社区干部法治观念，提高依法执政、依法行政能力，运用法治方式化解城乡基层治理矛盾纠纷的能力。一是坚持民主的法治理念，民主是法治的前提，城乡基层领导干部应大力鼓励、支持城乡基层人民群众积极参与基层社会治理，充分发挥基层群众民主管理的积极性，始终坚持城乡基层依法治理必须依靠人民、为了人民的原则，以保障人民的根本利益为归宿。二是强化公正的法治理念，在推进城乡治理制度创新和能力建设过程中，城乡基层领导干部应始终坚守公正的法治价值理念，努力做到群众有权享受的必能享受，有权参与的必能参与，使人人享有公平的机会、权利和资源。三是严格程序的法治理念，程序公正是实体公正的保证，各级领导干部，特别是城乡社区群众自治组织领导干部在处理集体财产分割、资产处置等集体重大事项时，应严格依据公众参与、专家论证、合法性审查、风险评估等法定程序，维护社会公平正义，努力维护城乡基层群众合法的权益。

（四）努力培育城乡基层治理群众法治意识

社会公众是国家法治建设的最深厚根基和最终推动力量，培育社会公众的法律信仰和法治意识是推进城乡基层治理法治化的重要基石。法律信仰和法治意识是社会公众对法的理性认知，是一种内心体验和认同。当前，我们应不断培育社会公众的法律信仰和法治意识，使社会公众知法、懂法、守法，善于运用法律武器维护自己的合法权益，从而推动城乡基层依法治理。一是要把法律作为维护群众权益不受侵害的最后一条防线，也是全面提高城乡基层治理法治保障能力的重要途径。要广泛开展普法宣传，优先开展实施法律家、法学家普法工程，落实"谁执法谁普法"的普法责任制，针对性开展案件庭审现场普法工作。二是进一步健全法律顾问制度，充分发挥党委政府法律顾问团、乡镇（街道）和城乡社区法律顾问在推进城乡基层治理制度创新和能力工作中的作用，完善基层法律援助机制，充分发挥律师、法律服务工作者等在提供公共法律服务中的作用。三是改进领导干部学法、会前学法考法制度，纠正当前领导干部学法考法形式主义，全面推行城乡基层治理领导干部任前专项法律履职能力考试。充分发挥领导干部学法守法用法尊法的示范带动作用，积极引导群众学法守法用法，不断增强社会公众的法律信仰和法治意识，养成办事依法、遇事找法、解决问题用法的高度共识和自觉行动。

总之，在推进城乡基层治理工作，只有把法治摆在更加突出的位置，把各项工作纳入法治化轨道，才能有效提高城乡基层治理制度创新和能力建设水平，推动形成城乡基层治理法治化的新格局。

参考文献

[1] 中共中央关于全面推进依法治国若干重大问题的决定[EB/OL].（2014-10-28）[2021-10-10].http://cpc.people.com.cn/BIG5/n/2014/1028/c64387-25926125.html.

[2] 梁佳，何章银.基层治理法治化路径［J］.区域治理，2019（9）：54-56.

[3] 中共中央 国务院关于加强和完善城乡社区治理的意见[EB/OL].（2017-06-12）[2021-10-03].http://www.gov.cn/zhengce/2017-06/12/content_5201910.htm.

[4] 梁平.基层治理的践行困境及法治路径［J］.山东社会科学，2016（10）：71-76.

[作者简介]

邱家胜（1973— ），男，汉族，重庆市人，中共乐山市委党校法学教研室主任、教授，主要研究方向：法治建设、地方经济社会发展。

韩琼慧（1982— ），女，汉族，四川邛崃人，中共乐山市委党校经济学教研室副主任、副教授，主要研究方向：区域经济、乡村振兴。

王雨婷（1993— ），女，汉族，四川乐山人，中共乐山市委党校经济学教研室讲师，主要研究方向：区域经济。

峨边茗新村变身大小凉山彝区“明星村”的社区治理调查研究

——茗新村“彝家·法治新寨”建设的实践与探索

邱家胜 韩琼慧 廖雪泓

【摘　要】习近平总书记指出，全面推进依法治国，推进国家治理体系和治理能力现代化，工作的基础在基层。四川省第十四个五年规划和2035年远景目标建议中明确了“城乡基层治理制度创新和能力建设取得新成效”等奋斗目标。同时，随着乡村振兴事业纵深推进，民族地区、易地扶贫搬迁集中安置点、城乡接合部新型社区等区位的建设规划、生态环境、综合治理和产业发展等问题容易堆积发酵，成为“三农”问题全域解决的难点堵点。本文针对以上问题，遴选峨边彝族自治县茗新村作为试点，在2021年对建设“彝家·法治新寨”助推乡村振兴模式开展了“项目式”的课题研究和实践探索，以期在大小凉山彝族聚居区形成可复制、可推广的乐山经验。

【关键词】乡村振兴；彝族聚居区治理；法治新寨

一、茗新村“彝家·法治新寨”的建设背景

（一）茗新村的基本情况

乐山市峨边彝族自治县新林镇茗新村，位于峨边彝族自治县南部，距峨边县城7公里，面积5.2平方公里，截至2021年5月，该村辖4个村民小组，有246户、1 213人。茗新村地处深丘地带，海拔高度在1 200米至2 200米之间，全村耕地面积2 300亩[①]，林地面积6 000亩，土地属性均为国有土地，主要以种植和养殖业为主。村级主导产业为820余亩白芨、400余亩脆红李、122余亩木本金银花等，2020年村人均可支配收入达1.4万元，集体经济收入119万元，预计2021年村集体经济收入达150万元。

① 1亩约为666.67平方米。

（二）茗新村的建制沿革

茗新村原属四川省沙坪茶场劳教所驻地，2005 年沙坪劳教所搬迁至四川省眉山市后，陆续有来自大小凉山美姑、昭觉、甘洛等 7 县和峨边本县的村民自主移民搬迁集中聚居，自然形成了彝族聚居村落，当地人称该村为“八县村”。“八县村”在形成之初，因属自主移民搬迁形成的村落，且所在地又是原省劳教所驻地，事实上处于四川省劳教所无力管、峨边县乡两级地方党委政府无权管和无自治组织管的“三不管”地带。村落组织管理混乱、贫困程度较深、安全隐患突出、儿童入学困难、土地违法租用等问题突出。2014 年，针对“八县村”治理盲点，峨边县委、县政府多次与省劳教所沟通协调，接管了原来的沙坪茶场，主动担当属地管理责任，在“八县村”设立临时村级党组织，主动担负起聚居村落的组织管理职能职责。2017 年 11 月，茗新村经批准成立，是四川省最晚成立的建制村。

（三）茗新村“彝家·法治新寨”建设的现状分析

2020 年 3 月，中央全面依法治国委员会印发的《关于加强法治乡村建设的意见》指出：“根据乡村自然环境、经济状况、人口结构、风土人情等不同情况，因地制宜开展法治乡村建设，勇于探索创新，注重工作实效。”遴选峨边彝族自治县新林镇茗新村作为乡村振兴战略背景下“彝家·法治新寨”建设的试点村，符合法治乡村建设必须坚持因地制宜的基本原则。

1.茗新村区位特征明显

2020 年 12 月 16 日，《中共中央 国务院关于实现巩固拓展脱贫攻坚成果同乡村振兴有效衔接的意见》明确要求，建立健全巩固拓展脱贫攻坚成果长效机制，做好易地扶贫搬迁后续扶持工作。茗新村于 2017 年 11 月经批准成立，是全省最晚成立建制村的，驻地在原四川省司法厅沙坪劳教所，2005 年劳教所搬迁后，陆续有大小凉山彝区 8 县 1 200 余名彝族群众自主移民搬迁至此。茗新村是山区村、纯彝村、自主迁移搬迁村，曾是深度贫困村，属于“民族地区、易地扶贫搬迁集中安置点、城乡接合部新型社区”三类地区。

2.茗新村的法治建设与经济发展不均衡

茗新村依托东西部扶贫协作，打造白芨、乌天麻、中药材、果树园林 4 个支柱产业，农旅融合、生态民宿等项目已列入年度计划，经济发展初具规模。但随着乡村振兴战略纵深推进，茗新村作为民族地区、易地扶贫搬迁集中安置点、城乡接合部新型社区，在乡村建设发展规划、人才队伍建设、生态环境保护、乡村综合治理和产业发展法治环境等方面的问题堆积发酵，成为“三农”问题全域解决的难点堵点，基层治理短板弱项逐渐显现并呈现放大趋势，因此加强茗新村的法治建设，用法治巩固保障茗新村脱贫攻坚成果，接续推动脱贫地区发展和乡村全面振兴，成为茗新村当务之急。

3.茗新村的典型示范作用强

2014 年起，峨边县委政府结合脱贫攻坚，创新治理模式，让昔日脏乱差的“八县村”蝶变成靓美新的“明星村”，2019 年，该村被评为“四川十大最亮眼村居”，2020 年获“年度省级‘三无’平安村”“乐山市脱贫攻坚奋进奖”，2021 年 1 月荣获省级“六无”平安村称号。2021 年 1 月以来，乐山市委依法治市办牵头，联合市委党校、市国资委、市法学会、市法律援助中心、乐山农投集团、峨边彝族自治县县委依法治县办采取信息整理、实地走访、座谈交流、会商研讨等形式，对在茗新村开展“彝家·法治新寨”建设进行可行性研究。2021 年 3 月，茗新村法治新寨建设列入市委全面依法治市重点示范项目及峨边彝族自治县县域法治建设示范试点重点工程项目。

二、茗新村“彝家·法治新寨”建设面临的主要问题

当前，我国乡村法治社会建设取得了长足进步，但是从全面推进乡村振兴战略，推进基层治理法治化，促进基层治理体系和治理能力现代化建设的目标来看，茗新村在法治建设方面还存在较大差距。

（一）民主法治意识不强，法治建设能力不足

在我国，民族乡村地区长期受传统民族文化、管理与服从理念双重影响，人们对“德治”和“人治”的认知程度超过“法治”，民主权利意识淡薄，法治能力不强。调研发现，茗新村大多数村民未能形成“办事依法、遇事找法、解决问题用法、化解矛盾靠法”的法治意识和法治思维，由于广大民族群众法律知识匮乏，加上过多依赖自身习惯法，在产生矛盾纠纷后第一时间想到的是找村里、家族里有威望的人。同时，在峨边县民族乡村地区，无论是茗新村自治组织还是新林镇党委政府，习惯于传统的管理思维和管理方式，民主法治意识淡薄，在推动农村经济社会发展实际工作中往往强调管理，轻视服务，村干部强调让村民服从安排，导致群众的参与度较低，不利于在全面推进乡村振兴战略背景下，建设充满活力、和谐有序的乡村社会。此外，普法宣传形式单一，针对性、实效性不强的问题也有一定表现。

（二）村民文化程度较低，法治建设基础薄弱

全面推进乡村振兴战略，需要一支优质的乡村法治人才队伍。但从茗新村实际情况看，村民文化水平相对较低，法治人才资源不足。截至 2021 年 5 月，茗新村现有

村民 1 213 人，均是自 2005 年起从大小凉山八个县自主搬迁而来，调查他们易地搬迁的原因，主要是原住地“没有学校，公路不通、行动不便，海拔偏高，没有电、生活困难”。由于易地搬迁而来的村民原住地教育资源极度匮乏，因此茗新村村民文化程度总体较低，综合素质不高，包括法治人才在内的人才资源短缺。据统计，茗新村 20 岁以下的村民共有 605 人，文化程度为小学和初中；21~39 岁的村民共 326 人，文化程度为小学、初中或中专；40 岁以上的村民共有 292 人，文化程度为半文盲。全村党员 20 名，大学文化程度 1 人、大专文化程度 6 人、初中及以下文化程度 13 人。茗新村现有 9 名村组干部，大专学历 1 人，中专学历 3 人，小学学历 5 人（详见表 1、表 2）。

表 1　茗新村村民年龄结构及文化程度状况

村民人数	年龄结构	文化程度
605 人	20 岁以下	小学、初中
326 人	21~39 岁	小学、初中或中专
292 人	40 岁以上	半文盲

表 2　茗新村村组干部及党员文化程度状况

村组干部及党员人数	文化程度			
	大学	大专	中专或高中	初中及以下
村组干部 9 人	—	1 人	3 人	5 人
党员 20 人	1 人	6 人	—	13 人

（三）专业法律人才缺乏，法治服务能力较低

当前，民族地区农村法律队伍建设不断加强，如推进法治副校长制度、入驻社区警备室等，但相对于城市社区而言，茗新村专门服务农村的专业法律人才仍然缺乏。调研发现，2019 年之前，峨边彝族自治县无律师事务所，只有 1 个法律服务所，法律服务从业人员不足 20 人，2021 年 3 月之前茗新村无公共法律服务室，也未聘请村法律顾问，导致村民遇到矛盾纠纷时无法得到法律服务机构或人员的专业咨询和帮助，只能寻求用民族习惯法应对生产生活中遇到的矛盾纠纷，长此以往影响了茗新村村民对国家法律的关注和热情。同时由于茗新村道路崎岖、交通不便等特殊地理环境，“一村一法律顾问”制度没有实质运行，村民很难在第一时间找到专业法律人员咨询法律问题，更不会走诉讼程序。以上困难问题使村民觉得法治离自己生活很遥远，大大减弱了村民用法的自觉性。

（四）法治建设重视不够，法治建设投入不足

近几年来，打赢脱贫攻坚战是党和国家的中心工作，峨边县新林镇茗新村则是乐山市脱贫攻坚战的主战场。新林镇党委政府和茗新村“村两委”的工作重心主要是解决贫困村民的“两不愁”“三保障”等问题，完善和发展交通设施，带领村民脱贫致富，发展农业经济，提高村民生活水平，但忽视了营造良好的法治氛围，用法治方式推动茗新村产业发展、保护生态环境和村级治理能力的提升，客观上影响了村民法治意识的提升。同时，新林镇和茗新村对法治建设投入有限，用于法治建设的费用不足，茗新村法治乡村建设工作有时流于形式，存在乡村法治建设就是“拉横幅写标语”等片面认识。此外，民族地区乡村条件艰苦，新林镇司法所人员配备较少，承担镇政府大量烦琐的基层事务，没有足够的精力指导茗新村制定和实施法治建设规划。

三、茗新村“彝家·法治新寨”建设的实践与探索

2021 年 3 月以来，在全面推进乡村振兴战略背景下，茗新村结合基层治理实际情况，特别是法治建设方面的短板弱项，在市、县、乡三级党委政府领导和支持下，以创建“彝家·法治新寨”示范试点工作为契机，创新“12 348”工作法，即：建设 1 个彝家法治新寨，打造法治宣传、法治教育 2 类文化阵地，研究法治促进农民增收、法治助推农业发展、法治保障农村稳定 3 大课题，建强法律顾问、法律明白人、德古调解员、法治副校长和法治辅导员 4 支队伍，健全土地赋能、控辍保学、禁毒防艾、“双高”治理、民俗保护、生态环保、平安建设、法纪监督 8 项机制，大力加强法治乡村建设，为乡村产业振兴、人才振兴、文化振兴、生态振兴和组织振兴提供了有力法治保障。

（一）法治助推产业振兴方面

1.依法规划促进发展

一是建设集中安置点住房，促群众“安居”。统筹易地扶贫搬迁和财政扶贫资金近 3 200 万元，实施 153 户贫困户易地扶贫搬迁和彝家新寨住房建设。探索农村保障性住房新模式，由县城投公司出资 260 万元，装修 62 套原沙坪茶场安全住房作为农村廉租房安置非贫困户居住，茗新村 195 户群众全部“住上了好房子”。二是完善基础设施配套，促群众“乐业”。编制村级规划，新建 6 米宽村道，建成连户路、产业路、通组路 15 千米。高标准建成村幼儿园、文化室、卫生室、警务室等，村级配套功能实现全覆盖。争取浙江省椒江区东西部扶贫协作资金 800 万元，建成占地面积 5 200 平方米的峨边椒江区太阳坪小学，可容纳 500 名儿童入学。三是推动村级产业

发展，促群众“致富”。实行“党支部+合作社+基地+农户”发展模式，成立“茗巅”集体经济合作社，与县农投公司合作，流转农户土地 1 300 亩，种植 122 亩金银花、8 亩芍药、820 亩白芨、400 亩脆红李，建成建筑面积 6 000 平方米的药材加工厂，增加产品附加值。2021 年，村集体经济预计年收入可达 150 万元，带动 163 户贫困户户均年增收 6 000 元，解决近 400 名村民就近务工。

2.积极营造法治环境

一是制定“三项清单”。制定村级依法履职事项、协助办理事项、负面工作事项“三项清单”，以一个口子代办理念，建立村级民事代办清单，覆盖农业生产等方面 36 项民生服务内容，力促“办事不出村”。二是加强村级法治化营商环境建设。探索建立乡村振兴、产业提升等特色巡回法庭，高标准建设村级公共法律服务站，建立基层立法联系点。三是配强法律顾问。按照“一村一法律顾问”要求，配齐配强村法律顾问，积极促进作用发挥。根据村党组织需要，及时介入土地流转、投资招商等集体经济活动，提供合同前置审查、项目法律论证等服务。通过开展履约辅导，在保证本方全面正确履约的同时，催告和监督对方合格履约。2021 年以来，法律顾问规范村级经济行为 7 次，参与调解、处理集体经济纠纷 27 件，审查工程合同 5 份，涉及金额累计数千万元，为村民提供各类法律咨询 190 余起，代写文书 54 份。四是成立农业专家服务团队。指导移民群众发展生产，为群众量身定制“一户一策发展规划”，指导群众科学发展小种植、小养殖、小务工、小刺绣、小作坊“五小产业”，解决移民群众的吃饭问题。在指导群众发展生产的同时，宣传、解读涉农法律法规，确保社会治安稳定。五是出台激励政策。结合精准扶贫工作，出台“奋进计划”“巩固增收”“五好家庭”“好婆婆”“好媳妇”等奖励政策，在激励群众发展生产的同时，推进培育和践行社会主义核心价值观。

3.加强集体经济监管

一是以《农村集体经济组织示范章程（试行）》为准则，参照《四川省农村集体经济组织条例》规范，以维护集体成员权益、实现共同富裕为宗旨，坚持集体所有、合作经营、民主管理，实行各尽所能、按劳分配、共享收益原则，充分发挥《四川省农村集体经济组织条例》规范指引作用，在完善监管制度上下功夫，打造一流管理团队。二是完善村集体经济组织章程，健全民主管理机制和资产状况、债权债务、财务收支、收益分配、预算决算执行等公开公示制度，村党组织书记通过法定程序担任集体经济组织理事长，设立监事会，加强审计监督，依法履行职责。建立集体“三资”（资金、资产、资源）监管平台。三是支持村集体经济组织依法独立自主开展经济活动，保障其合法财产权和其他合法权益。依法委托村集体组织持有、管护和经营财政投入建设形成的国有资产。

（二）法治助推人才振兴方面

1.引进法治人才

针对当前法治建设人才短缺的问题，茗新村创新健全法治人才资源共享机制，如产业协会组织法律顾问分片区监管服务，积极对外聘请专业的法律顾问、村办合资企业聘请专业的法律顾问，通过向外积极引进专业人才，弥补人才资源缺漏。

2.赋能公职岗位

注重提升校园等公职岗位人员法治素养，设置法治副校长、法治辅导员以及双语法治教师，专门为乡村振兴提供法律服务以及法律教育，通过各岗联合，共同建立好乡村法治人才培养机制，为乡村村民、乡村企业提供法律援助，同时定期对村干部和全体村民进行法律培训。

3.组建服务团队

2021 年 3 月，组建法律志愿服务团队，有效改善茗新村法律人才流失的问题，法律志愿服务团队由东西部扶贫协作、司法系统对口援助、市法律援助中心优秀律师、对口联系律所、高校法学教授、机关单位公职律师、国有企业法律顾问、乐山师范学院政法院系学生等专业人才组成，通过志愿者对口服务，加强乡村的法治服务水准，补上缺乏人才的短板，持续推进乡村法治建设。充分利用现有人才资源，将本村德高望重的老党员、“毕摩”等聚集起来组建宣传队伍，在田间地头通过“以案释法”“以案为戒”等形式积极向村民宣传党的政策、法律法规。同时，结合茗新村生产生活实际，邀请相关部门到村讲解相关法律法规、移风易俗政策等，全方位提升村民法治意识。

4.培养法律明白人

在企业法人、产业致富带头人、村组干部以及村民代表中，选出种子选手进行培养，在基层中培养法律明白人，让法律明白人在实际工作中发挥模范效应，为广大村民在法律方面提供服务教育。

（三）法治助推文化振兴方面

1.建设法治文化阵地

一是因地制宜，建设特色法治文化阵地。2021 年 3 月以来，茗新村依托现有村民文化广场，以“德与法”为主题，按照“点、线、面”相结合方式，打造成法治文化广场，沿村道旁设置法治宣传牌、宣传小贴士，在广场设置 6 块标准法治文化宣传专栏，张挂 10 处法治宣传标语，大力宣传《中华人民共和国宪法》《中华人民共和国民法典》、社会主义核心价值观、法律小故事等内容。二是依法治教，打造特色校园法治文化阵地。将预防、减少青少年违法犯罪工作纳入德育教育、精神文化教育、小学生日常行为规范教育内容，建设特色“法治文化校园”。2021 年 6 月，以“崇德 · 尚法”为主题，设计茗新村椒江小学广场主体宣传墙，建成法治文化走廊 2 处，在原有法治校园文化的基础上巧妙融入法治文化等元素，设立法治文化石、法治宣传牌和法治展板等 12 块，内容包括《中华人民共和国宪法》《中华人民共和国民法典》《中华人民共和国未成年人保护法》《中华人民共和国禁毒法》《中华人民共和国种子法》《中华人民共和国农产品质量安全法》《中华人民共和国农药管理条例》、“十年禁渔”“森林防火”等为主的与村民生产生活密切相关的法律法规及政策知识、案例、法治标语、名言格言警句等。三是整合资源，打造法律服务中心阵地。全面推进茗新村法律服务咨询中心建设，规范村法律服务工作室外观标识、工作流程和设施设备，向广大群众公布法律服务联系电话、发放法律服务联系卡等，充分利用现有律师、法律援助和基层司法所的法律服务资源，把整合的司法行政工作资源延伸到茗新村，为群众提供综合的基层法律服务平台，为村集体和村民义务提供法律服务、政策咨询和矛盾纠纷调处。

2.提炼民族法治品牌

一是“点亮火把”照亮彝区孩子前行路。乐山市检察机关以金口河区、峨边彝族自治县、马边彝族自治县三地检察院为核心，创建“点亮火把”未检（未成年人检察）品牌，2021 年在茗新村椒江小学开展彝区禁毒防艾和未成年人犯罪预防等工作 3 次，为彝区未成年人照亮前行的路。二是“坝坝会”提升村民法治观念。坚持每周召开坝坝会，增进村干部与村民、村民与村民之间感情，及时化解矛盾纠纷，学习宣传法律知识。三是保护传承彝族传统法律文化。近年来，峨边彝族自治县加强对牟赫略赫（矛盾纠纷的调解）规矩和彝族民间禁忌、独特的婚俗文化、节日文化、酒文化等保护。弘扬善良风俗、家规家训等优秀传统文化中的法治内涵，把不违背法律、不违背公序良俗作为家风家教的重要内容，让社会主义法治精神在家庭中生根。四是创建符合茗新村特点的普法形式——“普法小阿依”。即针对茗新村村民文化程度低、汉语水平、法治意识低“三低”的实际情况，椒江太阳坪小学老师每天坚持对学生进行法治教育——讲解 1 条法律或 1 个法治案例或 1 个法治故事，茗新村小学生在学习理解老师普法内容的基础上，回家用彝汉双语给家庭中的成年人讲解该普法内容，促进提升茗新村村民的法治意识和法治水平。

3.提升普法宣传实效

一是充分把握彝寨法治宣传教育的规律和特点，确保村民学法时坐得住、听得懂、学得进。充分发挥彝族“毕摩”教化作用，邀请村里的 6 名“毕摩”，结合彝历新年、春节、国庆等节日期间村里举办大型节目时机，将村规民约用彝语经文说唱形式诵读给广大群众，通过风俗教化，变被动接受为主动接受，实现村民自我教育管理“更精准”。二是从农民切身利益和关注热点难点问题出发。把涉及农民生产生活的法律法规印制成小册子、普法挂历、挂图等，让村民一看就懂、一学就会。三是充分发挥村法律顾问作用。2021 年 3 月以来，四川得助律师事务所重点帮扶茗新村，律师团队向全体村民进行普法宣传教育 3 次，按照村民的具体需求，结合茗新村法治建设实际，通过以案说法形式，进行精准普法。

（四）法治助推生态振兴方面

1.赓续生态法治观念

一是深入挖掘彝族生态平衡方面的传统观念，彝族文献《尔比尔吉》记载，关于“万物有灵”原始崇拜，就是把自然界的一切人格化，提出“高山有灵云雾升”，就是以敬畏依赖自然的传统信仰模式，形成了生态环境保护的传统。二是传承人与自然和谐相处环境保护理念，如“天人合一”与“自然至上”观、敬畏自然与尊重生命观、万物平等观等，传承人与自然和谐相处环境保护理念。三是捕食野生动物习俗已形成禁忌，彝族文献《勒俄特依》《玛牧特依》中，有大量论述人与人和谐、人与动物和谐、人与植物和谐内容，如人由猴子变来，因此人不能以猴子为食，不能猎捕野生动物。在对彝族社会生态环境保护习惯法的发掘提炼基础上，与“绿水青山就是金山银山”理念、环境保护法规和“三大革命”“三大保卫战”等行动深度融合。

2.加强生态环境治理

一是采用节水、节肥、节药、节能等先进的种植养殖技术，推动种养结合、农业资源综合开发，发展生态循环农业，推进农作物秸秆、畜禽粪污的资源化利用。二是实施最严格的环境准入标准，依法强化环评审批前置，对企业入驻全过程，进行环保资质评审。同时加大环保监管力度和问责力度。三是结合峨边县率先在全市民族地区立法推进人居环境治理，加大农业面源污染防范和整治，在农业生产养殖中禁用限用剧毒、高毒、高残留的农药、兽药，因地制宜推广卫生厕所和简便易行的垃圾分类，治理农村垃圾和污水，加强乡村无障碍设施建设，鼓励和支持使用清洁能源、可再生能源。深入开展清河、清渠、清沟、清路、清院“五清”行动，持续改善农村人居环境。

3.推进生态环境保护

一是加强生态环境司法保护，构建“检察+”野生动物保护联盟协作配合机制，探索巡回开庭模式，以案释法说理，通过发放宣传册、播放公益广告方式，突出宣传鬣羚、白腹锦鸡等珍贵、濒危野生动物保护。二是持续打好蓝天、碧水、净土“三大保卫战”，立足现有资源，做好减排、抑尘、压煤、治车、控秸“五大工程”，推进农业投入品减量化、生产清洁化、废弃物资源化、产业模式生态化。三是积极宣传地质灾害政策法规，定期开展应急避险演练，投资建设人防广场，推进依法防疫、森林防火、生产安全。依法打击违法用地破坏公共设施等行为。

（五）法治助推组织振兴方面

1.切实发挥“定盘星”功能

一是基层阵地不断巩固。2017 年建立建制村后，茗新村迅速成立村党支部，整合资金 60 万元新建村党群服务中心，推选出优秀返乡农民工担任党支部书记，选举产生村民委员会、村务监督委员会，制定“廉洁公约”，党员干部带头“守约”“履约”，依法决策、管理村级事务，并将 12 名在峨党员、8 名大凉山零散失落党员全部纳入村党支部管理，建成一支带领全村群众脱贫奔康的先锋党员队伍，村级基层政权进一步加强。二是“党建月会”顺应民意。融合“三会一课”“主题党日”“阳光问廉”坝坝会、“四议两公开”等建立“党建月会”制度，党支部每月通过月会平台让干群现场提问交流、问政问廉、民主讨论，2021 年以来，清单式收集解决反馈群众问题诉求 87 个，村民广泛参与村级事务，有效增强党支部凝聚力。三是“村务公开”持续深化。全面落实“村务公开五个必须”，无论大事小事，凡涉及群众利益的经济社会发展规划、村集体收支情况、“一事一议”筹资筹劳项目等，均在村务公开栏主动公开、在交通要道和村民聚居处张贴、以明白纸发放到户、在村广播站广播、通过手机微信发布到人，由村务监督委员会全程监督，不断增强村级事务管理透明度。

2.标定落细“指南针”作用

一是“三议群众”深化基层民主。推行“三议”群众工作法，村级事务决策由村“两委”提议、村民议事会审议、村民代表会议或村民会议决议，积极发挥群众村级事务决策中的主体作用，强化提议、审议、决议的事前、事中、事后管理，通过民主决策，强化群众“主人翁”意识，群众获得感和满意度不断提升。二是“村规民约”强化自我约束。深化基层民主，结合彝区实际，围绕执行党委政府决策、两委民主决定，在个人家庭公共卫生、疫情防控、家庭邻里关系、红白喜事等 12 个方面、由村民共同参与制定并及时修改茗新村村规民约和村民自治章程，充分发挥 6 名彝族“毕摩”、驻村工作队“六大员”和党员干部作用，通过传统节日彝语说唱、大喇叭小喇叭宣传、下沉田间地头和村民家中、围火塘宣传等形式，法治宣传 1.2 万余人次，每季度举办“洁美星、和谐星、守法星、致富星、孝爱星”等“五星”户评选活动，累计评选“五星”户 88 户，以榜样力量带动群众破除陈规陋习，倡树新风，传播美德，广大群众逐渐养成“比、学、赶、超”良好习惯，实现村民自我教育管理“更精准、无时限、添温度”。三是“积分超市”激发内生动力。通过集体经济收入注资、县级财政、帮扶单位、爱心人士捐赠创新打造“积分超市”，对全村年满十八周岁的村民实行积分管理，制定积分管理实施办法，将村民参与村级治理 5 大类 53 个小项的行为表现转换成积分，1 个积分可在“积分超市”兑换 1 元人民币实物，村民讲卫生、扬文明、树新风等实绩，均可积累积分兑换相应物资。对违反适龄学生辍学、越级无理上访、违纪违法、婚嫁礼金“双高”等事项实行积分清零。同步建立村组干部与村民积分相挂钩机制，村民发生积分清零或受表彰表扬，相应加减村组干部积分。2021 年上半年，全村已兑换 9 万多积分，有效激发了村民内生动力，推动形成文明村风、良好家风、淳朴民风。

3.系统提升“主心骨”水平

一是家支组织持续规范。充分发挥家支带头人作用，鼓励村“两委”干部主动参与本家支内部决策，制定家支家规族规，把热爱中国共产党，弘扬社会主义核心价值观等内容作为家支行为规范，积极引导和规范家支成员管理，约束家支成员行为。同时，村“两委”干部积极争取工会、妇联、团委等部门和社会公益帮扶力量，对各家支中老人、妇女、儿童提供亲情守护服务 366 人次，家支成员幸福感、凝聚力不断提升。二是“德古”调解不断深化。将法治精神融入传统习惯法，推广“德古工作法”，聘任村内 2 名在家支组织中具有法律知识、威望较高、公道正派的“德古”为人民调解员，同时兼任社情民意观察员、矛盾纠纷调解员、义务普法员、法律援助联络员，依法参与村内民事调解，对当事人及家属进行教育、解释和劝导，及时化解矛盾纠纷 45 件。针对婚嫁中高聘金、高礼金“双高”突出问题，茗新村按照“政府引导+德古会盟+村民自治”治理模式，按照“德古”会盟倡议，约定聘金、礼金最高不超过 7 万元，“双高”现象得到有效遏制。三是文明乡风有效倡导。建立村级红白理事会，鼓励家支组织重要成员担任其成员，梳理村民结婚、生子、建房、升学、老人过世等红白喜事办理等自治制度，约束村民攀比炫富、铺张浪费行为。每逢村内有“婚丧嫁娶”等人员集中重要活动，村干部、红白理事会成员主动走“亲戚”赶“人情”，在融洽和谐的氛围中，倡导树立勤俭节约的文明新风。

四、茗新村“彝家·法治新寨”建设的再思考

2021 年以来，根据中央、省、市对新时代法治乡村建设的目标要求，在市、县、乡三级党委政府坚强领导下，课题组牵头揽总，相关职能部门通力协作，结合茗新村

法治建设的现状，坚持法治理论与法治实践相结合的原则，推进落实了“彝家·法治新寨”建设项目的实地调研、会商论证、规划设计、具体实施等工作，完成了茗新村“彝家·法治新寨”项目建设，茗新村治理现代化成效初显。2021 年 9 月，茗新村被农业农村部确定为“第二批全国乡村治理示范村”，实现了从昔日的“脏乱差”到今日的“靓美新”蝶变。

全面推进乡村振兴是国家长期战略，长期的、稳定的法治保障是全面推进乡村振兴的重要基础。党的十九届六中全会指出“全面依法治国是中国特色社会主义的本质要求和重要保障，是国家治理的一场深刻革命”，乐山市第八次党代会也指出：“要加强民主法治建设，加强民主政治建设，广泛凝聚智慧力量，全面推进依法治市，推进市域社会治理现代化，巩固发展安定团结的政治局面。”因此，在乡村振兴战略背景下，法治乡村建设永远在路上，茗新村“彝家·法治新寨”建设只有起点，没有终点。

（一）查漏补短，提升成效

茗新村“彝家·法治新寨”建设过程中，暴露出来的一些短板弱项，需要在今后的法治乡村建设中加以解决，进一步推进“彝家·法治新寨”建设助推乡村治理现代化。一是不断提高基层党委政府、村级自治组织的领导干部运用法治思维和法治方式深化改革、推动发展、化解矛盾、维护稳定、应对风险的能力，有效发挥示范带动作用。二是深入推动解决彝区群众文化程度、汉语水平、法治意识偏低造成的民主权利意识淡薄和法治能力不强问题。三是深入推动解决彝区村级专门法律工作人才和法律服务人才缺乏问题。

（二）提炼特色，推广亮点

通过项目化、实体化打造茗新村“彝家·法治新寨”，课题组积累了彝区村级治理一线经验，形成了系列制度机制，构建了在大小凉山彝区具有较高普适价值的基层依法治理理论体系。一是扩大“普法小阿依”普法品牌影响力，提升大小凉山彝区法治文化宣传的时代感、针对性、主动性、实效性。二是加大茗新村太阳坪禁毒微基地建设，在全县各中小学推广并实质化运行。三是法律顾问定期在服务村镇举办法治讲座，将茗新作为典型示范，结合当地实际进一步推广“茗新做法”。

（三）加强宣教，典型带动

乡村振兴，法治先行。全面推进乡村振兴，对法治建设的需求也比以往更加迫切，更加需要充分发挥法治对于农业农村高质量发展的支撑作用、对农村改革的引领作用、对乡村治理的保障作用。一是制作一个关于茗新村的“蝶变”短视频，用于 LED 屏播放，进一步推动实干与宣传的“双剑合璧”，塑造品牌形象。二是利用线上平台——峨边法治微课堂，将茗新村在依法治理中的突出亮点编辑为短视频，利用抖音等线上平台推广。三是建立健全尊法学法守法用法村级干部提拔任用体系、年终目标考核制度，提升村级干部依法履职能力和法治建设水平，推动干部依法办事落地落实。

[作者简介]

邱家胜（1973— ），男，汉族，重庆市人，中共乐山市委党校法学教研室主任、教授，主要研究方向：法治建设、地方经济社会发展。

韩琼慧（1982— ），女，汉族，四川邛崃人，中共乐山市委党校经济学教研室副主任、副教授，主要研究方向：区域经济、乡村振兴。

廖雪泓（1979— ），女，汉族，四川乐山人，中共乐山市委党校学报编辑部副主任、副教授，主要研究方向：行政管理。

传统产业转型升级绿色发展的政策机制问题研究
——基于乐山市的调研

李芸洁 何燕东

【摘　要】乐山市作为省内传统产业重要城市之一，水泥钢铁化工等传统支柱产业，能否在绿色发展引领下实现绿色发展转型，具有重要现实意义，也是落实新发展理念、构建新发展格局、实现高质量发展的重要举措。2017 年，乐山市委市政府制定出台《关于加快推进工业转型升级绿色发展的实施意见》等指导性文件，确定了政府促进传统产业转型绿色发展的主要政策路径。本调研报告在深入调研乐山水泥、陶瓷和化工等传统产业转型升级绿色发展的实际情况的基础上，结合乐山市委第八次党代会关于生态文明建设提出的相关要求，深入总结经验、分析存在的问题，初步提出实现绿色发展要坚持系统思维和底线思维，综合施策，在建立整体政策框架的基础上，明确政策重点。通过以上分析，本调研从完善绿色发展的政策目标、绿色发展政策框架的设计、绿色发展政策重点的选择等方面，提出相应的对策和建议。

【关键词】系统思维；政策框架；绿色企业创建

一、乐山市传统产业转型升级绿色发展的主要政策措施

2017 年，乐山市委市政府制定出台《关于加快推进工业转型升级绿色发展的实施意见》，该意见提出了传统产业实现绿色发展的主要政策举措，主要包括以下几个方面。

（一）工业发展与生态建设和谐共赢

坚持“绿水青山就是金山银山”，坚持生态优先绿色发展，严格贯彻落实“三线一单”硬约束管理制度，坚持在资源环境可承载限度内发展和布局工业，在提升生态环境质量和资源利用效率前提下选择和优化产业，强化存量工业的绿色化改造和增量工业的绿色化发展，大力推进新型工业化和生态文明建设，实现工业发展与生态建设

的有机统一、相互促进。

（二）增量崛起与存量变革齐抓共进

培育壮大新兴产业，积极发展现代生产性服务业，以增量的崛起为主动力，推动产业和布局的优化、增量和总量的做大。优化提升传统产业，加快推进先进工艺技术装备研发应用、绿色低碳化改造、“微笑曲线”两端延伸，以存量的变革为主战场，推动发展质量和效益的大提升。深入挖掘资源和产业潜力，大力发展资源综合利用产业，加快延伸壮大产业链条，激发资源型产业新优势。

（三）市场决定与政府引导有机衔接

坚持市场在资源配置中的决定性作用、企业在转型升级中的主体地位，不断激发市场强大活力和企业内在动力，构建市场主导型产业集群。充分发挥政府的宏观调控作用，在关键领域、关键环节，综合运用政策、资金、要素等手段，坚持正向引导与逆向倒逼相结合同步推进。对符合产业政策和发展规划、市场前景好、发展潜力大、带动作用强的产业，出台强有力的政策措施予以引导和支持。强化产业政策、安全、环保、能耗、标准、规划、土地等刚性约束，提高准入门槛，倒逼企业加快转型升级步伐。

（四）整体推进与重点突破并重并举

保持专注发展、转型发展的战略定力，遵循工业经济发展客观规律，强化系统思维，协调有序推进各项工作，防止“一刀切”和“一拥而上”，注重保持基本面的稳定。准确把握新形势、新机遇，积极主动应对新问题、新挑战，牢牢抓住关键环节，着力解决关键问题，重点突破关键领域，为全局性工作开展排除障碍、打好基础、做好示范。

二、乐山市传统产业转型升级绿色发展政策取得的成效

（一）总量结构显著优化

到 2021 年，全部工业增加值达到 1 000 亿元以上，工业投资累计完成 2 000 亿元以上；规模以上工业企业培育计划总数达到 1 000 户，规模以上工业产值和主营业务收入均达到 2 500 亿元以上；轻工业占比达到 38%以上，新兴产业主营业务收入占规模以上工业主营业务收入的 46%以上，高新技术产业产值占规模以上工业产值的 40%以上。

（二）绿色水平显著提升

到 2021 年，煤炭占一次能源消费比例大幅下降、非化石燃料占一次能源消费比重上升至 38%，单位增加值能耗、水耗分别下降 15%、18%，工业固体废弃物处置率达 95%，污染物排放全面实现控制目标，环境质量显著改善。

（三）质量效益显著提高

到 2021 年，规模以上工业增加值增速年均增长 9%以上，利税年均增长 10%以上，全员劳动生产率显著提高。

（四）创新能力显著增强

到 2021 年，新增国家级技术研发平台 3 个以上、国家高新技术企业 30 家；规模以上工业企业建立技术中心或研发机构比例达到 50%以上、企业专利申请量年均增长 10%以上。

截至 2020 年，按照市委市政府关于加快构建“4+1”现代工业体系战略部署，全市上下全力推进光电信息、先进材料、绿色化工和食品饮料四大支柱产业发展并实现营业收入 1 053.7 亿元、同比增长 2.4%，实现利润 88.4 亿元、同比下降 13.3%。

三、乐山市传统产业转型升级绿色发展取得的经验和存在的问题

（一）传统产业转型升级绿色发展取得的经验

（1）鼓励企业依靠科技创新，利用智能控制等技术手段，构建科技含量高、资源消耗低、环境污染少、安全系数高的产业结构和生产方式，是全面推进企业绿色转型升级的关键。比如生产向数字化、智慧化转变等技术的采用，在促进企业转型升级方面发挥了重要作用。

（2）通过发挥企业主体作用，比如创建绿色发展管理机构，是实现绿色转型升级的基础。有的企业采取成立“绿色工厂创建领导小组”、领导小组组长由董事长担任、办公室设立在公司生产发展部直接负责绿色工厂创建具体工作，并及时建立健全绿色生产相关管理制度等措施，有效发挥了企业在转型升级中的主体作用。

（3）制定绿色工厂建设中长期规划及量化的年度目标和实施方案，是实现绿色转型的重要抓手。比如高能耗企业通过大力推行节能技术改造，积极推进余热利用、势能利用、设备升级，提高了能源利用效率，减少温室气体排放；通过加快绿色工厂信

息化、智能化建设，完成能源管理中心建设，实现能源消耗在线监测和污染物排放在线监测。

（4）开展企业实现绿色发展的相关培训，提高员工绿色意识，主动履行社会责任，是实现绿色转型的基础手段。比如传统水泥产业利用水泥窑协同处置城市生活垃圾，开展植树造林增加绿化覆盖率，主动改善厂区周围生态环境状况，促进了绿色生产观念的普及。

（二）传统产业转型升级绿色发展中面临的主要问题

1.绿色发展的行业发展战略规划和具体标准需要从政策层面进一步完善

这些战略规划和具体标准包括能源、土地、环境、水源等方面的规划和实现绿色发展的技术、产品等标志，从而更好引导企业自主转型升级实现绿色发展，引导企业主动将绿色发展的理念，全面植入生产制造中。这些规划不同于在产品生产后减少污染的事后补救，而是从源头、选材上就开展“绿色”行动。通过制定绿色发展战略特别是“双碳”战略目标，能积极推动产业的生态、可持续发展，逐步实现用地集约化、生产洁净化、废物资源化、能源低碳化目标。

2.传统企业转型升级绿色发展的政策刺激力度需要进一步加大

政策刺激是为了形成鲜明的转型导向。一方面，对相关落后产能、高污染的企业完善市场退出机制，推进高耗能、高污染企业的“瘦身”工作，降低低效率企业市场占比。另一方面，推动高转化率、低耗能企业的发展和对其他落后企业的合并；在增加行业内企业竞争的同时，确保领头企业的创新活动开展能力，形成鼓励行业内企业创新的市场分布格局和竞争格局。

3.针对企业绿色科技研发投入需要健全相应的政策激励措施

尤其在节能减排、清洁生产方面取得良好效益、环保排放指标远远优于国家控制标准并实现超低排放，产品综合能耗指标优于国内先进水平的企业给予相应激励政策。

4.促进绿色发展的各类人才的培养力度需要进一步加强

人力资源在今后实现产业的转型升级绿色发展中，起到越来越重要的作用。尤其在职业教育中，应加强企业转型发展急需的有关人力资源的开发和培养，为绿色发展提供坚实的人才资源支撑。

四、传统产业转型升级绿色发展的对策建议

（一）坚持系统思维，进一步完善绿色发展的政策体系设计

1.更加强调生态环境保护，打牢绿色发展的基础

（1）充分认识加强生态环境保护，是实现产业转型升级绿色发展的基础的重要性。产业转型，首先要针对控制和减少环境污染、恢复生态失衡等问题，从消除区域性、结构性环境风险等方面着手，通过提高生态环境和自然资源的承载能力，加大力度推进产业转型。正如习近平总书记所强调，“要像保护眼睛一样保护生态环境，像对待生命一样对待生态环境”。

（2）坚持绿水青山就是金山银山理念，切实推动“生态保护红线、环境质量底线、资源利用上线和生态环境准入清单”落地实施。实现产业转型升级绿色发展，就要强化底线思维，不能以牺牲环境为代价去换取经济增长，不能以破坏环境为代价去换取短期利益，再也不能走“先污染后治理”的路子。

（3）集中治理工业集聚区污染，有效解决生态环境突出问题。产业转型升级绿色发展的同时，必须坚持“节约优先、保护优先、中国可持续发展与更好参与全球价值链自然恢复为主”的方针，大力推进生态环境保护，坚持实施山水林田湖草沙生命共同体意识，加强生态修复，切实保护好地方生态资源。通过加强污水处理、垃圾处理、工业废弃物处理和环境监控监测能力等途径，切实提高生态环境治理水平，进一步打牢绿色发展的基础和优势。

2.更加重视科技创新的支撑作用，提高绿色发展的质量

（1）以科学技术为支撑，精准施策、对症施治，提升治理效能。生态环境问题具有复杂性、艰巨性、多样性等特点，不同的问题有不同的表现形式。习近平总书记指出，“绿色循环低碳发展，是当今时代科技革命和产业变革的方向，是最有前途的发展领域”“要加大重大项目科技攻关，对涉及经济社会发展的重大生态环境问题开展对策性研究”。

（2）按照绿色、循环、低碳的要求，实施绿色低碳技术攻关。产业实现转型升级绿色发展的关键在生产技术的突破。因此，要聚焦节能、减排、降耗、治污、环保等重点问题，开展知识创新、技术选择、产品开发、运营模式等技术创新，运用技术创新推进绿色变革。通过大力研发应用绿色、节能、低碳、循环、环保、生态等领域技术，让绿色发展具有坚实的技术支撑，不断增强绿色发展的驱动力。

3.更加重视传统产业动能转换，提高绿色发展的效率

（1）改变传统的“大进大出”的生产模式和消费模式，坚决淘汰落后产能。通过

加快实施传统产业技术设备的替换升级和绿色化生产的技术改造，推动产业转型升级绿色发展。通过大力发展新业态，构建绿色产业结构和生产方式。主动改变以投资和要素投入为主导的产业发展老路。破除无效供给、重复供给、劣质供给，推动产业体系向高端智能发展，产业链向后端延伸，提高产业供给体系对需求体系的创造力、匹配度和贡献率。树立“绿水青山就是金山银山”的发展理念。

（2）大力发展绿色产业，打通“绿水青山”与“金山银山”的双向转化通道。坚持质量第一、效益优先，推动质量变革、效率变革、动力变革。坚持向绿色生态要市场、要效益、要品牌，转变发展方式、优化经济结构、转换增长动力，把生态优势转化为经济优势、发展优势，努力走出生态与经济协调发展的新路子。

4.更加重视发展低碳循环产业的关键作用，构建绿色发展的动力

（1）减少碳排放，构建低碳循环发展经济体系。当前，尤其要强化“双碳”目标的约束作用。“双碳”目标的提出，是党中央经过深思熟虑做出的重大战略决策。习近平总书记指出，毫不动摇实施可持续发展战略，坚持绿色低碳循环发展，坚持节约资源和保护环境的基本国策。

（2）实施重点行业领域“减污降碳”行动，加快传统产业的绿色化改造。通过绿色、低碳、循环发展，减少碳源的排放量。严格控制高耗能、高排放能源总量，实施可再生能源替代行动，推进能源资源全面节约和循环利用。

（二）坚持规划引导，进一步优化完善传统产业转型升级绿色发展的政策框架

1.完善绿色企业创建的政策规划

（1）突出政策引导，市场推动。发挥政府在推进工业绿色发展中的引导作用，优化工业结构和区域布局，加强机制创新，形成有效的激励约束机制。强化企业在推进工业绿色发展中的主体地位，激发企业活力和创造力，积极履行社会责任。

（2）坚持创新驱动，标准引领。促进工业绿色发展科技创新、管理创新和商业模式创新，研发推广核心关键绿色工艺技术及装备。健全标准体系。聚焦工业绿色发展需求，围绕绿色产品、绿色工厂、绿色园区和绿色供应链构建绿色制造标准体系，提高节能、节水、节地、节材指标及计量要求，加快能耗、水耗、碳排放、清洁生产等标准制修订，提升工业绿色发展标准化水平。

（3）明确改造存量，优化增量。加快传统制造业绿色改造升级，鼓励使用绿色低碳能源，提高资源利用效率，淘汰落后设备工艺，从源头减少污染物产生。积极引领新兴产业高起点绿色发展，强化绿色设计，加快开发绿色产品，大力发展节能环保产业。

（4）坚持全面推进，重点突破。着力解决重点行业、企业和区域发展中的资源环境问题，充分发挥试点示范的带动作用。积极推进新兴产业和中小企业的绿色发展，加快工业绿色发展整体水平提升。

2.完善创建绿色企业的政策措施

（1）树立绿色价值观，制订绿色发展规划，建立绿色发展机制。绿色理念、绿色价值观，是建立绿色企业的思想基础，同时还须制定有利于企业长远发展的推进企业绿色化的具体规划，并通过相关的管理机制推动其实施。

（2）增加绿色科技投入，加快企业技术创新。绿色技术是解决资源耗费和环境污染产生的主要办法，能够有效提高资源和能源利用效率，减少工业生产对生态环境的影响，既可以为企业带来效益和增强绿色竞争力，又可以在不牺牲环境的前提下发展，是建立绿色企业的关键。目前企业技术创新除了节能、清洁生产、资源综合利用、循环发展等传统科技外，也亟须绿色与互联网等智能技术相融合。

（3）设立绿色管理组织，健全绿色管理制度。企业要组建完备的绿色管理组织，利用内部各职能部门的力量，建立企业生态环境目标责任制，把企业生态环境责任和生产经营责任有机结合起来，建立全方位的企业绿色管理运行机制。

（4）进行绿色管理创新，建立绿色管理体系。结合企业实际情况，建立系统化、标准化的绿色管理体系，建立绿色成本核算制度，正确评估自然资源损耗成本、环境污染成本、企业资源生产率和产生的环境代价，强化对企业行为的事前、事中和事后控制。

3.建立绿色发展的政策评价机制

加快建立自我评价、社会评价与政府引导相结合的绿色制造评价机制。加快制定绿色制造评价制度，研究提出绿色制造评价方法和指南，制定分行业、分领域绿色评价指标和评估方法，开发应用评价工具。开展绿色产品、绿色工厂、绿色园区、绿色供应链评价试点，引导绿色生产，促进绿色消费。鼓励引导第三方服务机构创新绿色制造评价及服务模式，面向重点领域开展咨询、检测、评估、认定、审计、培训等一揽子服务，提供绿色制造整体解决方案。强化绿色评价结果应用，建立实施能效、水效和环保领跑者制度，逐步建立评价结果与绿色消费的衔接机制。

（三）实施绿色企业创建，进一步强化传统产业转型升级绿色发展的政策着力点

1.以创建绿色企业为目标引导产业转型升级绿色发展

绿色企业的管理指标与传统企业的管理在研发、生产、营销、财务、人事等环节

都存在较大不同。因此绿色企业的管理就应有别于其他管理模式，而有其自身的特点，这就是绿色管理。绿色管理就是根据绿色企业可持续发展的要求，把生态环境保护观念融入现代企业的生产经营管理之中，从企业经营的各个环节着手来控制污染与节约资源，以提高企业的绿色度，达到企业经济效益、社会效益、环境保护效益的有机统一。在绿色管理思想的指导下，企业应积极研究环保对策，将环保投入作为企业开拓市场、降低成本、实现高效益的有效手段。企业的绿色管理应包括以下内容：

（1）树立绿色价值观。企业价值观是企业经营活动的指导思想，是企业为适应市场环境，求得生存发展，由企业经营者倡导并为企业员工所认同的一系列理念。企业价值观是现代企业文化的核心，在绿色文明时代来临之际，树立绿色价值观，即将环境保护作为企业生存发展的基础之一，是企业推行绿色管理的关键。只有将绿色经营理念导入企业的核心价值观，教育、引导、鼓励员工把企业的发展与生态环境保护以及全社会的共同发展相协调，才能为企业实施绿色管理提供坚实的思想基础，使绿色管理成为员工的自觉行动。

（2）实施绿色设计。绿色设计就是把产品对环境的影响具体体现在产品设计中，即进行面向环境的产品设计。绿色设计与传统设计的根本区别，就在于绿色设计在构思阶段，就把降低消耗、易于拆卸、便于回收和再生利用，以及生态环境保护与产品的性能、质量、成本等因素列为同等重要的设计指标要求，并保证在生产过程中能够顺利实施，从而有效地节能、降耗和防污，并给企业带来可观的回报。

（3）使用绿色技术。绿色技术是指能够节约资源，避免和减少环境污染的技术，是绿色管理的支柱。绿色技术可以分为末端处理技术和污染预防技术。末端处理技术是在默认现有生产体系的前提下，对废弃物采用隔离、处置、处理和焚烧等手段可以减少废弃物对环境污染的技术；污染预防技术着重于污染源头的消减。绿色技术是解决资源耗费和环境污染产生的主要办法，它既可以为企业带来效益和增强竞争力，又可以在不牺牲生态环境的前提下发展，是建设绿色企业的关键。

（4）开发绿色产品。绿色产品的开发过程是企业履行环保义务的关键所在，也是绿色管理的支撑点。所谓绿色产品，不仅指纯天然物品及其加工品，还包括绿色生产的初级品。即从生产到使用、回收处置的整个过程对生态环境无害或危害极小，符合特定的环保要求，有利于资源再生回收的产品。开发绿色产品就是依据消费者的绿色要求，进一步拓展绿色产品的概念，并赋予新的内涵，如绿色品牌、绿色包装、绿色服务和绿色信誉等。企业开发绿色产品的同时，根据国家统一发布的绿色产品标准，通过第三方认证机构开展的绿色产品认证，取得绿色产品标志，向市场提供在全生命周期中资源能源消耗少、污染物排放低、低毒少害、易回收处理和再利用、健康安全和质量品质高的产品。

（5）推行绿色生产。绿色生产又称清洁生产，是指以节能、降耗、减污为目标，以技术、管理为手段，通过对生产全过程的排污审计、筛选、实施污染防治措施，以消除和减少工业生产对人类健康和生态环境的影响，从而达到最大限度地防治工业污染，提高经济效益双重目的的综合型措施。

2.政府在促进产业转型升级绿色发展的同时，应当积极鼓励扩大绿色消费

产业绿色发展需要辅以消费结构的升级，才能有广阔的市场前景。以绿色发展引导消费，改善消费结构，提高整体消费水平，是服务于产业绿色发展的重要手段。第一，鼓励和倡导绿色消费模式，拓宽绿色消费渠道，增加绿色消费形式，从而增加产品绿色消费的占比；第二，鼓励城市居民公共交通工具的使用，减少对环境有害产品的传统电池、塑料化工类产品等方面的消费，适当增加新能源汽车、可降解材料以及对人体危害小的聚合类新材料等方面的使用等。鼓励企业积极开发绿色产品和服务的生产与形成，推广低污染的技术和新设备，鼓励污染处理能力更强的大企业以及集中对多个企业污染物进行处理等，增加绿色消费产品和服务的供给。

参考文献

[1] 吕薇. 以创新引领制造业高质量发展[N]. 经济日报，2019-07-09（12）.

[2] 庄贵阳. 现代化经济体系建设的绿色路径[J]. 中国环境监察，2021（4）.

[3] 秦燕. 西部地区环境规制、能源足迹治理与绿色全要素生产率[J]. 财经理论研究，2021（2）.

[作者简介]

李芸洁（1984— ），女，汉族，四川乐山人，中共乐山市委党校副教授，主要研究方向：行政管理、党史党建。

何燕东（1974— ），男，汉族，四川营山人，中共乐山市委党校讲师，主要研究方向：马克思主义力量、政治理论。

川佛手基地村博士站运营模式的调查研究

耿光明 施庆柯

【摘　要】乡村振兴战略是习近平同志 2017 年 10 月 18 日在党的十九大报告中提出的战略，十九大指出，农业农村农民问题是关系国计民生的根本性问题，必须始终把解决好“三农”问题作为全党工作的重中之重，2021 年中央一号文件《中共中央国务院关于全面推进乡村振兴加快农业农村现代化的意见》正式发布，意见强调推动脱贫攻坚与乡村振兴有效衔接，并设立 5 年的过渡期。在这 5 年的过渡期内，要想乡村振兴战略能够得以成功的实践，关键就在于人才振兴。近些年来，乐山市沙湾区为实现乡村振兴，助力脱贫攻坚，在人才振兴方面做出了积极的探索。沙湾区太平镇绿化村为了更好地发展川佛手产业，与中国医学科学院、四川大学、省农科院等单位开展校地合作，建立由 7 名博士组成的全国首个“村博士站”，成功走出了产学研的新路子。因此，通过对村博士站运营模式的研究，能够为我们助力乡村振兴提供现实的参考。

【关键词】川佛手；村博士站；调查研究

一、村博士站的基本状况

绿化村隶属于四川省乐山市沙湾区太平镇（原属于谭坝乡），位于四川盆地西南边缘，属于盆周山结合地带，多以山地为主。呈湿润型的季风气候，雨水充沛、四季分明。因此，独特的地理位置和气候条件使沙湾区以传统农业为主，但农民的经济收入处于中下水平。要改善农民的收入，就要发展新的产业，技术型人才就成为产业发展的短板。因此，为了克服这一短板，2018 年，沙湾区委组织部开始进行积极的探索，通过释放自身的组织优势，加强与全国各高校的合作，引进药学相关技术人才，发展中药材佛手产业，并创新成立全省首个建在产业链上的“村博士站”，让优秀的专业人才服务于产业发展的需要。

村博士站建立在沙湾区太平镇绿化村佛手产业园，该工作站由 7 名博士组成，他们分别来自中国医学科学院、四川大学、省农科院等著名院校以及乐山本土科研院校。这 7 名博士都是从事药学、农业种植研究的，他们在工作站里主要从事技术攻关等核心工作，实现自己的科研成果向实际转换。同时，他们还负责制定佛手产业园区的中长期规划，依据自身的科研实力，打造自身品牌，提高产品的市场竞争力。目前佛手在国内取得了较好的市场反馈。除此之外，该工作站加强与高校协作，搭建科研平台，实现技术信息共享，申报科学技术项目，通过与企业合作把握市场动向，深挖产品的链条价值。为了便于管理，增加人才工作的凝聚力，村博士站建立了产业综合党委，聘请在工作站工作的专业技术人才担任党委副书记，依据工作需求召开相关会议讨论问题，保障工作站各项功能能够顺利运行。

二、川佛手基地村博士站的运营模式

川佛手基地村博士站之所以在沙湾能够取得成功，就在于自身独特的运营模式。通过调查研究发现，村博士站的成功运营主要是从以下三个方面来开展的：一是通过聚焦沙湾区太平镇绿化村自身的短板，搭建平台吸引人才（博士），为沙湾区的发展提供人才支持；二是在平台搭建和人才招引成功后，为了方便管理，提高团队凝聚力，建立了综合产业党委；三是人才在综合产业党委领导下，让这些博士结合工作实际，把课题研究和科研融入绿化村实际的发展中，通过这些科研转化的实际成果，反映村博士站建设取得的成效。所以，通过这三个方面，我们发现川佛手基地村博士站的运营模式的内在逻辑。

（一）在人才使用方面以产业需求为导向

马克思主义经典理论认为人是社会实践的主体，换句话说，社会实践的核心因素在于人。太平镇绿化村虽然存在产业上的短板，但是归根到底还是人的短板。这里的短板突出了人才需求的导向性，因此沙湾区建立村博士站后，招引人才的重要前提就是基于自身需求，在村博士站建立以前，太平镇绿化村与其他地区的农村一样，普遍存在着“有土地的不懂产业，懂产业的不懂技术，懂技术的不懂市场”等难题。而破解这个难题的关键因素在于人才。所以，沙湾区相关部门结合绿化村发展的实际需求，依托乐山市相关的科研院，在充分论证的基础上，建立村博士站，纳入北京大学、四川大学、中国科学院大学等“双一流”大学的 7 名博士进入工作站从事专业研究，这些博士的专业领域主要是农学、化学、药学等领域，他们的专业领域都满足了绿化村发展佛手产业的现实需求。

（二）在管理上设立党委以提升工作凝聚力

通常我们认为，作用在质点上的几个力共同作用时产生的效果如果与某一个力的效果相同，这个力就叫作几个力的合力。那么，这几个力能够共同作用的关键就是在于这个质点，因为这个质点起到了凝聚或者说吸引几个力的作用。因此，村博士站建立的产业综合党委就类似这个质点，起到了凝聚合力的作用。综合产业党委打破了地域和行业限制，在组织部门的搭建下，让不同区域和不同领域的人才加入党委队伍中。首先是太平镇的党委书记担任综合党委书记，起到协调各方管全局的作用；其次是“村博士站带头人”担任党委副书记，起到技术上的联络作用和服务作用；最后是其他的副镇长以及村支部书记作为参与成员，一方面提供后勤保障确保科研项目能够顺利进行，另一方面起承上启下的作用，让先进的理念经验应用于基层实践，促进科研成果向产业的转化。“党委+村博士+产业”的模式，能够实现管理和技术指导的一致性，确保村博士站在佛手产业基地起到研发、协调管理的作用，实现了组织、人才、产业的合力不断凝聚，深入推动乡村振兴。

（三）在功能上注重科研成果的实际转化

在功能设置上，川佛手基地村博士站为了更好地实现科研成果的转化，它在地方与高校之间扮演着重要的角色。总体来看，它是深化校地合作的重要切入点。首先，无论是这 7 名博士，还是与沙湾区太平镇绿化村合作的高校，他们都依托村博士站实现了自己科研成果的转化；其次，村博士站为地方种植基地的产业发展提供智力支持、市场支持和技术支持。具体体现在三个方面：一是在产业发展方面。村博士站建立以后，为农户提供了技术支持，增强了农户掌握佛手种植技术的信心，在博士工作站成立以后，佛手产业种植户达到 2 400 余户，前后共有 7 360 人发展佛手产业，并且形成了 120 余亩的繁殖基地，年产量达到 1 万余吨，每家收入高达 5 000 余元。二是在市场拓展方面。佛手基地在形成规模性的种植以后，借助博士团队和高校的智力支持和资源，与扬子江药业、修正药业等知名企业形成了长期稳定的合作关系，保证了市场销路的稳定性，同时还申报了国家地理标志。三是在产品研发方面。村博士站坚持以企业为主体、市场为导向、产学研相结合的思路。对接企业和市场双向需求，以科技创新助力佛手向食品、药品、化妆品等深加工产业链延伸，让产品自身的价值实现倍增。

三、川佛手基地村博士站运营的基本特征

川佛手基地村博士站在沙湾区能够得以建立和运营，是因为它的人才资源始终是为满足地方发展的需求，因此掌握了村博士站的人力资源特征也就掌握了村博士站运营的基本特征。通过调研对比发现，村博士站与传统的科研单位的博士工作站相比具有鲜明的特征。主要体现：一是在定位上坚持以本区域的实际发展需求为导向，有较为明显的精准性；二是在运行管理上多方参与运营，实现了运营管理的系统性；三是

在激励支持上把人才专项经费和盈利经费相结合，体现了激励机制的灵活性。总体来看，这三个特征体现了村博士站管理和运营上的整体性。

（一）发展定位的精准性

所谓定位，从商业的角度来讲就是让品牌在顾客的心智阶梯中占据最有利的位置，使品牌成为某个类别或某种特性的代表品牌，而要占据这个最有利的位置，就要求川佛手基地村博士站在功能上的定位必须要满足自身产业发展的需求，因为产业本身就有营利性要求。因此，村博士站的定位与一般企业的定位具有一定的相似性，它不仅仅满足自身课题的需要，也有面向市场的需要，它主要从以下几个维度来考量。

首先是分析整个外部市场环境。村博士站在建立前，沙湾区相关部门首先对整个市场进行了充分的分析，并结合自身的区位优势，确定了发展中药材产业。其次是准确地发挥了产业竞争优势。在确立发展中药材产业后，以博士团队及其引进的智力资源为核心，为基地解决关键技术难题，促进科技成果转换，深挖产业品牌价值，增强自主创新能力和市场竞争力。最后是整合内部管理运营的方方面面。一方面，在内部综合产业党委的指导下，加强对团队成员的管理和业务指导；另一方面依托博士工作站的平台资源，结合市场需求，找准合作企业建立合作关系，打开市场销路，实现盈利。

所以从这几个维度来看，村博士站从建立到管理运营，在设置自身的发展定位上，突出了“基于地方需求，服务科研要求，满足市场供求”的精准性，从而占据了市场，确立了品牌。

（二）运营管理的系统性

系统性是指在一个层次分明的整体内部，其不同维度的指标处于不同层级，并形成一定的秩序，使同层级指标之间、指标层与指标层之间具有清晰的逻辑关系。这样既能通过某个单独的指标考察研究对象的侧面情况，又能通过综合指标考察研究对象的整体情况。为了方便运营管理，沙湾区太平镇绿化村博士站通过沿用这样的思维逻辑，设置了不同的管理层级和指标。

一是在职责层级方面做了明确的规定。一方面是明确了工作站本身要为基地科学制定中长期的发展规划，并展开相应的科研，提高成果的转化率；另一方面是明确工作站工作人员本身（博士团队）在做科研的同时，还要承担佛手种植技术培训，提升基地的种植技术水平，促进产品质量的提升。二是在运营层级方面明确了运行载体。第一个载体是博士团队本身。工作站要求博士团队每月必须有 1 天时间进行田间调研并听取基地种植意见，提供精准问诊把脉的服务。第二个载体是博士站产业综合党委。

博士站在产业综合党委的领导下每季度召开 1 次例会，对重点难题进行研讨。三是在管理层级明确了不同参与主体的工作任务。区委组织部负责工作站的统筹规划、指导协调，不定期听取博士团队成员建议，了解其工作进展，进行相应的考核；地方党委政府为其提供配套资金保障，为科研工作者提供相应的服务活动，做好后勤保障；博士团队进行科研攻关、项目申报并提供技术方面的指导。

总体来看，村博士站在职责方面、运营载体方面和主体任务方面构成了一个相对完备的运营管理系统，分别从这三个方面既能较为清晰地看到工作站各项工作的推进情况，又能综合考量这三个方面反映工作站整体的运营管理状况，体现了其运营管理的系统性。

（三）激励机制的灵活性

激励机制是指通过特定的方法与管理体系，将员工对组织及工作的承诺最大化的过程。“激励机制”是在组织系统中，激励主体系统运用多种激励手段并使之规范化和相对固定化，而与激励客体相互作用、相互制约的结构、方式、关系及演变规律的总和。为了让村博士站能够平稳运行，让博士团队进得来、留得下，沙湾区委组织部制定了较为灵活的激励机制，以达到既能鼓励工作站工作的积极性，又能从整体上规范其业务。

在经费方面，地方财政每年给予村博士站 2 万~5 万元不等的专项经费，将博士团队列入特殊优秀人才支持办法，地方财政每年给予博士团队 5 万元的配套经费支持；同时，工作站科研团队组织实施了科技项目实现成果转化并取得一定经济效益的，博士团队从开始盈利的第 5 年起，从利润收益中提取不低于 5%的比例用于奖励。对于在研发中承担主要工作的人员或者重大贡献的人员，获得的奖励不低于总额的 50%。在人才评选方面，优先向上级部门推荐工作站成员为优秀专家成员，每年对工作站成员进行 1 次慰问。对于符合产业发展需求、推动科技进步的人才，在立项审批、项目经费支持方面给予全力支持。

所以，从经费上来看，既有财政给予的固定经费支持，也有专门的从收益中给予的奖励支持，这既能保证工作站博士团队的稳定性，也能较大限度地调动其科研工作的积极性。从人才评选方面来看，对于村博士站博士团队成员优先评选、优先立项的做法，既搭建了其成长平台，也提供了发展空间。

四、当前村博士站运营面临的现实困境

事物的发展具有两面性，因此我们要辩证地去认识事物。尽管村博士站的实践在沙湾区太平镇绿化村已经取得了一定的成绩，但是，通过归纳分析发现，村博士站仍

然还面临一些现实问题。主要是沙湾区相对于发达地区条件较艰苦，给继续引进相关专业技术人才带来了一定的难度；在人才培育机制上还有待完善、人力资本的开发力度还不够、人才的培养方案还比较单一的问题。这些问题都为村博士站的运营产生了较为重要的影响，因此，值得我们去关注。

（一）艰苦的条件造成引人困难

虽然沙湾这些年的发展情况较好，但是与各大城市相比较而言，在综合实力上存在一定的差距。所以，当沙湾区太平镇绿化村博士站与各大城市博士工作站进行人才竞争的时候明显竞争力不足，特别是对于高层次人才而言，大城市优越的科研条件和科研环境更能吸引他们，所以这就为村博士站持续引进人才，注入新鲜血液造成困难。而村博士站是服务于佛手产业发展需要的，而佛手种植一般多为山区，交通相对不便，信息相对闭塞。而从事佛手产业的研究要求科研工作者经常上山下乡，进行数据采集，必要的时候还要冒着严寒酷暑与农民进行交流，总结种植经验，为他们提供技术指导。所以，这些相对恶劣的环境，与大城市优越的环境条件相比，对人才的吸引力是明显不足的。

（二）本土人才培育机制不完善

在具体的实践方面，相关部门的人才培育制度更多是针对引进的高层次人才，缺乏本土人才的培育机制。一是本土人才的培育模式尚未健全。关于川佛手基地村博士站的本土人才培训模式还未建立，对于佛手以及相关产业的本土专业人才关注度和培训力度不够，结合佛手产业的相关技术人才培养有所欠缺。二是没有充分地利用好自身的教育资源。村博士站工作的博士团队具有较强的专业技术能力，但他们对本土专业技术人才进行系统培育不到位。三是缺乏专业的师资队伍。虽然佛手基地有村博士站工作团队提供技术层面的指导，但是佛手产业呈规模化种植，靠仅有的 7 名博士对本土人才进行培育，明显师资不足。

（三）科研团队的建设力度不够

从制度方面来看，村博士站配套的管理制度还有待完善。尽管相关组织部门出台了相应的运行管理办法，但是随着博士站团队的发展，单纯的运行管理办法已不适应团队建设的需要。首先，团队文化制度建设缺乏，导致团队成员的共同愿景模糊、团队整体的凝聚力低下。按照组织部门出台的运行管理办法，团队成员每月应有 1 天的时间到基地“坐班”或根据自身科研需要到基地讨论问题，这在很多时候已不能满足实际工作的需要，团队成员交流少也容易造成团队成员对团队的认可度不高，导致缺乏归属感。其次，有效的激励机制未健全。尽管相关政府部门每年给予工作站一定的经费，把博士团队成员纳入优秀人才特殊支持办法中，并按照盈利给予一定的奖励，但是，科研毕竟是一个复杂的系统工程，风险系数较大，单从科研成果来考核科研工作者比较片面，不能有效地调动科研工作者的积极性。

五、川佛手基地村博士站运营的对策

矛盾是事物发展的动力。虽然村博士站的运营管理在客观上面临着一定的现实困境，但是通过研究发现，可以从以下几个方面来摆脱这些现实困境：一是注重内外兼修汇聚人才，让博士站形成强大的人才磁场；二是在内外兼修的基础上，要重视本土人才培育，坚持引进来与培育结合，并做好传帮带工作；三是前面两个方面的基础上，要强化团队建设，通过完善制度和提升服务能力，更好地服务于产业发展的需要，完善其运营体系。

（一）注重内外兼修汇聚人才

从村博士站外部环境来看，虽然沙湾区与各大城市相比，在科研工作环境上还存在着一定的差距，但是，通过对比这些差距，明确了未来村博士站建设的方向，这对于村博士站自身的优化是有积极意义的。一是加强交通基础设施建设。为了让科研工作能够在博士站顺利地开展，促进科研成果的转化，方便产品的运输，地方政府相关部门要加强交通建设，提升佛手产业基地的交通质量，确保人、物都进得来、出得去。二是为科研人员提供必要的交通工具服务。因为川佛手基地地处山区，为了方便科研工作的顺利开展，政府相关部门应该在博士站工作期间，给予一定的交通工具支持，提高其工作效率。三是确保通信畅通，加大互联网建设。地方政府要加强与移动互联网公司协调，建立相应的互联网设施，方便博士站科研工作者查找科研数据和对外联络。

（二）引培结合并做好传帮带

在具体的实践上，要完善和细化本土人才培育机制，建立本土人才的培育模式。要充分利用好博士站这一优势，利用其团队专业能力，培养符合佛手产业发展需要的本土专业技术人才，发挥博士团队的“传、帮、带”作用。“传”是要求博士站科研工作者对本土培育对象进行技术传授，让他们形成较为专业和系统的知识；“帮”是要求在具体的技术操作层面，进行具体的种植技术指导；“带”是当好学科带头人，带领本土培育对象进行必要的科研工作。除此之外，要充分依托地方院校，选拔专业的师资，扩充博士站教学队伍，依据佛手产业基地发展的需要和本土人才培育的实际情况，做好相应的课程设置，提高其本土人才的培育能力。

（三）完善制度提升服务能力

强化村博士站的科研团队建设，就要完善其配套的管理制度。完善其配套的管理制度，首先是要建立文化管理制度。博士团队的文化管理制度应该包括两个层面的内容。第一个层面是制度精神层面。精神层面包括村博士站博士团队的核心价值观、团队精神、职业道德以及在科研工作中形成的一定认识；第二个层面是制度具体层面。制度具体层面包括博士站博士团队文化、工作目标、博士团队日常活动等以动态形式来体现的文化。其次是健全有效的激励机制。激励机制仅靠物质激励是不够的，还要从其他方面入手。一是要对博士站博士团队成员进行动态管理。在博士站的团队建设中引入竞争机制，对于有能力的应当重用，对于能力普通或者低下者应当予以解除合作关系，实行“末位淘汰制”。二是在动态的管理的基础上，建立科学的考评体系，对科研工作进行全过程的考评，避免重过程轻结果的考评方式。

参考文献

[1] 亚太森博获批设立广东省博士工作站[J]. 纸和造纸，2021，40（4）：66.

[2] 邱军.产教融合助力乡村振兴[J]. 当代江西，2021（4）：57-58.

[3] 广东省阳春市实施“三步走”策略引用人才出实效[J]. 党建研究，2021（3）：61.

[4] 立足大别山、服务脱贫攻坚——安庆师范大学博士科研工作站建设纪实[J]. 安庆师范大学学报（自然科学版），2021，27（1）：2，129.

[5] 胡雯. 人工智能时代的全球人才流动与治理模式创新[M]. 上海：上海社会科学院出版社：2020：167.

[6] 杨伟国，韩克庆. 中国人力资源和社会保障发展研究[M]. 北京：中国人民大学出版社，2020：177.

[7] 高子平. 海外高层次科技人才流动与集聚问题研究[M]. 上海：上海社会科学院出版社 2017：326.

[8] 薛中行. 小微企业股权激励[M]. 上海：复旦大学出版社，2016：241.

[作者简介]

耿光明（1994— ），男，汉族，四川乐山人，中共乐山市沙湾区委党校讲师，主要研究方向：马克思主义中国化与社会建设。

施庆柯（1994— ），男，汉族，四川乐山人，中共乐山市沙湾区委党校教研室主任，主要研究方向：产业经济，公共管理。

乡村健康指导员队伍建设的调查研究

耿光明 梁燕 施庆柯

【摘 要】党的十九大报告提出实施健康中国战略，强调要完善国民健康政策，为人民群众提供全方位全周期健康服务。为解决农村居民看病贵、看病难等健康领域中的突出问题，缩小城乡卫生健康供给差距和服务盲区，沙湾区因时而进，率先在全国建立第一支乡村健康指导员队伍，通过拓宽选人渠道，打造“干”的平台，提高“管”的能力，服务基层卫生建设的需要。但是通过研究发现，乡村健康指导员仍然存在着资金、体制、机制、考核等不完善的问题，因此可通过转变思想认识、拓宽资金渠道、完善培育机制、创新宣传方式等对策来解决此类问题，以达到乡村健康指导员队伍能够真正在基层“卫士”建设中发挥其功能性的作用的目的。

【关键词】乡村；健康；指导员

一、基层现状

沙湾区面积 610.89 平方公里，海拔最高 2 027 米、最低 367 米，地形地貌为“七分山、二分丘陵、一分坝”，辖 8 镇 1 个街道办事处，有 74 个村 18 个社区 752 个村（居）民小组，全区总人口 17.06 万，其中，农村人口 10 万。全区现有各级各类医疗卫生机构 212 个、卫生专业技术人员 1 255 名、住院床位 1 395 张。其中，镇卫生院 8 个，社区卫生服务机构 2 个，村卫生室 143 个，现有全科医生 79 名，每万城乡居民拥有 4.65 名全科医生，未达到全市平均水平；乡村医生 209 名，每千人拥有 1.23 名乡村医生，与全市平均水平基本持平。近年来，沙湾区公共卫生事业也取得了一定的成效，但是健康服务供给总体不足与日益增长的群众多层次、多样化健康服务需求之间的矛盾仍然突出，特别是人才问题尤为突出，这也是沙湾区卫生健康事业亟待解决的问题。

民之所望，政之所向，乡村健康指导员队伍是沙湾区以乡村振兴“健康乡村”建设为抓手，针对影响健康的主要因素，聚焦重点人群，紧扣“务实管用、精准高效”原则，创新“选、育、用、管”人才机制，大力推进的乡村卫生人才“强基工程”。通过自愿报名、专业培训等途径择优选拔聘任 97 名健康指导员，实现 92 个行政村（社区）全覆盖，常态化在广大农村开展健康服务、应急救援、教育宣传等乡村健康工作，并在新冠肺炎疫情防控期间发挥了重要兜底和人员补充作用，被多家省、市媒体专题报道，并受到国家、省、市卫健委充分肯定。

二、主要做法

（一）以发现培养为基础，拓宽“选”的渠道，提高覆盖面

一是严格选人标准，做到优中选优。结合基层实际，沙湾区把乡村健康指导员定义为对基层村（社区）村民承担健康教育、健康生活引导的村（社区）成员，经过培训，能掌握较全面的健康生活方式知识和应急、救助救援技能，具有较强的示范、讲解与语言表达能力的人群。选拔中，按照“党员优先、宁缺毋滥”的用人导向，明确了初中以上学历、50 岁以下的热心群众和乡村医生为重点以及政治素养高、道德品行正、热心公益事业，具有较强的服务群众能力、管理协调能力、化解矛盾纠纷能力，农村实用型高素质人才优先等申报条件。通过个人自荐、群众推荐、组织举荐等方式在全区各村（社区）筛选培育对象 119 名，综合考核后择优选拔 97 名优秀学员担任乡村健康指导员，实现一村（社区）一指导员。

二是聚焦素质提升，开展多维培训。依托乐山职业技术学院师资力量，以沙湾乡村振兴学院为载体，每年制定年度培训目标和教学计划，规定每年不少于 90 个标准学时。邀请同时具备教师和医师资格的“双师型”师资，采取“理论讲授+实操演示”精准施教，内容涵盖意识形态和思想教育、卫生健康法律法规知识、应急救援救助、常见疾病预防、身体保健、生活卫生知识教育、心理健康教育、安全教育、妇幼健康教育、卫生服务指南、中老年保健知识教育等课程 20 余门，开展集中培训 3 期，综合学员表现、考核结果等，颁发“乡村健康指导员证书”“中国红十字会救护员证书”。同时，落实 9 个乡镇卫生院按照“属地培训+深度指导”实施继续教育和日常培训，针对实际操作中遇到的问题，进行实践学习指导，不断提素增能。

三是狠抓落细落实，规范工作程序。制定乡村健康指导员工作职责、工作手册，明确“卫生健康服务、应急救援防控、健康教育宣传”等工作内容，精准职能定位、精细工作职责；构建“组织部门牵头、卫健部门统筹、镇街协调配合、医疗机构管理、属地群众评价”的工作执行体系，常态化研究工作落实情况，分析解决存在问题，确保工作开展程序规范、技能规范、管理规范。

（二）以实践锻炼为重点，打造“干”的平台，提升实效性

一是打造卫生健康服务的“主力干将”。针对农村居民预防保健意识较弱、乡村

卫生服务水平不高等问题，乡村健康指导员积极开展协助常见疾病筛查、重点人群排查、基础医疗卫生检查，为 6 361 名贫困户提供医疗控费、“十免四补助”等政策宣传服务，累计实施卫生扶贫基金救助 1.846 人次，救助金款达 239.5 万余元，引导老年人参与高血压、糖尿病、肺结核等健康体检。

二是打造应急救援防控的“最强辅助”。针对农村应急处突能力薄弱的问题，充分发挥乡村健康指导员协助开展卫生应急救援、处置突发公共卫生事件职能作用，有效弥补基层卫生应急处突空白。队伍建成以来，在乐山市“8·18”特大洪涝灾害等重大事件应急处突中积极履职，多次承担了灾后消杀、应急救援、医疗服务等工作；在新冠肺炎疫情防控中，重点开展防控知识宣讲、为居家隔离人员进行体温监检测、环境消毒、发放口罩、物资代购、组织疫苗接种服务等工作，累计摸排重点地区来（返）沙人员 2 558 人，服务国内居家留观人员 2 269 名、境外人员 203 人，组织接种新冠病毒疫苗 263 881 人次，发放宣传资料 13 万余份，助力疫情防控实现“双零”目标，成为基层防控力量的有力补充，有效缓解农村疫情防控力量薄弱问题。

三是打造健康教育宣传的“联勤队伍”。聚焦农村医疗卫生网底弱化、基层群众医疗需求不断转化为疾病预防保健需求等问题，全覆盖构建“乡村健康指导员+乡村医生”联动宣教机制，开展卫生健康宣传、预防保健知识普及、健康生活方式指导、信息收集报送等服务，累计开展健康教育专题讲座 330 场次、引导 5 000 余名群众改变不良饮食习惯和生活方式，有效破解村医宣教功能逐渐弱化、疾病预防普及力量薄弱等问题。

（三）以从严监管为保障，提高“管”的水平，确保持久性

一是保障到位。区财政按照每人每月 400~500 元、人身意外保险每人每年 100 元标准给予经费保障，并将乡村健康指导员队伍建设经费纳入财政预算，按时拨付，激发乡村健康指导员干事创业热情。

二是标准细化。研究制定全国首个《乡村健康指导员职业标准》，对申报方式、资格条件、组织考察、监督管理 4 个方面进行细化和量化，并按程序上报省、市卫健委批准实施，力争以沙湾经验推动全市、全省“健康乡村”建设和乡村振兴，着力示范成为全国乡村健康指导员职业标准。

三是考核严格。制定《沙湾区乡村健康指导员绩效考核实施办法（试行）》，做到定量为主、定质为辅，实行“一年一考核一微调”和末位淘汰制，采取“半年 40%+年终 60%”双向考核方式，结合属地群众问效打分，综合考评乡村健康指导员工作成效、日常表现，结合考核结果给予先进表彰、补贴奖励、解除聘用等奖惩措施。截至目前，奖惩 8 人、解聘 6 人。

三、问题分析

健康指导员队伍有效弥补了边远山区医疗资源不足、健康教育不够深入的困境，群众健康意识显著提高了、农村社会环境更加和谐了，但通过调查研究发现，健康指导员队伍持续有效推进和壮大发展还存在诸多问题，主要如下：

（一）物质保障不够充分

一是经济补助偏低。健康指导员大都是凭着为民服务的一腔热血，投身基层健康服务工作。但是该工作不是阶段性工作可以短时间完成，需要长期坚持、常抓不懈。每年沙湾协调人才经费 20 万左右用于健康指导员培训，财政提供 50 万的专项资金用于每人每月 400~500 元不等的交通餐费补贴。相对于健康指导员的工作量，特别是疫情防控期间花费大量时间精力来说，这点补助，勉强只能满足健康指导员的交通费和通信费，连吃饭都不够，付出和收入不匹配。

二是设备投入不足。从医学的角度来讲，虽然健康指导员只是做一些简单的宣传科普工作，但是在工作实践中仍然需要必要的医疗器械设备为辅助，才能起到一定的效果。然而当前健康指导员在基层工作过程中，主要是以普及健康知识为主，大都靠腿跑路，靠嘴说教，难以满足群众对高质量医疗服务的需求。当前农村人口老龄化，慢性病患者较多，如果在宣教过程中为他们配置足够日常检测所需的血糖仪、血压计、温度计等基本医疗设备，可能取得的效果会事半功倍。

（二）体制机制不够健全

一是培训机制不够科学。每年组织部门从人才队伍建设经费中挤出一部分经费用于乡村健康指导员的培训。但是对于没有专业知识基础、文化水平较低的这支队伍，特别是从未有医学基础知识的来自村两委的妇女主任、小组长这部分人群，每年为期一两周短期集训，普遍存在自身消化吸收难、实践运用难现象。部分健康指导员反映，学习后很多知识点理解不了、记不住，只能照本宣科；还有很多停留于书本、缺乏实际操作的经验，会使健康知识宣教的成效受到影响。

二是激励机制落实不到位。对于队伍的考核，卫健部门依托镇卫生院来考核，分析近两年的考核情况，虽然制定了规范的考核标准，但是执行不严格。健康指导员作用发挥有大小、考核分数有高低，但是落实在激励上普遍存在吃“大锅饭”的现象，没有拉开距离，干多干少一个样，只要及格都是每月 400~500 元的补助标准，达不到激励作用。

（三）职责权限不清晰

一是引入对象不够精准。引入对象不够精准是指从目前的队伍了解来看，40 多名健康志愿者队伍是村两委的妇女主任、小组长等，42 名是乡村医生，这部分人员构成有一定群众基础和号召力，但是受其多重身份的影响，在履职尽责中就会受到一定局限。特别是村医兼任健康指导员的，会混淆村医本身承担的基本公共卫生服务职责和健康指导员的职责。这就意味着，在多数情况下，乡村健康指导员开展工作，可能会面临各种现实问题的干扰，无法有效地开展工作。

二是行业标准存在空白。健康指导员队伍是沙湾区结合省市要求和自身实际创新建立的一支志愿队伍，不同于体制机制相对于完善的乡村医生队伍，对于健康指导员如何培育、如何管理、如何考核、如何与乡村医生有效融合等都需要一个规范的行业标准。沙湾自行设置的工作手册、管理办法没有来自顶层的政策支撑和全力保障，束缚了乡村健康指导员队伍的手脚，影响其作用的发挥，也无法在全国其他地区推广。

（四）作用发挥参差不齐

一是受个体因素影响大。健康指导员深受其自身的政治素养、能力素质、人际关系等的影响，有的健康指导员在地方有一定的话语权和社会地位，且工作积极主动，老百姓满意度就高，而有的因为性格、能力等因素，工作积极性不高，老百姓满意度就低。一村只有一个健康指导员的情况下，作用发挥差距就拉大。

二是工作形式单一。健康指导员在基层工作采用的多为说教型、传单式的宣教方式，内容单一、形式刻板，老百姓理解难、吸收难，导致作用不大、反响不好，也影响了健康指导员队伍的积极性。

四、完善乡村健康指导员队伍的对策思考

近年来，沙湾区乡村健康指导员在建设健康乡村中发挥了积极的作用，取得了显著实效。课题组进行了深入的研究，对如何更加有效发挥健康指导员的作用，为乡村振兴发展做出他们应有的贡献等方面形成了一些观点，力争在建立长效机制上寻求突破，明确目标任务，深化培训工程，强化督促指导，在构建农村“大健康”格局中占据有利的地位。

（一）转变思想认识，构建三级参与体系

一是在政府层面，对队伍建设必须有一个统一规划部署。虽然随着新农村的改造，乡村基础组织的健全，乡村卫生院的建立、乡村全科医生和村民的对接服务大幅度提

升，但是中国长期形成的城乡差别、巨大的乡村人口基数和几千年的乡村观念制度，要彻底改变，使乡村村民和城市居民享受同质化的健康资源，任重道远。健康指导员作为补充农村三级医疗网络的生力军有效延伸了健康服务触角，应该纳入长期健康乡村发展规划，纳入农村“大健康”工作格局，统一安排部署，全力有序推进。

二是在社会层面，充分发挥社会公共卫生指导服务机构的作用。一方面要鼓励公办、民营等各类医疗机构主动参与到健康指导员工作中来，既充当健康服务志愿者更要担负健康指导员队伍的指导者，常态化进村入户，把全民健康医疗服务真正落到实处。另一方面要整合社会公共卫生指导服务机构的资源，在物质保障上提供相应的支撑，特别是对于乡村紧缺而当地卫生医疗机构又无法有效满足的物资，可与其合作寻求支持，缓解政府相关部门在此方面的物质资保障压力，实现多渠道多维度地解决物资保障问题。

三是在个人层面，依托现有的健康指导员，做好传帮带工作。动员一批具有培养潜质和业务能力的人加入健康指导员志愿者队伍。同时，地方卫生管理部门，要制定相应的培训计划，对乡村健康指导员个人，有计划地进行专业培训，帮助其专业知识系统化，不断地提高其专业技术能力。地方人社部门，要制定相应的人才管理办法。一方面要有计划有步骤地对现有的健康指导员进行考核，实行末尾淘汰制，对于不适合不能胜任的人进行淘汰；另一方面要加强人才的扩充，充分利用好退休且还能工作的医务工作者或者懂一些医学知识的志愿者，将其引入健康指导员的队伍，扩充队伍，形成人人关注健康、人人参与行动的良好工作格局。

（二）加大资金投入，完善保障机制

一是加大财政投入力度。随着乡村振兴的不断深入，健康指导员履行了农村基本公共服务和乡村社会治理的部分职能，政府应给予合理经费保障，用于乡村健康指导员的培训和基本设施设备的购买等，保证落实在公共卫生方面。各地应根据经济情况和乡村健康指导员数量及质量制定补助标准，除了县级财政自筹资金以外，建议省市根据各地实际情况，给予一定专项资金补助，保证资金落实到位。在资金拨付上可以为乡村健康指导员建立专门账户，专款专用，保障资金到人。

二是拓展资金引进渠道。健康指导员队伍作为一支公益志愿服务队伍，为了保障资金能够充足供给，除政府的专项资金外，还可寻求与相关医疗企业合作。那么，这就提出了两点要求，一是地方政府要制定和完善相关的政策，打开市场入口，让相关的医疗企业能够进入地方市场。二是在企业进入地方市场的基础上，利用好企业的营利性特点，让其承担一定的社会公共卫生责任，在资金技术和设施设备上对乡村健康指导员队伍的建设提供一定的支持，凸显出市场对资源的配置作用，起到整合有效资源、节约资金、助推其发展的效果。

三是提供社保政策优惠。可根据健康指导员实际条件和本人意愿，自主选择参加企业职工基本养老保险或城乡居民基本养老保险，引导健康指导员优先参加企业职工基本养老保险。同时要求各地统筹做好健康指导员养老保障机制，给予一定的政策补助标准，多渠道保障健康指导员待遇落实。具体可以从三个方面来发力。首先是财政上对健康指导员提供支持，扩大其覆盖面，保证人人能够享受；其次要提高补助力度，在以往的基础上，按照当前的物价水平，提高一定的比例；最后对于社保的收支和管理要建立相应的监督机制，确保其能够正常发放，让健康指导员能够实实在在地享受到其优惠政策。

（三）完善培育机制，优化考核体系

一是选人上要更加灵活。当前，我国各地人口规模、经济水平及卫生政策等存在不同程度的差别，在组建健康指导员队伍时不应“一刀切”，应充分考虑各地医疗水平的实际情况，因地制宜地探索符合本地特色的灵活模式，对于交通便利、人口相对集中，医疗条件相对优越的地方，采取自愿原则鼓励免费、义务担当健康指导员；对于山区人居分散、信息不畅通、村居医疗保障有限的地区，采取交通补贴、免费培训等激励举措，鼓励更多人参与到健康指导员队伍中来，在确保“村村有”的基础上，实现“组织有”，甚至多名健康指导员，保障偏远山区农民同等享有公共医疗服务。

二是培训上要更有针对性。培训要分类实施，新加入队伍的“新兵”，要制订适应性培训计划，帮助其尽快适应农村医疗卫生工作环境；已有工作经验的“老兵”，要制订轮训提升计划，每隔 1~2 年参加轮训一次，补充新知识，锻炼新技能。按照重点工作优先培训、共性问题集中培训、个性问题现场培训、农闲时多培训、农忙时少培训等原则，整合各部门资源，由卫健部门统筹，可以采取请专业老师集中讲学；可以利用乡镇卫生院为区域性健康指导员培训基地，负责理论轮训后的健康指导员实习带教；可以利用网络构建互动交流平台，随时随地沟通学习。

三是考核上要更加优化。首先制定自上而下的行业标准，由卫计系统牵头，多部门配合形成乡村健康指导员行业标准和考核体系，并把该项工作的推进情况纳入对各级党委政府年度目标考核任务，形成县级、镇、村联动新格局，便于在全国省市推广。同时，明确职能职责分类制定考核评价表，明确考核主要内容，研究具体量化指标，确定考核档次的分值，保证考核结果客观公正，促进考核工作科学规范。根据业务工作开展情况、群众满意度等把考核分为优秀、称职、基本称职、不称职四个等次，同时，提高补贴差异化标准，分类补贴，最高和最低形成竞争优势。年底同等纳入卫健系统评优评先考核，对表现先进的乡村健康指导员给予一定精神和物质奖励，激励其工作积极性。

（四）创新宣教方式，拓展发展空间

一是在宣传内容上深挖。站在受众的角度而言，内容上深挖是要深入挖掘受众的兴趣点，并且要考虑到受众的普遍记忆习惯，并总结其记忆规律，在内容上实现一定的创新，满足受众精神需求，并为受众所接受。沙湾区结合群众需求和工作实际统一制定了宣传手册，但是内容过于专业化，死板不容易记忆，很难引起百姓的共鸣。要以群众需求为导向，注重权威科学与传播效果相结合，针对重点人群开发健康科普材料，内容上做到简约化便于群众记忆、生动化便于提高兴趣、实用化便于指导员操作。

二是在宣传形式上创新。打破传统的一对一或者一对多说教的形式，根据村、社区、企业、学校的不同情况，以“小切口”入手，选择受众喜爱的语言风格、活泼生动的话语进行宣讲。健康指导员大部分在当地都有一定人缘和威望，可以定期发送或播报健康教育知识给老百姓，既体现人文关怀，又拉近与群众的距离；充分利用“三下乡”“农民春晚”“科普宣传月”等活动平台常态化植入健康知识宣传，让健康指导员积极参与进去，打造一批活跃在基层的文艺宣传队伍，把卫生健康知识编辑为顺口溜、三句半等形式，走村入户，在老百姓身边演出，用老百姓喜闻乐见的方式传播健康知识。

三是在宣传平台上多元化。平台按照平台主体的不同，划分也有所不同，健康宣传也应考虑到自身的需要，选择不同的平台，实现平台宣传的多元化。线上宣传多以各网络网站、政府微信公众号，以及现在较为流行的抖音、快手等各种网络媒体为主，实现多元化的宣传，让社会了解健康指导员，并支持其工作。线下宣传一般多以政府部门为主，乡村健康指导员的工作多面向基层，因此可依托基层组织来开展宣传工作。基层组织在开展党建宣传的工作中，可以通过制定一定的宣传手册、宣传标语，并利用村社区的设备，对健康指导员本身和健康知识进行一定的宣传，以达到宣传的真实感，让群众知悉，并吸引一部分有专业能力的人加入健康指导员的队伍。

参考文献

[1] 李扬. 劳动教育融入乡村医生本土化人才培养研究[J]. 职业，2021（24）：43-45.

[2] 曾智勇，胡长虎，曾小青，等. “121”乡村助理全科人才培养模式探索与实践[J]. 襄阳职业技术学院学报，2021，20（6）：45-49.

[3] 张巧月，潘莹，许云清，等. 乡村医生岗位吸引力提升策略研究[J]. 农村·农业·农民（B 版），2021（12）：53-55.

[4]《中国农村卫生事业管理》杂志 2021 年文题索引[J]. 中国农村卫生事业管，2021，41（12）：913-920.

[5] 李志远，宋若萌，黄琳晏，等. 我国乡村医生流失现状研究[J]. 医学与社，2021，34（11）：37-41.

[作者简介]

耿光明（1994— ），男，汉族，四川乐山人，中共乐山市沙湾区委党校讲师，主要研究方向：马克思主义中国化与社会建设。

梁燕（1984— ），女，汉族，四川仁寿人，中共乐山市沙湾区委党校常务副校长，主要研究方向：意识形态，政府管理。

施庆柯（1994— ），男，汉族，四川乐山人，中共乐山市沙湾区委党校教研室主任，主要研究方向：产业经济，公共管理。

以沫若文创园为支点，推动沙湾文旅发展创新高

施庆柯　耿光明

【摘　要】文旅融合作为一种全新的旅游文化，广受消费者青睐。各地政府也紧跟发展热潮，纷纷搞起文旅、特色小镇的建设。近年来沙湾主动融入乐山“世界重要旅游目的地”建设，作为文坛巨匠郭沫若的故乡，依托原有浓厚文豪故里氛围，以沫若历史戏剧为特色，以2020年全省文旅发展大会为契机，在滇川国家级旅游风景道的铜河之畔修建起一座汇“产学研”于一体的沫若戏剧小镇（现已更名为沫若戏剧文创园）。近期，文创园内业态相对冷清，游客稀少，戏剧文创园已从当初的“网红”旅游打卡点变成了现在的“冷门”拍照点，未来沫若戏剧文创园该如何运营管理、创出新招，让文创园“热起来”，让沫若文化“活起来”，让沙湾文旅有形更有神？

【关键词】戏剧；文创；文旅融合发展

一、文创园的运营现状

（一）景区概况

沫若戏剧文创园位于乐沙城际生态大道以北，毗邻大渡河，北距乐山城区 20 千米、西距峨眉山 15 千米，与沙湾老城隔河相望。距离乐山高铁站和峨眉山高铁站均约 30 千米，距离“峨眉山—乐山大佛”世界“双遗产”核心景区仅半小时车程。沫若戏剧文创园一期核心区占地 200 亩，建筑面积 2 万平方米，由沫若剧院、戏剧主题街区、研学旅中心（绥山山馆）、铜河家风楼四个版块组成，是集戏剧研学、亲子休闲、特色美食、文创体验为一体的综合文旅项目。2020 年 9 月文创园正式对外开放，并作为四川省文化和旅游发展大会现场考察点位顺利入选乐山“新十景”。2021 年 2 月成功创建国家 AAA 级旅游景区，目前正在争创 AAAA 级景区。文创园二期项目（全称：沫若戏剧文创园火车研学旅行营地）位于一期北侧，总规划面积 98 亩，总投资 7 500 万元，二期建设以绿皮火车为载体，打造特色餐饮、主题住宿、戏剧茶座、亲子互动等旅游新业态。

（二）开园时的辉煌

2020 年 9 月 24 日，沫若戏剧文创园开园以来，邀请国内包括“梅花奖”得主在内的 300 余名艺术大咖莅临沫若戏剧文创园。开馆后恰逢国庆黄金周，据不完全统计国庆七天戏剧文创园人员活跃数达 10 余万人，创造沙湾旅游发展的巅峰。开馆至今年 6 月以来，沫若戏剧文创园共演出各类戏剧 300 余场次，举办各类活动 40 余场次，接待游客 100 万余人次，成为乐山新的“网红打卡地”和文旅地标。

（三）热度褪去后的困境

随着 2020 年全省文化和旅游发展大会的热度褪去，沫若戏剧文创园的游客量已大不如前，园区内业态冷清，人气不足，从今年 2 月到 9 月，营业收入仅 300 余万元，文创园正面临着严重的收支不平衡，除去园区的日常运营开销，实际处于亏损状态。现在的戏剧文创园从开园时的熙熙攘攘变为广场舞的天堂，从周边道路的车水马龙变为现在的寥寥无几，从刚开始附近餐馆的红红火火的烟火气变为现在食客的屈指可数，戏剧文创园也难免陷入了“网红”打卡点的怪圈。

二、文化和旅游高质量融合发展的必要性

随着我国旅游业的发展，文旅融合发展也越发受到重视，在“十四五”期间高质量推进旅游业发展进程中，既要突出重视旅游业发展的内在规律，也要突出重视文化和旅游高质量融合发展的必要性。

（一）旅游是沫若戏剧文化的载体

沫若戏剧文创园旅游开发是实现沫若戏剧文化教化功能与娱乐功能的重要载体，是进一步挖掘沫若文化、丰富沫若文化和保护沫若文化的有效途径。用旅游承载、展示、传播、发展沫若戏剧文化，提高沫若文化资源的商品转化率，实现沫若文化的价值转换，这是弘扬沫若文化的最佳路径。用旅游的方式来传播沫若文化，向游客充分展示沙湾的俊美山水、民淳俗厚、生机活力，使更多的人了解沙湾、关注沙湾，有力地推动词语对外交流合作和投资开发，从而达到“保护沫若文化、宣传沙湾形象、拉动经济增长”一箭三雕的目的。

（二）沫若文化是沫若戏剧文创园的灵魂

沫若戏剧文创园一旦缺乏沫若文化内涵，那将是一个没有灵魂的园区，也将是一个同质化严重的旅游景点，而所有的旅游产品也很难有吸引力和生命力。要在发展旅

游业的过程中优先发展旅游文化，依托沙湾的地域特色和沫若文化资源，将沫若文化内涵贯穿到旅游全过程。沫若戏剧文创园要吸引和激发起游客的旅游动机，就必须以沫若文化为核心、以戏剧文化为特色，满足游客对沫若文化、戏剧艺术、精神享受等方面的不同需求，用独特的文化品格和文化魅力凸显旅游产品的特色，提升文创园的竞争力和吸引力，加快沙湾旅游业转型升级。

（三）文旅融合是沫若文化消费的新态势

文旅融合发展是旅游业发展的必然趋势和要求，是创造社会经济价值的重要方式，只有通过文旅融合发展，才能让沙湾旅游业从稚嫩走向成熟。在沫若戏剧文创园二期建设中要更加自觉、更加深入、更加全面地与沙湾地域环境、沫若文化内涵和戏剧艺术领域融会贯通，提升文化生产在旅游开发中的内生作用，从产品设计、宣传运营等方面进行自觉的文化创新，在旅游消费热点的培育中形成新的文化生产方式和消费方式，从而形成对沫若文化自发利用到自觉保护、再到弘扬传承的内生循环，最终形成沫若文化消费的新态势。

三、存在的问题

（一）文旅融合不深

总体来看，沫若文化和沫若戏剧文创园的融合领域还较为单一，深度融合方面还有待加强。虽然文创园现在有一些文创产品和体验项目，但是旅游形式仍以观光为主。主要表现为以下几个方面：

（1）文化挖掘不够。对于沫若文化和戏剧文化的内涵挖掘不够深入，沙湾区历史文化悠久，郭沫若又是文学巨匠，可挖掘的文化体验尚多，但未得到很好彰显，在文化的创造性转化、创新性发展上存在短板。

（2）文化体验不足。文化、旅游的融合不够畅通，戏剧文创园初期以展馆形式经营，园区内各场馆分别设有站馆员，负责本馆管理，游玩方式主要以讲解员导游讲解，各场馆之间没有串珠成链，呈现出走马观花式、被动灌输式的文化体验。

（3）政策支持不强。政府在政策支持上缺乏协调机制，宏观调控作用没有得到有效发挥，对产业的促进性不明显，在产业扶持上的相关政策尚不完备，文化和旅游市场不够规范等。如园区内的招商入驻还存在短板，还只停留在常规业态招商。

（二）运营经验不足

目前沫若戏剧文创园作为经营性国有资产由区国有公司管理，成立下属旅游分公司单独经营。分公司现有职工 57 人，内设综合部、运营部、物业部等相关部门，基本建立起了企业经营管理和旅游业务，但运作和管理还不够高效，主要存在以下问题：

（1）运营团队不专业。文创园现属国有公司主营业务是政府融资，对于经营性国有资产的管理运营缺乏经验，对于文创园的旅游开发，市场运营并不专业。虽然成立旅游分公司单独经营，但团队成员经验不足，无法实现信息化管理与数据分析，缺乏对旅游文化市场信息的捕捉能力。

（2）公司管理不规范。公司内部职能混淆，管理理念淡薄，管理手段落后，领导认识不足，仍然采取“粗放式”管理方式。部门责权划分不明确，岗位职责和人员责任不清晰，部门之间有交叉却未能无缝对接。领导不重视导致管理基础薄弱，制度缺失导致职责界定不清。

（3）激励机制不明确。公司缺少激励机制，加上现有人员对于经营性国有资产管理的思想认识不高，缺乏对经营性国有资产管理的明确认识，公司收益高低与自身利益不挂钩，导致岗位人员工作主动性不强、积极性不高，奖金分配不透明，公司内部没有形成对国有资产经营管理的市场氛围。

（4）宣传营销不得力。首先，文创园的宣传形式仍以传统式宣传居多，智慧式推介少，利用“互联网+”、数字媒体等现代科技手段整体宣传促销力度不够。其次，没有专职旅游宣传人员，宣传专业知识匮乏，对各类宣传活动反应迟钝，宣传没有创意，更谈不上策划重大宣传活动。

（三）旅游模式不活

（1）旅游线路形式单一。首先，戏剧文创园的旅游模式仍然以观光为主，游客自驾或者是搭乘公交到达景点，简单游玩后便离开，旅游形式单一。其次，文创园作为沙湾旅游业的新增长极，对于沙湾区全域旅游融入不够，没有起到带头串联其他景点发展。游客大多数只到文创园游玩，几乎不会进入沙湾城区，到沙湾时间也就是 2~3 个小时便离开，更谈不上游玩沙湾的其他景点。

（2）夜间经济发展不够。通过调研发现，文创园内白天人少，业态冷清，各展馆员工呈现出守空摊现象，而到了傍晚游客和城区内的居民络绎不绝地前往文创园散步游玩，但此时文创园内却无人上班，各场馆也大门紧闭。游客们有游玩、购物、消费需求却没有旅游服务，导致旅游收入的流失。此种情况在天气炎热的夏季和工作日更为明显。

（四）公共服务不完善

（1）旅游配套设施不足。文创园一期规划建设中没有整体考虑，未能将特色性、高质量发展的理念融入景区基础设施的建设中，加上地处沙湾区城乡接合部，周边环境卫生和乱堆乱放现象较多，导致基础建设的规划与后期运营需求不符，随着一期开放运营，游客吃、住、停车等问题逐渐暴露出来，公共服务配套设施有待完善。

（2）旅游服务体系不全。首先，由于文创园是政府投资打造的，存在使用建设市政工程、城市景观和市民公园的思路来搞旅游，运营管理明显不足，无法保证旅游服务质量，旅游公共服务体系和配套产业需进一步完善。其次，旅游从业人员缺乏有针对性的训练，服务意识不强，不能充分理解游客的需求，更不具备预测服务需求、提供应急服务的能力，难以为游客提供满意、周到的服务。

（五）产品设计不成体系

文创园的产品不仅是实物商品，也包括景点打造、线路设计等旅游要素。目前戏剧文创园的展示品类、植入业态、文创产品不成体系，主要表现在以下几个方面：

（1）产品缺乏统一规划。旅游场馆布局零散，目前文创园一期的 12 个场馆布局和业态布局零散不成体系，呈现出烦琐堆砌的状态，没有形成亮点特色，其中标志性建筑沫若剧院和戏剧主题街区之间竟然是露天停车场。

（2）产品缺少独特创意。文创园的旅游产品缺乏设计灵魂，没有独特创意。目前的文创产品主要有沫若文化衫、戏剧文化装饰摆件等，这些产品都是“拿来主义”，通过模仿和照搬强加沫若文化。此外，产品缺少持续性。文创开发不能一劳永逸，而是需要不断地创新。

（3）产品缺少市场竞争力。目前文创园的文创产品市场竞争力不高，销量低迷，存在某些文创产品实用性不强，盲目追求高端、价格昂贵，只能针对特定少数目标客户。此外，性价比不高，不符合市场需求，如印有沫若文创园 Logo 的 U 盘容量仅有 8G，完全不符合当代电子产品需求。

四、文创园文旅融合发展的思路与对策

（一）明确发展定位

沫若戏剧文创园必须坚持文化旅游产业为主导，坚持“政府搭台、企业运营”的发展思路。深入挖掘沫若文化、戏剧文化内涵，全方位、深层次促进戏剧文化、沫若文化与现代旅游相互交融。

（1）发展定位要准。首先，文创园要坚持文化旅游产业为主导，以“戏剧文化+亲子研学”为主题定位，完善沫若戏剧文创园文创营销战略和文化宣传手段，推动到沙湾旅游热潮的兴起，开发出与上下游需求兼容的文旅产品，推动沙湾文化产业规模化发展。其次，文旅开发必须以市场为导向，通过政府搭台，打造专业化运营公司，

合理化架构，市场化运营文创园项目，激活市场活力，不断深化“沫若故里”旅游品牌的文化高度、资源宽度。

（2）发展格局要大。首先，立足全国、放眼全球，打造更多有价值、有市场的产品，加大引进文创机构入驻，共同打造形象突出、特色鲜明、产业集聚的文旅产业。其次，要发挥文创园在沙湾文旅整体产业发展中的“新引擎”作用，串联沫若故居、山水世界、醉花谷、四峨梯田、世外花乡等区内其他文旅产业，带动全区产业联动发展。

（3）发展动力要足。坚持“沫若戏剧文化”研学旅行品牌营销战略，提出研学旅行形象 IP，开拓研学旅游市场，增强沫若文创园发展后劲，通过研学、文旅双轮驱动，进一步提高旅游对经济发展的效益。紧扣沙湾区建设“一区两城三基地”战略，推进研学旅行发展，争创国家研学旅游基地。抢抓后疫情时代文旅产业发展新机遇，盘活文创园存量文化资源，通过研学实践、研学旅行的模式加以“包装”推广，打破文旅发展瓶颈，为沙湾文旅产业积蓄蓬勃力量。

（二）强化运营管理

运营管理是实现企业提质增效的重要抓手，要强化对文创园国有资产的运作和管理，完善管理制度，引进高质量“运营顾问”团队，弥补国有公司经营管理经验不足和人才短板，降低运营风险。

（1）建章立制、完善激励体系。首先，结合沙湾实际情况，进一步细化、巩固和完善相应的管理机制和激励机制。明确岗位界定，形成制度管人、制度办事的工作作风；完善国有公司绩效考评体系，客观公正反映员工业绩，实现差别化激励，提高员工工作积极性。其次，进一步提高经营性国有资产管理意识，引导员工树立市场竞争、创新意识，最大程度上担负起保护、运营国有资产的重担。

（2）科学管理、强化人才培育。要优化、整合现有国有资产管理队伍，对不适宜担任管理岗位的人员进行调整、培训和精简，竞争上岗。多开展业务培训、经验交流、实地考察和观摩学习等活动，进一步提高文创园管理人员的业务水平与素质。培植现代化管理人才，同时采用外引内培竞争机制，充实现有管理队伍，实现人才梯度培养。

（3）盘活资源、激发市场活力。有目的地引导第三方资本投资沙湾沫若戏剧文创园二期项目。利用现有的主题场馆，转变运营思路，多样化开发，让不同游客有不同体验，让同一游客来多次也有不同的体验。发挥沫若戏剧文创园的引领作用，将文创园的运营与“铜河银滩”“红房子”“沫江老矿”等大量国有资产的“盘活升值”串联起来，差异化、互补发展，让国资在沙湾文旅中发挥重要使用。

（三）发展研学产业

沫若戏剧文创园拥有独特的名人文化和戏剧文化、丰富多彩的场馆优势、浓郁的戏剧情调、独具魅力的研学环境，要准确把握研学旅游市场蓬勃发展的趋势，趁势而为、借势而上。

（1）强化研学产品培育。打造具有品牌的有质量的研学旅行产品，一方面有利于扩大沫若戏剧文创园在市场上的知名度，促进研学旅行发展；另一方面也可以迅速占有研学市场，获得市场认可，成为研学旅行市场的龙头企业。积极推动资源共享和区域合作，打造一批研学旅行精品线路，逐步形成布局合理、互联互通的研学旅行网络，逐步形成沙湾特色研学品牌。

（2）强化研学导师队伍建设。发展专业的研学人才是保证研学旅行质量的重要因素。要坚持一手抓品牌培育，一手抓研学导师培养。建立完善研学工作方案，引导小学、初中教师加入研学队伍，组建研学人才储备库，组织开展研学导师（员）培训班，通过培优、选拔等形式提高研学导师水平。同时，鼓励区内旅行社参与研学市场开发，在人才进修等方面给予倾斜扶持，以培育本土化研学师资力量。

（四）做活旅游形式

传统的旅游模式正在消减，今年五一旅游市场基本恢复了去年同期的 50%，但旅游者的需求已经发生变化，景区消费也要从观光门票转向园内玩乐体验。

（1）开发节日游。努力做好“补位”发展，与乐山、峨眉山做好线路串联、资源分享、政策引导等多方面的“融合对接”，打开客源引流新渠道。将中国传统的春节写春联、逛庙会，元宵节逛灯会、猜灯谜，端午节赛龙舟、包粽子等节假日结合起来，在特定时间开展特定活动，凝乡愁、忆传统、集人气，不断推动戏剧文创园活动布局更加贴近群众。

（2）开发亲子游。抓住小朋友，“小朋友在哪里，家长就在哪里”。统筹设计安排一些能够让小朋友离不开的玩要区域或项目，根据不同年龄阶段的儿童对旅游产品类型的需求，进行差异化及个性化设计，同时设置幼儿国学课堂、少儿兴趣班、少儿夏令营、青少年研学之旅等项目，丰富文创园“童”经济。串联周边景区、景点和重点文旅项目，带动乡村游、体验游、运动游蓬勃发展。

（3）开发夜经济。充分挖掘文创园夜经济潜力，延长文创园经营时间，鼓励园内业态延时经营，完善夜间公共交通等服务保障；制定出台繁荣夜间经济的政策措施，给予夜间运营企业税费减免或资金补贴，提高夜间商家积极性，鼓励聚集多种形态的生活服务业，满足人民群众多元化需求，推动夜间经济健康有序发展。

（五）完善配套设施

在提升旅游基础上要重点突出、以点带面，把钱用在刀刃上，围绕游客吃、住、停车三大需求，在前期 150 亩配套规划范围内布局新型业态，补齐要素短板。

（1）打破资金瓶颈。通过招商引资、平台融资、财政投入、争取上级支持等多渠道筹措旅游发展资金，积极开展旅游基础设施建设大会战。不断完善招商工作机制，加大政企联动力度，发动园内企业以商引商，与区内其他景点建立招商联动工作机制，共享招商资源信息，通过扩大文创园特许经营权、实施融资租赁等方式，扩大文创园融资规模。

（2）探索智慧旅游。提升旅游产业竞争力，加快建立健全旅游综合监管平台、旅游舆情监控平台，积极推进线下二维码应用，探索建立"一部手机游沙湾"、电子导游导览系统和优化现有旅游网站等内容的智慧旅游服务体系。加快与乐山市旅游网站、旅游微信平台的数据接入，最大程度地满足当前游客多样化需求。

（3）提升服务水平。着力建设集旅游产品展示、旅游信息咨询服务、旅游管理监督、旅游集散服务、旅游信息化建设等功能为一体的旅游服务中心，为游客提供多功能、一站式服务。引入知名品牌酒店或者特色民宿，形成能够满足商务宴请、家庭聚会、日常便餐多层次需求的餐饮、住宿业态。对现有"土味美食"进行品牌化包装和推广，逐步培育沙湾美食文化，提高餐饮服务水平。

（4）结合城镇建设。实施景城一体战略，探索沙湾城区"两天一夜"或"三天两夜"旅游线路，将已有的成熟景区串联起来，通过这种模式加大对沙湾区的引流，刺激景区将着力点放在引导游客在景区内"二次消费"上，延长游客停留时间，带动全区餐饮、住宿、娱乐、购物等产业发展。从而推动沙湾城镇扩张，推高沙湾城市品位，推动沙湾产业转型。

（六）丰富产品设计

文创产品不是简单地把文化元素附加到产品上，是把两者有机融合形成新产品。文创园的产品要有竞争力不仅需要文化元素，还需要成体系地去思考设计。

（1）打造一平台。文创园要利用现有资源，搭建平台，提升园区服务，出台相关扶持政策，打造文创产业孵化器，吸引文创企业入驻，提升入驻企业成长质量，形成产业集群；打通文创产品销售渠道，建成系统化的文创产品销售渠道。进一步激发文创市场活力，形成形式多样、特色鲜明、富有创意、竞争力强的文化创意产品体系。

（2）撬动一台剧。这个剧指的既是《少年郭沫若》，但也不特指《少年郭沫若》。剧只是一个形式上的符号，是我们开展其他相关活动的媒介。具体来说就是以剧为媒，通过持续不断的活动，来形成热点，聚集流量。利用互动装置、新媒体数字艺术，声光电交互感应等多重先进前沿技术的综合应用，开发一批科技感高、体验感强、娱乐性足的互动体验项目，加快流量变现，提升文创园经营效益。

（3）打造一批货。我们现在的特色商品是小而散的，个体的力量、观念都不够，需要政府部门来牵头，做好地理标志商品、有机食品、绿色食品的申报等，形成统一的对外品牌。在具体的开发过程中，要综合考虑产品的易携带性、品牌特色、价格适中、实用性等。比如开发文具系列的文创产品，依托研学旅行，主要面向学生群体。

总之，一个文旅项目的打造能否最终成功，离不开合理的规划，离不开专业、健康的运营管理。对沫若戏剧文创园的深耕细作要有市场思维，要放大格局、立足全国，发挥文创园在沙湾文旅整体产业发展中的“新引擎”作用，带动全区产业联动发展。在“软件”方面，首先，要坚持以文化、旅游产业为主导，深入挖掘沫若文化、戏剧文化内涵，加强文旅融合；其次，坚持发展研学产业，通过研学、文旅双轮驱动，进一步提高经济效益；再次，要强化国有公司运营管理，加强宣传，补足国有公司经验不足和人才短缺的短板。在“硬件”方面，首先，要对基础设施进行再升级、再完善，积极推进智慧旅游建设，致力于为游客提供满意、周到的服务；其次，要丰富产品设计，激发文创市场活力，形成富有创意、竞争力强的文化创意产品体系；最后，要做活旅游形式，针对不同的客户群体，提供不同的旅游模式，提升游客文化体验感。多措并举让沫若戏剧文创园动起来，让沙湾全域旅游发展格局强起来。

参考文献

[1] 李秀，曹冰玉. 红色文化嵌入式乡村旅游典型案例研究[J]. 中南林业科技大学学报（社会科学版），2021（6）：115-122.

[2] 吴梓昊. 农旅融合文旅融合　推动产业转型升级[N]. 珠海特区报，2022-01-06（7）.

[3] 陶成君. 文旅融合展新彩[N]. 海东日报，2022-01-06（2）.

[4] 李春梅. “三张名片”邀约八方游客　绵阳精准谋划文旅产业高质量发展[N]. 绵阳日报，2022-01-06（3）.

[作者简介]

施庆柯（1994—），男，汉族，四川乐山人，中共乐山市沙湾区委党校教研室主任，主要研究方向：产业经济，公共管理。

耿光明（1994—），男，汉族，四川乐山人，中共乐山市沙湾区委党校讲师，主要研究方向：马克思主义中国化与社会建设。

金口河区融入小凉山旅游圈的思考

杜中华 廖平安 王苹

【摘　要】乐山市第八次党代会提出了加快构建小凉山旅游圈，做强小凉山文旅品牌的思路。金口河区作为小凉山“两县一区”之一，自然资源得天独厚、民族文化绚丽多彩，但受诸多因素影响，旅游开发尚处于起步阶段，旅游发展中存在短板弱项。“十四五”时期，金口河区如何找准切入点，主动融入“小凉山”旅游圈，切实把生态资源优势和民族特色文化转化为旅游优势和经济优势，对于金口河区实现高质量发展具有重要意义。

【关键词】文旅经济；小凉山旅游圈；对策建议

旅游业的兴起，是经济发展、社会进步和人民生活质量提高的综合性标志。旅游业是综合性产业，是拉动经济发展的重要动力。近年来，乐山市坚持“旅游兴市、产业强市”主线，抢抓成渝地区双城经济圈重大机遇，确立了加快建设世界重要旅游目的地的旅游发展定位，持续深化文旅融合、扩容提质、景城一体、全域旅游“四篇文章”，全市旅游产品业态不断升级，产业规模不断扩大，经济效益持续增长。特别是乐山市第八次党代会提出了全力构建小凉山旅游圈的思路，为金口河区旅游发展带来重大机遇。金口河区作为小凉山旅游资源最富集的区县之一，“十四五”期间如何抢抓机遇，积极主动融入小凉山旅游圈，切实把民族特色文化和生态资源优势转化为旅游优势和经济优势，成为金口河区巩固脱贫攻坚成果、推进乡村全面振兴、实现高质量发展的重要课题。

一、金口河区拥有丰富的文旅资源

乐山市金口河区位于小凉山腹地，地处乐山、雅安、眉山、凉山四市州交界处，距乐山中心城区 120 公里，集“三线”老区、边远彝族聚居区、乡村振兴重点帮扶县于一体，是全省唯一不对外开放的区县。境内文旅资源得天独厚，不仅坐拥大瓦山、大峡谷等具有世界遗产级禀赋的“国字号”自然资源，而且拥有铁道兵、乐西抗战公路、“三线”建设、小凉山彝族风情等深厚而独特的文化资源，极具开发潜力和价值。

（一）绝美的自然景观

一是雄伟的峡谷风光。金口大峡谷全长 24.4 千米，是以嶂谷为特征的峡谷，两岸的崖坡几乎都是直上直下，如劈如削。峡谷两岸绝壁千仞，不乏宽 5~10 米的“一线天”风光，尽显雄、险、幽、奇的景观特点。大峡谷最大深度 2 646 米，超过我国长江三峡（约 1 000 米）和美国著名的科罗拉多大峡谷（2 133 米），十分宏伟壮丽，被称为“地质天书”。二是奇绝的大瓦山景观。大瓦山作为中国唯一的桌状山，顶面呈三角形，面积 1.7 平方千米，四周绝壁环绕，海拔 3 236 米，高出大渡河水面 2 646 米，其相对高度仅次于世界第一桌状山——南美圭亚拉高原的罗奈马山（2 743 米），可谓中华一绝。大瓦山还有云海、宝光、日出、雪景等奇观，被英国自然科学家贝伯尔称为“世间最具魔力的天然公园”。三是秀美的湿地公园。大瓦山国家湿地公园毗邻大渡河峡谷国家地质公园，上有雄奇、险峻的大瓦山耸立云海，下有五彩天池碧波荡漾。公园内有大、小天池和鱼池三个湖泊以及干池、高粱池两个泥炭沼泽，成念珠链状分布，既互通互联（地下水），又各自独立，风景秀丽的湖光山色和地质遗迹中的冰碛“乱石”相呼应，造就了公园独特的自然风貌。

（二）丰富的科考资源

四川大渡河大峡谷两岸的岩石，以震旦系至寒武系的白云岩、石灰岩为主体，峡谷上部还叠置着奥陶系至二叠系的不同岩层，各地质时代层序及层序界面清晰，沉积构造丰富而典型，化石门类丰富、属种齐全，岩石类型从沉积岩、变质岩、岩浆岩、火山岩均有分布，反映出大峡谷各重要时期沉积构造运动特征和海陆变迁、海平面升降变化特点，可谓天然的“地质博物馆”，具有极高的地质科考价值。大瓦山国家湿地公园内完整保存了冰川 U 形谷、刃脊、角峰、冰蚀湖、冰碛物等古冰川地貌，是一座保存完美的“湿地自然生态博物馆”和“野生动植物基因库”，在湿地学、生态学、生物学、地质学等方面具有重要的科考价值。同时，区域内共有种子植物 3 000 种左右（占四川全省总量的 1/3），其中有国家一级保护植物 1 种（珙桐）、二级保护植物 11 种、三级保护植物 13 种，总计 25 种（占全省的 3/10）；国家一级保护珍稀动物有 4 种（大熊猫、羚牛、豹、四川山鹧鸪）、国家二级保护动物 20 种，一二级保护动物共计 24 种（占全省的 1/5）。

（三）久远的文化积淀

早在 2 000 多年前，金口河区就是古南方丝绸之路分支道路所经。战国晚期，秦灭巴蜀，移民万户，大渡河峡谷所在地被称为阳山江道。从清朝到民国时期，乐（山）西（昌）公路开通以前，阳山江道曾是商贸繁荣的马帮通道。1942 年建成的乐西公路，因与西（昌）祥（云）公路连接而成为抗日战争的运输大动脉。海拔 2 800 米的蓑衣岭，是乐西公路全线的制高点，因终年云雾弥漫，雨水滴淋，行人穿越时必备蓑衣而得名，也是乐西公路全线施工难度最大、施工条件最艰苦的路段。筑路期间，此路段伤亡的民工多达 3 000 多人。乐西公路通车之时，时任中华民国交通公路总管理处处长兼乐西公路施工总队长的赵祖康亲书“蓝褛开疆”石碑。新中国成立以来，特别是在“三线建设”时期，为响应国家提出的“深挖洞，广积粮”的号召，金口河人民在顺水河峡谷的悬崖峭壁上建成了数十个山洞连山洞的战备仓库，规模之大，地势之诡秘，堪称奇观，颇具国防教育意义。20 世纪 70 年代初，举世闻名的成昆铁路建成通车，成为“象征 20 世纪人类征服自然的三大奇迹”之一。成昆铁路穿山洞、跨沟壑，让大渡河峡谷“天险变通途”。2012 年，为传承弘扬“艰苦奋斗、志在四方”的铁道兵精神，金口河区在大渡河峡谷腹地修建了全国唯一一座以纪念铁道兵部队为主题的博物馆——铁道兵博物馆。目前，铁道兵博物馆已成功申报为四川省爱国主义教育基地、四川省国防教育基地、四川省中共党史教育基地、四川省民族团结进步教育基地。

（四）浓郁的民族风情

作为乐山市“两县一区”之一的金口河区，是享受民族地区待遇的县级行政区。全区共有以彝族为主的少数民族 12 个，特别是彝族群众，自古生息在这片土地上，形成了独特的彝族文化，整洁靓丽的彝家新寨、富于风趣的婚嫁风俗、热烈欢快的“火把节”、奔放热情的彝族歌舞、别开生面的彝族文体比赛，成为民族风情浓郁的旅游资源。同时还有许多独特的风味名食，如苦荞粑、泡水酒、砣砣肉、羊肉汤锅、烤乳猪、叉烧鸡、永胜腊肉、云峰茗茶、金口乌天麻、冬虫夏草等。

二、金口河区旅游发展的主要做法

近年来，金口河区突出“旅游兴区”主线，围绕乐山建设世界重要旅游目的地目标，加快发展全域旅游，文旅经济快速提升。2021 年，全区接待游客 120.7 万人次，旅游综合收入 4.7 亿元，同比分别增长 16%、12.5%。

（一）强化顶层设计

及时成立了文旅发展领导小组，每年设立 500 万元作为旅游发展资金，印发《关于深入贯彻学习习近平总书记重要讲话精神 抢抓机遇借势借力加快融入成渝地区双城经济圈建设的意见》等文件，出台《加快建设中国最美峡谷旅游目的地的实施意见》《乐山市金口河区加快文旅产业发展的十条政策措施》《关于印发金口河区促进服务业倍增发展十条政策的通知》等政策措施，形成以文旅产业发展作为全区经济转型新引擎。系统谋划区域文化旅游发展规划，高质量完成《金口河区旅游发展概念性规划》《大瓦山旅游区总体规划》《大渡河金口大峡谷旅游景区总体规划》《金口河区乡村旅游发展规划》等系列规划，正在开展《金口河区全域旅游规划》《金口河区“十四五”旅游融合发展规划》等规划编制工作。

（二）狠抓项目建设

以重大项目为支撑推动文旅产业发展，按照全域旅游发展理念，以大瓦山、大渡河峡谷两大景区创建为引领，加大资金投入，开展基础设施建设。“十三五”期间，统筹推进实施文旅项目 46 个，完成项目投资 6.75 亿元。2019 年成功创建大渡河金口大峡谷国家 AAAA 级旅游景区，并持续开展景区巩固提升建设；启动大瓦山湿地旅游区建设，大瓦山旅游扶贫项目主体工程已基本完成；乐汉高速、成昆复线、大瓦山旅游环线公路等交通大动脉动工建设；大渡河风景道、水墨顺河·百年威尔逊、一村一街一基地等文旅项目串珠成链，“一带一路”项目布局初见成效。

（三）强化招商引资

积极开展旅游项目招商推介，包装生成旅游基础设施、特色小镇、文旅产业等 10 余个重点项目，多次与川投集团、中青旅、岭南园林、重庆园林、中国工信、禅驿酒店等公司开展接洽。2020 年 9 月，总投资 30 亿元的大瓦山旅游综合开发项目正式签约落地，成为金口河建区以来首个成功引进的重大文旅招商引资项目。

（四）创新旅游改革

积极探索旅游市场联合执法监督管理工作机制，组建金口河区首个旅游协会——金口河区旅游饭店协会，强化行业管理；成立景区巡回法庭，推进旅游景区法制化建设；组建乐山市金口河区金旅旅游开发有限公司，初步构建了“政府引导、企业主体、市场运作、社会参与”的投资新格局；加大旅游从业人员培训学习，加强旅游市场执法力度，全区旅游市场持续稳定，服务水平逐步提升。

（五）实施旅游扶贫

开展旅游扶贫示范区、示范村创建工作，建设完善旅游基础设施，成功创建 5 个省级旅游扶贫示范村、21 家星级农家乐、70 户民宿达标户；串联乡村旅游节点，培育“峡谷第一村”“水墨顺河”“花溪曙光”等一批特色乡村旅游点，推出独具特色的自驾游、团队游、精品游等乡村文化旅游体验线路，象鼻村、胜利村、顺河村荣获“中国少数民族特色村寨”荣誉；积极开展全区旅游从业人员参加服务技能提升、“两师一员”等业务培训，大力提升了我区乡村旅游服务水平和能力。

（六）打造文化品牌

围绕“三线文化”打造红华记忆小镇，将“红华理发馆”申报为县级文保单位，见证时代风华；成功打造“永不消逝的电波”陈列馆，开展“三线建设”文物征集，开展文创产品设计，丰富文化内涵，助推文旅发展；围绕“路”文化，结合成昆铁路与“铁道兵博物馆”积极申报全国红色教育基地。以大型文旅活动“转转花节”为载体，擦亮转转花山地文化旅游节品牌。积极抓好非物质文化遗产挖掘，彝族竞技体育项日“三雄夺魁”成功申报为四川省非物质文化遗产，老鹰茶、红薯麻糖、竹编、麻花等传统技艺成功申报为乐山市非物质文化遗产。

三、金口河区融入小凉山旅游圈的主要困境

受交通不便、不对外开放等因素制约，金口河区文旅产业发展起步较晚，现有的文化旅游资源优势还未能转化为产品优势，存在一些亟待解决的问题。

（一）交通条件制约明显

一方面，出入境大通道尚未构建，目前进出金口河区的通道只有 G245 线和成昆铁路慢车停，从成都驱车前往金口河大约需要 4~5 个小时，乐山到金口河需要 2~3 个小时，区位优势不明显。另一方面，大瓦山景区通达性较差，大瓦山旅游环线公路尚未建成，大瓦山景区公路道路较为狭窄，导致节假日景区道路拥堵现象突出。

（二）旅游文化支撑不够

目前金口河区的旅游资源主要以原始生态景观为主体，文化元素挖掘、文化内涵支撑不够。除大峡谷景区有铁道兵博物馆作为文化支撑外，大瓦山景区和乡村旅游景点都还存在“有旅游缺文化”问题，尤其缺乏夜间演艺、消费及深度体验项目，导致旅游吸引力不强，“过境游”现象突出。

（三）智慧旅游平台薄弱

全域智慧旅游系统处在起步阶段，全省“智游天府”旅游平台已上线一段时间，但金口河区的智慧旅游发展相对滞后，对智慧旅游的社会认知度不高、政策措施不健全、扶持力度不够，导致大部分文旅企业还未利用该平台开展宣传营销、网上预订等

服务。

（四）旅游商品开发滞后

对文化旅游商品的开发力度不够，还没有一款具有纪念意义、承载地域特色的旅游商品。现有的一些旅游商品如乌天麻、老鹰茶、永胜腊肉等，包装较为简陋，缺乏本土文化创意元素，还处于“土特产”范畴，没有形成市场。

（五）配套设施不完善

公共服务不完善，旅游承载力不强，景区厕所、停车场、标识标牌、导游地图等设备设施仍显不足。住宿接待设施以社会宾馆、农家乐为主，整体档次偏低，接待能力不足，缺乏精品酒店、特色民俗酒店、健康养生度假酒店等高端住宿产品。

（六）景区管理不规范

景区在基础设施维护、人员调配、游船运营、信息发布、游客预约等方面均暴露出管理不规范问题。如铁道兵博物馆景区停车场电子管理系统一直未启用，大峡谷景区还存在游船船票公示不规范、没有提前设置分流通道等问题。

四、金口河区融入共建小凉山旅游圈的对策建议

乐山市第八次党代会提出了全力构建小凉山旅游圈的思路，并明确支持金口河区加快大瓦山保护性开发，加快融入小凉山旅游圈建设，这为金口河文旅发展指明了发展方向，提供了根本遵循。“十四五”时期，金口河区应以融入小凉山旅游圈为抓手，持续做强大瓦山、大峡谷景区两大极核，深化“山、水、文、城”四篇文章，切实把生态资源优势和民族特色文化转化为旅游优势和经济优势，真正让“云上大瓦山·醉美大峡谷”唱响乐山，融入四川，走向中国。

（一）完善规划体系

规划是旅游发展的基础和前提。只有高标准、高起点规划，才能实现旅游资源开发的最大化和最优化，才能保证旅游资源有序高效开发，保持旅游产业的健康可持续发展。一方面，要坚持规划先行，根据我区旅游资源的布局状况，积极邀请国内具有峡谷景区打造经验的策划公司，为金口河区旅游发展厘清思路，明确路径，进行高起点规划，为招商引资做好铺垫。重点抓好休闲度假酒店、智慧旅游、自驾车营地、旅游配套服务等专项规划编制，推动景区旅游发展规划与交通建设、城市建设、国土利

用、产业培育等规划多规衔接、协调互动。另一方面，要围绕建设“中国最美峡谷旅游目的地”的发展定位，把大瓦山、大峡谷、八月林作为承载吃、住、行、游、购、娱等旅游“六要素”的副中心来规划建设，为实现金口河区旅游高质量发展奠定坚实基地。

（二）建好基础设施

针对旅游基础设施建设滞后问题，积极争取项目资金和政策支持，大力推进吃住行游购娱为主要内容的旅游基础设施建设。重点加快推进成昆复线、峨汉高速等出入境主干道，尽快融入成都 2 小时经济圈、乐山 1 小时经济圈，提升区位优势。加快推进大瓦山旅游环线、大瓦山景区公路等旅游交通重点项目建设，尽快形成通达通畅、互联互通的旅游交通网络体系。加快推进大坪至五池公路、五彩天池骑游绿道、大天池文旅扶贫驿站、五池村人居环境整治、游客集散中心、环湖栈道及配套景观建设等项目建设，打造美丽景区。加快景区景点旅游厕所、停车场、游客服务中心等公共服务配套建设，提高配套服务水平。

（三）打造龙头景区

以大瓦山 4A 景区创建为抓手，加强与深圳万景纪旅游发展有限公司的跟踪对接，全力推进大瓦山旅游开发全景观光索道、多功能观光电梯、野奢酒店、创意景观桥等项目建设，尽快启动大瓦山农旅综合体、寿屏山山地康养度假区、转转花植物科普园等景区景点建设，努力将大瓦山景区打造为乐山旅游第三极。继续抓好大峡谷景区扩容提质，加快生成一批让游客愿意来、留得下的旅游项目，满足游客多样化、多层次的旅游消费需求，进一步做大做优四川大渡河金口大峡谷品牌，使之成为国内知名、西部一流的峡谷景区。围绕建设乐山旅游第三极目标，积极主动与峨边彝族自治县、马边彝族自治县等地共同整合优质旅游资源，做大做强转转花节、火把节、彝织彝绣等民族文化特色，拓展小凉山旅游圈层，合作共建小凉山特色旅游区。

（四）推进景城一体

依托中心城区山水生态资源优势，完善红华生态长廊、金韵广场、滨河路沿线景观，推进罗回休闲栈道、城市环山路等项目景观化打造，深度开发水上运动、水上夜游等新业态，扮靓城区景色，打造大渡河十里观光长廊。引进优质社会资本，加快推进红华记忆街区、城市新空间观音寺片区打造，开发星级酒店、特色餐饮区、大型购物场所，不断增强城市旅游综合服务能力。理顺管理体制，强化旅游市场监管，启动智慧旅游大数据中心、智慧管理平台、智慧服务平台、智慧营销平台为主要内容的“一中心三平台”体系建设，打造“满意在金”旅游服务品牌。

（五）深化全域旅游

完善景点布局，以大峡谷、大瓦山为核心，打造大峡谷休闲体验观光带、大瓦山山地运动康养度假带、八月林生态民俗文化旅游带，串联象鼻、胜利、顺河等“景点式村庄”，提质白熊沟一线天、蓑衣岭“蓝褛开疆”碑、瓦山睡佛、大峡谷坐佛、关村坝火车站等新兴网红点，打造“两核三带多点”旅游空间布局。深化区域合作，联合小凉山旅游圈、大峨眉旅游发展联盟，一体化打造大渡河风景道。组织开展金口河区十大星级农家乐（乡村酒店、民宿）、十大网红景点、十大特色菜品等评选活动，形成一批具有我区特色的文旅产品，全面促进全区文旅消费服务上档升级。

（六）加快智慧旅游

积极推广智慧旅游信息服务技术，鼓励软件企业开发旅游软件，建立综合服务管理平台，实现旅游在线服务、网络营销、网络预订和网上支付等，全面提高旅游服务信息化水平。整合旅游信息资源，为游客提供全方位的信息智慧服务，满足游客对旅游目的地的基本信息、旅游产品信息、公共环境等相关信息服务的需要。建立旅游评价体系，使游客在游完可以对景区、餐饮、酒店、交通等多个方面进行评价，提供参考。

（六）强化宣传营销

进一步完善旅游推广营销机制，加强资源整合，创新宣传方式，主动融入国内各大旅游推广联盟，在成渝、京津冀、长三角等重点客源地建立旅游营销分中心，构建横向到边、纵向到底的宣传网络。以重大主题文旅活动为载体，高标打造音诗画文创剧目《转转花开》，精心策划并组织开展好一年一度的转转花文化旅游节，同步开展好科考探险、户外露营、摄影采风、乡村旅游等主题活动，邀请中央和省市主流媒体，加大宣传力度，不断提升金口河旅游的知名度、美誉度。

[作者简介]

杜中华（1963— ），男，汉族，四川眉山人，中共乐山市金口河区委党校科研股长，主要研究方向：经济学法律研究。

廖平安（1966— ），男，汉族，四川乐山人，中共乐山市金口河区委党校副校长，主要研究方向：政治学研究。

王苹（1990— ），女，汉族，四川眉山人，中共乐山市金口河区委党校教师，主要研究方向：历史分析。

峨眉山市实施乡风文明培育行动的路径探索

赵文娟

【摘　要】党的十九大报告提出了实施乡村振兴战略的 20 字总要求：产业兴旺、生态宜居、乡风文明、治理有效、生活富裕。乡风文明既是乡村振兴的总要求，也是乡村振兴的重要推动力量和软件基础。近些年，峨眉山市在乡风文明建设方面做出不少尝试，取得了一些成绩，但也存在思想上不够重视、群众参与积极性不够等问题。本课题通过对峨眉山市各个行政村开展走访调研，努力探索峨眉山市乡风文明培育路径。

【关键词】探索；乡风文明；培育路径

党的十九大报告提出了实施乡村振兴战略的 20 字总要求："产业兴旺、生态宜居、乡风文明、治理有效、生活富裕。"[1]2021 年 1 月，国务院《关于全面推进乡村振兴加快农业农村现代化的意见》中指出："拓展新时代文明实践中心建设，深化群众性精神文明创建活动……深入挖掘、继承创新优秀传统乡土文化，把保护传承和开发利用结合起来，赋予中华农耕文明新的时代内涵。持续推进农村移风易俗，推广积分制、道德评议会、红白理事会等做法，加大高价彩礼、人情攀比、厚葬薄养、铺张浪费、封建迷信等不良风气治理，推动形成文明乡风、良好家风、淳朴民风。"[2]可见，乡风文明既是乡村振兴的总要求，也是乡村振兴的重要推动力量和软件基础。

近些年，峨眉山市在乡风文明建设方面做出不少尝试，取得了一些成绩，但也存在思想上不够重视、群众参与积极性不够等问题。本课题通过对峨眉山市各个行政村开展走访调研，了解文明创建、村规民约、家风家训、村史村志等乡风文明培育情况，挖掘典型案例，努力探索峨眉山市乡风文明培育路径。

一、乡风文明的内涵及重要作用

（一）乡风文明的内涵

乡风文明是一个大的概念，"是一个乡村由自然条件和社会文化共同作用，经过几百年甚至几千年来沉淀下来的，能够增强人们对客观事物的适应和认知、符合人类精神追求、能被绝大多数人认可和接受，并一代一代传承的乡村建筑风貌、乡村风气、文化习俗、思维观念、行为方式以及公序良俗的总和”[3]。乡风文明既是乡村的一种软实力，也是乡村的一种硬实力，既有乡村历史发展所流传下来的老物件、老井、老树、老建筑、老牌匾等物质资源，也有几千年的传统优秀文化、乡村的村风以及家庭的家风家训。

（二）乡风文明在乡村振兴战略中的重要作用

（1）乡风文明是乡村振兴战略的灵魂。习近平总书记曾说：“文化是一个国家、一个民族的灵魂。文化兴国运兴，文化强民族强。”[4]乡风文明作为社会主义先进文化的体现，反映在乡村建设的各个方面，往往是乡村建设中最持久、深沉的力量，对农民的生产生活方式起着潜移默化的积极影响，有利于形成积极向上的文化氛围。

（2）乡风文明是乡村振兴战略的有力保障。《中共中央国务院关于实施乡村振兴战略的意见》明确指出：“乡村振兴，乡风文明是保障。”[5]第一，乡风文明建设可以助推乡村产业兴旺。乡风文明建设能通过营造文明营商环境助推乡村特色优势产业兴旺，比如龙门乡山河村，除地理环境优势吸引外来投资者开办民宿之外，当地村委会、村民的理解、支持与配合也是关键因素。村委会前期先将周边环境进行了改造，当地村民对土地、房屋等要素的支持起了重要作用。这和淳朴的民风、乡风密不可分，通过乡风文明建设，提升农村人口文明素质，营造一个重诚信、明法理、守规则的社会环境，从而为外来工商资本经营乡村特色优势产业营造了文明营商环境。而民宿产业的发展，也为村民增加了收入。山河村村民通过分红、就业岗位等增加了人均纯收入。第二，乡风文明建设可以提升乡村宜居水平。乡风文明建设最直接的反映就是推进乡村人居环境整治，包括最美庭院、卫生厕所的改造等，都能直接提升乡村居住环境。同时，村民的文明程度提高了，对乡村环境的破坏也能得到有效遏制，更能遵循乡村历史文化内涵，搭建与山水相协调的民宅村屋，打造一村一品的魅力乡村。第三，乡风文明建设可以增强乡村治理效能。推进乡风文明建设能弘扬乡村传统文化中尚德崇明、乐善好施的道德教化理想，建立村民议事会等村民自治组织，发挥老党员、乡贤等带头作用，对行成良好的社会风气、家规家训、村规民约等具有重要推动作用。

二、峨眉山市乡风文明培育总体情况

（1）传播文明新风，丰富精神文化。近几年，峨眉山市充分利用市民学校、小广播、文化站、农家书屋、文化广场等资源，以“理论+文艺”的方式创新组建习以为常宣讲队，普及党委政府政策方针、法律法规以及健康教育等知识，提高农民思想道德水平。精心设计，依托端午节、中秋节、国庆节、重阳节等传统节日，广泛开展富有时代感和生命力的“我们的节日”主题系列活动，每年开展100余场，不断满足群众日益增长的精神文化需求。

（2）深化文明创建，提升村民素质。大力推进文明村镇、文明家庭、星级家庭、道德模范等评选活动，建成全国文明村镇1个，选推全国文明家庭1个、乐山市道德模范1人，评选星级家庭507户。县级及以上文明乡镇占比63.64%，县级及以上文明村占比 70.77%。发挥党员志愿者、五老志愿者作用，积极参与疫情防控、洁美乡村、厕污共治入户义务劳动等志愿服务活动。

（3）选树先进典型，引领时代风尚。建立峨眉山市先进典型数据库，通过选树身边先进典型，营造崇德向善的浓厚氛围。在全市各乡镇开展峨眉山市道德模范先进事迹巡讲报告会16场，覆盖2 000余人，充分发挥道德模范的示范引领作用，传播文明，引领风尚。

（4）发挥村民自治，完善村规民约。充分发挥村民自治作用，全市各村（社区）均建立红白理事会，修订完善各村（社区）《村规民约》《居民公约》，将社会主义核心价值观内容融入其中，并建立“负面清单”，全市完成率达100%。

（5）优化环境卫生，改善人居环境。利用爱国卫生月活动，开展城乡环境卫生集中整治活动4次，整治村庄、社区162个。全力推进农村“四大革命”，农村人居环境得到显著改善，完成新（改）建农村无害化卫生厕所2.3万户，农村卫生厕所普及率达98%；建成集中污水处理设施54座、散户（联户）处理设施14 814座，惠及农户2万余户；建成垃圾分拣中心9个，全年清运处理城乡生活垃圾12万余吨，乡镇生活垃圾收转运设施覆盖率、村民小组保洁覆盖率、生活垃圾得到有效处理的村占比均为100%；拆除农村废弃房屋和违规建筑372处12.4万平方米、违规广告1 020处。

三、峨眉山市乡风文明培育存在的问题

为充分掌握峨眉山市乡风文明建设方面存在的问题，课题组将各行政村分为三大片区进行归纳：近主城区、平坝地区、偏远山区，各选取一个具有代表性的村进行比较，得出的调研成果见表1。

表 1　三大片区调研成果比较

2020 年	近主城区（绥山净安村）	平坝地区（符溪战斗村）	偏远山区（龙池马坪村）
村集体经济	8.93 万元	5.01 万元	5.2 万元
特色优势产业	主要种植食用菌	主要是大棚蔬菜，蔬菜种植规模达 9 000 余亩，年产量 2 亿斤	蔬菜
人均纯收入	主要收入为种植、外出务工，2020 年全村人均收入 1.68 万元	收入主要来源为种植业及外出务工，2020 年全村人均收入 2.26 万元	0.65 万元
获得荣誉	全国乡村治理示范村	全国文明村、全国巾帼现代农业示范基地、省级乡村治理示范村、省级文明村、省级四好村、省级乡村振兴示范点、省级优美村庄示范村、“五十百千”示范村、市级四好村、市级乡村振兴示范点、乐山市法治示范村等	无
农家书屋、文化站、文化广场等	农家书屋 1 个	农家书屋 2 个、文化站 1 个、文化广场 2 个	1 个
文化设施投入资金	音响、话筒等 0.45 万元	音响、话筒、LED 屏共计 10 万左右	0.6 万元
文化设施利用情况	农家书屋周一至周五开放，借书村民少	农家书屋周一至周五开放，借书村民少	农家书屋周一至周五开放，借书村民少
节日活动	重阳节 1 场	重阳节 1 场	重阳节 1 场
电影放映	9 场（12 部）	15 场左右	2 场
党员志愿者	34 人	32 人	12 人
志愿活动	3 次	2 次	2 次
村民自治组织	2 个（老年协会、妇女议事会各 1 个）	2 个（老年协会、妇女议事会各 1 个）	2 个
全国文明家庭	0	0	0
星级家庭	0	10~12 个	0
获选家庭奖励情况	0	500 元左右物资或现金（村集体自有资金）	0
村规民约	11 条	9 条	10 条
村规民约执行情况	秸秆禁烧罚款 3 人，每人罚 200 元	秸秆禁烧罚款 3~4 人，每人罚款 300 元	秸秆禁烧罚款 3 人，每人 200 元

续表

2020 年	近主城区（绥山净安村）	平坝地区（符溪战斗村）	偏远山区（龙池马坪村）
道德模范	0	0	0
家风家训	1 条	2 条（孝老敬亲，由村委会制作并上墙）	3
特色文化	无	无	无
群众娱乐活动	舞蹈	形式多样的舞蹈、气功比赛	形式多样的舞蹈、气功比赛
从事文化工作人员	村干部兼任、村民自发组织	村干部兼任、村民自发组织	村干部兼任
农村无害化卫生厕所	完成 208 个	全部完成，共 970 个	76 个

通过走访调研，发现各个村在乡风文明建设方面存在共性问题和个性问题：

（一）共性问题

（1）思想认识不够，对乡风文明内涵认识不清，未形成工作合力。乡风文明是一个大的概念，并不单单指农村文化建设，但在实地调研过程中发现，村干部、村民对乡风文明这个概念很陌生，不知道包括哪些内容、从哪里着手，只有细化到文明创建、村规民约、家规家训才明白。尤其是偏远山区，村干部、村民主要精力全部放在如何增收致富上，对乡风文明建设不了解也不关心。分析背后的原因，主要是思想上认识不够，有“先抓产业发展再谈文明建设”的思想，而通过三大片区的调研也发现，产业发展水平高低和乡风文明建设程度密切相关，村民越富裕，对乡风文明建设越关心。就全市而言，峨眉山市根据四川省精神文明办公室要求制定了《新时代推进乡风文明建设十大行动工作方案》，提出开展自治组织建设行动、文明创建深化行动、思想道德星光行动、村规民约培育行动、家规家训弘扬行动、村史村志编撰行动、志愿服务普及行动、城乡结对共建行动、环境卫生洁美行动、文明新风传播行动，涉及市文明办、市民政局、市农业农村局、市妇联等多个部门，虽已分别开展行动，但由于事务繁杂，对此项工作的重视及统筹安排稍显薄弱。

（2）群众参与乡风文明建设积极性不高。目前，峨眉山市乡风文明建设主要通过文明创建、节假日开展庆祝表彰活动、农村人居环境改造等方式，都是以政府为主导，群众选择性地参与，觉得对自己有益的才参加，无益的就认为是政府的工作，与己无关，主人翁作用没有很好地发挥。妇女、儿童、老年人等群体的积极性没有充分调动起来，加之农民受教育程度普遍较低，对新事物、新技术缺乏认识，在调动村民融入文化氛围上难度较大。

（3）乡村文化建设缺乏专业人才。村干部是乡风文明建设的直接推动者、组织者和践行者，他们担负着领导群众建设社会主义新农村的重要任务。但是长期以来，农村干部由于各种条件的限制，在学历上、学科背景、领导力和技术能力等方面存在不足。同时，他们也是一人身兼数职，在处理村中各项工作之余没有时间和精力去主动开展文化建设，仅限于完成上级安排的文化建设工作，甚至个别乡村的文化建设档案盒里面都没有资料可查，可见平时对此项工作的淡化。

（二）个性问题

除以上共性问题外，近主城区、平坝地区、偏远山区三大片区由于经济发展水平不同、群众素质高低不一等因素，又存在各自的个性问题。

（1）近主城区和平坝地区。一是文体活动形式单一，没有体现文化特色。这两个片区虽然有配套的文化健身器材、体育设施、电子显示屏等，比如桂花桥前进村、燕岗村，九里镇汪家村、农场村等，价值从几万到十几万不等，但村民文体活动形式较单一，主要表现为广场舞、球类比赛、棋牌等，且多为村民自发组织，没有结合本地民俗文化、手工艺文化等特色文化资源，文体活动形式单一。二是乡风文明建设工作缺乏创新。这一部分区域由于经济发展相对较好，群众素质相对较高，政府要求的乡风文明建设工作基本都能完成，在文明创建、志愿服务等方面开展较好。但仅仅停留在完成上级安排的任务，在结合本村实际情况、创新开展乡风文明建设方面存在不足。

（2）偏远山区。一是公共文体设施缺少。根据调研走访，我市经济发展落后的乡村，虽然都有农家书屋，但条件差、设施简陋，体育设施粗陋稀少，娱乐设施寥寥无几，公共文体设施建设规模偏小、配套不全，难以满足乡村群众业余文体生活需要。群众性娱乐活动匮乏，闲暇时多在家看电视、打牌等，活动形式单一。农家书屋开放率高但利用率低，每周一至周五开放，但村民基本不会借阅书籍，一方面由于知识水平有限，通过看书来提高自己不切实际，另一方面现在网络发达，获取信息的途径很多，借书阅读对他们来说不是最佳选择。二是乡村治理主体弱化，村民自治有待加强。村民是乡村的主人，要积极参与本村事务。而偏远山区由于村民素质有限，稍有文化的青壮年都外出务工，留在家中的多是老人、妇女、小孩，没有乡村事务议事、协调能力。部分村有村民自治组织，比如老年协会、村民议事会，但作用发挥不充分，自治组织成员表达意见与利益诉求的能力都相对不足。村规民约制定方面，虽已做到制定率 100%，但在执行方面也参差不齐，有些村没有经过村民代表大会讨论，没有结合本村实际，而是照搬网上或其他村制定的条例，对村民没有约束力，也没有按照规定执行相应的奖惩，形同虚设。

四、峨眉山市培育乡风文明的路径探索

（一）提高思想认识，转变认知观念

思想是行动的先导，加强对乡村的思想政治引领是深入推进乡风文明建设的前提和基础。要强化政府的主导地位，提高对乡风文明建设的重视程度。政府在乡风文明建设中居于主导地位，发挥着导向性的作用，要认真贯彻落实党的十九大精神、中央一号文件及关于乡村振兴战略的理论，不断对“乡风文明”相关理论进行理论研讨和实践学习，提升自身的思想认知水平，同时要深刻把握农村“五位一体”的相互关系，摆脱过去重视经济建设而忽略文化建设、经济发展到较高水平才开展文明建设的落后观念，真正实现经济发展与文明建设两手抓。目前，峨眉山市应以培育乡风文明“十项行动”为抓手，将内容覆盖面广的乡风文明外化为文明创建、家风建设等多种形式，明确牵头部门，各部门充分配合，努力营造和谐向善的文明乡风。

（二）发挥农民主体作用，提高群众参与积极性

农民在乡风文明建设中居于主体性地位，不充分发动群众参与，乡风文明建设必然缺乏内生动力。一是要加强宣传教育。要采取多种形式，比如把培训办到农户家和田间地头；充分利用新媒体开办“网上夜校”“广播夜校”等，制作推送“微课件”“微视频”满足群众不同的学习需求等方式，宣传党的路线方针政策，让社会主义意识形态占领农村主阵地，确保农民拥有正确的价值导向。二是要加强知识技能培训，提升农民收入。“要结合农村实际和农民需求，出台扶持性政策，开展多层次、多形式的职业农民培训，并选送农村有志青年进入高等职业院校学习，培养一大批有文化、懂技术、会经营的新型职业农民”[7]；开办农业技能讲堂，不断提高农民的农业种植养殖技能，切实提高农民的经济收入，更好地发挥乡风文明建设的主体性作用。三是要创新形式，提高农民积极性。可以探索将文明积分融入村集体经济发展模式，将文明积分进行折算后入股，将无形的文明资产转化为有形资产，提高农民积极性。同时，对家庭文明积分进行考核，制定相应标准，进行实物奖励。“对积分为负分或当月积分在全组靠后的家庭，予以全村通报批评，并由乡村组干部上门进行教育，屡教不改的暂停各类惠民政策补贴和村级集体经济分红，待改正后予以恢复。”[8]在涉及需要村委会出具证明的事项时，将家庭文明积分作为评价现实表现的重要参考，增强约束力。

（三）优化乡风文明建设人才队伍

一是发挥农村基层党组织在乡村文化发展中的领导作用。根据走访发现，目前，

全市各村从事文化工作的人员均为村干部兼任，因此，在平时的工作中，应发挥村干部的领导带头作用，组织群众学习习近平新时代中国特色社会主义思想，培育和践行社会主义核心价值观，培养有理想、有道德、有文化、有纪律的新型农民。二是打造新乡贤队伍。可以选取在乡村有一定威望的老干部、老党员、老教师、优秀退伍军人、道德模范等群体的影响力，塑造新乡贤，以新乡贤凝聚乡村文化力，引领乡村文化繁荣。

（四）根据各片区实际情况，探索不同建设模式

（1）近主城区和平坝地区。一是建设基层文化阵地。“基层文化阵地是推进乡风文明建设的载体，是开展各类文化活动、丰富村民精神世界的平台，通过阵地建设推动乡风文明的模式，具有实用性、快速性，同时能提高群众参与度。”[9]可以先选取一个村作为试点，建设文化礼堂或村史馆，收集农耕生产、生活、民俗老物件，注重发挥信息技术对改善乡村公共文化服务的支撑功能，制作乡愁故事卡，存储在电脑里，参观者可随手点击，了解乡村的发展史，感受时代变迁。二是创新开展各类活动。“以开展各类活动带动乡村群众，从而推动乡风文明，是最受广大乡村群众欢迎的一种方式。”[10]开展的活动具有带动性、趣味性，比如通过在重阳节、春节等传统节日开展传统文化活动，或是以广场舞比赛、方言相声表演等群众喜闻乐见的表演形式开展活动，既丰富了村民们的文化生活，又营造了文明乡风的浓厚氛围。三是发扬优秀传统文化。峨眉山市拥有丰富的民俗艺术、手工艺术等非物质文化遗产，包括高桩彩绘绑扎技艺、峨眉堂灯戏、峨眉山大庙庙会、峨眉山指画、峨眉扎染传统技艺等项目。通过开发当地民俗艺术、传统技艺、手工艺等传统文化，打造乡村特色名片，让活态的乡土文化传下去，让有形的乡村文化留得住。

（2）偏远山区。一是加大文化基础设施投入。《中华人民共和国国民经济和社会发展第十四个五年规划和2035年远景目标纲要》指出：“优化城乡文化资源配置，推进城乡公共文化服务体系一体建设。改善农村公共文化服务、加强农村公共文化建设，是培育良好乡风、涵养乡土情怀的重要抓手。”[11]要保持文化建设平衡发展，对于经济落后的乡村，除了财政适度倾斜外，还可以结合扶贫等工作，加强市级部门的帮扶。二是切实发挥村规民约的作用，加强村民自治。村规民约是村民进行自我约束、自我教育、自我管理、自我服务进而实现村民自治的一种治理形式，因此要特别注重村民的主体地位、发挥村民的积极性。制订过程中，村民要广泛参与、充分讨论、集体决定，才会互相监督、自觉执行。在执行中，要充分发挥党员的先锋模范作用，干部以身作则，带头践行村规民约，在执行中发现典型、争做典型、宣传典型，用榜样的力量带动和推动村规民约的有效执行。三是努力树立典型人物。比如今年6月乐山市妇联、市文明办评选了21个最美家庭，包括扶贫助困、孝爱和乐、移风易俗、亲善教

子等多方面，并在各地邀请了最美家庭代表讲述家风故事，弘扬家庭美德、传播文明家风。此外，还可以以村为单位评选典型人物，并在村委会等地方张贴、播报典型事迹，既是对优秀人物、事迹的充分认可，又是一种从正面引导乡村群众的有效方式。通过评选身边的榜样，给予相应的物质奖励，起到优秀标杆带动效果，带动乡村文明之风。

参考文献

[1][4] 习近平. 习近平在中国共产党第十九次全国代表大会上的报告[N].人民日报，2017-10-28.

[2] 新华社. 中共中央 国务院关于全面推进乡村振兴加快农业农村现代化的意见[EB/OL].（2021-02-21）. http://www.gov.cn/zhengce.

[3] 张建伟，图登克珠. 乡村振兴战略的理论、内涵与路径研究[J]. 农业经济，2020（7）：22-24.

[5] 新华网. 中共中央 国务院关于实施乡村振兴战略的意见[EB/OL].（2018-01-02）. http://www.gov.cn/zhengce.

[6] 马伟亮，杨文毓. 乡村振兴战略下乡风文明建设的意义及路径[J]. 农村经济，2021（4）：86-88.

[7] 刘亚宇. 犍为县实施“家庭文明积分”行动 助推创文工作[EB/OL].（2019-05-16）. http://sc.wenming.cn/zbsc.

[8][9] 赵廷阳，张颖，李怡欣.乡村振兴背景下的乡风文明建设——基于全国村级“乡风文明建设”典型案例分析[J]. 西北农林科技大学学报（社会科学版），2021（5）：46-52.

[10] 新华社. 中华人民共和国国民经济和社会发展第十四个五年规划和 2035 年远景目标纲要[EB/OL]. （2021-03-14）.http://www.kzlz.gov.cn.

[11] 李国平. 发挥村规民约在乡村治理中的积极作用[N]. 中国社区报，2020-09-11.

[作者简介]

赵文娟（1986— ），女，汉族，四川峨眉人，中共峨眉山市委党校讲师，主要研究方向：行政管理。

基层党建引领乡村振兴的峨眉路径

杨艳辉

【摘　要】实施乡村振兴战略，是全面建设社会主义现代化国家的重大历史任务，是新时代“三农”工作的总抓手。基层党建作为乡村振兴的关键环节，对提升乡村建设整体质量有着重要影响。这就要求基层党组织必须充分发挥自身的引领作用，成为实现乡村振兴战略目标的有力推动者。近年来，峨眉山市采取多种举措，进一步强化基层党建对乡村振兴的引领作用，涌现出荷叶村、山河村、净安村等党建引领乡村振兴的典型案例。但是，在乡村振兴的大背景下，基层党组织的引领作用依然面临着不小的挑战。针对这些问题，提出了一些具体的建议：强化基层党组织及班子队伍建设；完善激励机制；持续发展壮大集体经济等。

【关键词】基层党建；乡村振兴；峨眉山市

一、乡村振兴背景下峨眉山市基层党组织现状

峨眉山市面积 1 183 平方千米，现辖 2 街道、10 镇、1 乡，总人口 42.7 万，其中乡村人口 21.9 万。2019 年 12 月，入选全国农村创新创业典型县。先后获得 2019 年度四川省实施乡村振兴战略工作先进县、首批天府旅游名县、四川省县域经济发展强县等称号。[1]2020 年，峨眉山市全面启动村（社区）“两委”换届工作，全市 154 名党组织书记实现村（居）民委员会主任“一肩挑”。154 名村（社区）党组织书记，平均年龄 45.6 岁，大专及以上文化程度占 44.8%，与换届前相比，实现了年龄下降和学历上升的转变。

二、峨眉山市基层党建引领乡村振兴的主要做法

（一）积极推进基层党组织建制调整和治理优化

（1）优化组织设置。2020 年 10 月底，全市完成了 12 个软弱涣散村（社区）党组织整顿验收工作，对村（社区）党组织进行了优化调整。新成立了 8 个村（社区）党委、91 个党总支。同时，全面推进村级建制调整、村民小组优化和村（社区）“两

委”换届工作。村级建制调整后，全市建制村由 242 个缩减为 128 个，减幅为 47.1%；村民小组由 1 897 个下降到 1 108 个，减幅为 41.6%，平稳完成村级建制调整改革。

（2）优化人员结构。严格村（社区）“两委”班子成员特别是书记的选配。在 2020 年村（社区）“两委”换届工作中，调整了 19 名不胜任的村干部，对推荐出的候选人初步人选进行县级资格联审 1 726 人次，取消 13 名不符合要求的候选人初步人选资格。在确保“两好两强”的基础上，大力选配返乡创业农民工进入村（社区）“两委”，2020 年共有 341 人被选入党组织班子，其中 90 名担任村党组织书记，占行政村总数的 70.3%；185 名返乡创业农民工进入后备干部储备，其中顶岗锻炼 49 人。

（二）多举措回引人才，壮大乡村振兴队伍

实现乡村振兴，离不开优秀的人才队伍。为吸引返乡大学生、外出务工人员、退役军人等重点人群返乡创业，进一步提升本土创业吸引力，峨眉山市出台了返乡创业优惠政策 31 条，包括创业者最关心的扶持政策、金融优惠政策、技能培训、财政补贴、税收减免等多个方面的内容。制发了《峨眉惠引雁归来》创业指南，涵盖了当前峨眉山市总体发展思路、政策汇编、项目展示、创业地图、先进典型等内容，构建创业绿色通道。同时，做好服务保障，邀请农业产业、乡村旅游等方面专家授课，2020 年共开展技能培训 55 次，为 1 300 名农民工提供了专业咨询和技术指导。

以峨眉山市龙门乡为例，由于交通不便，该乡多年来一直面临招商引资困难、留不住人的困境。近年来，龙门乡发挥本地生态良好、环境优美的优势，抓住峨汉高速建设机遇，大力扶持种植业、旅游业融合发展，成功回引 87 名农民工返乡创业或投资。为了更好地服务人才，乡党委创办了“龙门讲堂”，邀请农科专家讲专业课、“土专家”讲实践课，2020 年以来已举办 15 期，外出学习 7 次，进一步提升了人才队伍的素能。在项目发展、人才培养和资金帮扶等方面向优秀返乡农民工倾斜，积极协调金融机构，发放贷款 450 万元用于支持返乡农民创业。目前，6 名优秀回引农民工进入村“两委”班子，16 人担任村民组长，65 人成为产业带头人。推出了“听风民宿”“芍药花海”等农旅融合项目及白酒酿造等新产业，2020 年全乡林下中药材、高山蔬菜分别达到 2 000 亩、4 000 亩，同比增长 20%。同时，发挥返乡创业农民工的带富能力，通过入股、共同经营等方式，带动村集体经济发展。2020 年，龙门乡有 6 个村集体经济收入 3 万元以上，其中 5 万元以上的 2 个、10 万元以上的 1 个。

（三）将壮大集体经济作为党建引领乡村振兴的重要抓手

发展村集体经济是实施乡村振兴、促进共同富裕的需要。近几年，峨眉山市以争

取中省财政扶持发展村级集体经济项目为契机，不断培育优质村级集体经济项目，发挥示范带动作用。2019—2021 年，共推出“玉龙山舍”“听风民宿”等 26 个中省财政扶持发展村级集体经济项目，争取项目资金 2 600 万。在项目推选中，峨眉山市始终将基层党组织的战斗力作为参评的首要因素，将村“两委”班子在村级建制调整、发展经济等重点工作中的表现作为项目执行能力的重要评价依据。同时，出台了《峨眉山市激励发展壮大新型农村集体经济的八条措施》和《峨眉山市“一对一”帮扶发展村集体经济工作方案》等文件，加大资金投入，前期的 17 个集体经济项目已累计配套支持 391 万元，助推项目健康有序发展。

以中省扶持项目——“听风民宿”所在的龙门乡山河村（原王山村）为例。山河村位于龙门乡北部，平均海拔 1 000 米，交通条件落后，曾经是乐山市列贫困村。近几年，山河村将党组织的政治优势和组织优势转化为经济发展优势，走出了一条可持续的集体经济发展路子。

2017 年，山河村争取到省级扶持村级集体经济发展项目试点补助资金和贫困村产业扶持基金，依靠本地水资源优势建设了 6 个冷水鱼池，养殖虹鳟、鲟鱼等冷水鱼；成立了冷水鱼养殖集体经济合作社，将股份分为集体股和村民股两部分。村民股每股股金 1 000 元，每户不超过 10 股，前期吸纳了 69 户村民为股民，入股金额 20 余万元。为了带动村民共同富裕，村“两委”召开党员代表大会和村民代表大会，将第一年收益作为流动资金，次年开始进行收益分配。两成收益用于本年度生产经营；剩下八成按照集体股和村民股的出资比例进行分配。其中，村集体收益中的一部分将会进行第二次分配，用于资助贫困户。

同时，山河村依托大腔沟、大渡河、茶山、万亩森林等旅游资源，确立了发展乡村民宿的思路。在建设过程中，面临部分村民房屋需要拆建改造的问题，村“两委”班子成员逐户开展工作，完成 1 户原拆原建、2 户升级改造、9 户风貌改造。面对管理经验不足及专业人员匮乏的劣势，山河村采取了“支部+合作社+企业+农户”模式，由支部牵头，合作社负责实施，引入途次驿酒店管理公司专业运营“听风民宿”，合作社以资产入股，村民以现金、土地等入股，参与分红。目前，山河村逐步形成“民宿+垂钓+娱乐+休闲”的发展模式，带动村民就业和从事相关产业 100 余人。山河村先后获得“生态文明村”“优秀基层党支部”等荣誉。2021 年，山河村被命名为 2020 年度四川省乡村振兴示范村。

（四）不断创新工作方法，做好党建融入和引领

以党建引领乡村振兴，需要不断创新工作方法，做好“党建+”。峨眉山市近几年

积极培育乡村振兴特色品牌，推动产业发展、环境整治、乡风文明等各项工作齐头并进。以绥山镇净安村为例，作为曾经的全国文明村，净安村“支部+协会”的党建品牌也曾远近闻名。然而，受村“两委”班子不团结的影响，净安村各项事业在一段时间内陷入了停滞。近年来，净安村首先从构建加强基层党组织做起，通过开展堡垒提升工程，建强班子和党员队伍，扭转之前工作涣散的状况。坚持“党建+产业”，采取“党支部+联合社+专业合作社+种植户”的模式，流转土地发展食用菌种植，村民就近务工 300 多人，村集体经济收入 8 万余元，形成了前景广阔的食用菌产业发展道路。

同时，通过“党建+生态环保”“党建+基层治理”，净安村逐步推进建设更高质量的乡村振兴。为了解决产业发展中的环境问题，村党组织积极联系相关企业回收废弃菌包加工有机肥，每年约 1 600 万斤废弃菌包全部回收利用；在党员、组长等种植大户的带领下，全村食用菌加工完成 100%煤改生物质燃料，基本实现食用菌生产过程零污染。引导群众积极参与基层共治，班子成员牵头完善村规民约，通过“门前三包”“五星积分”等制度，推进农业生产废弃物综合治理和群众共治意识提升。2020 年，净安村荣获“全国乡村治理示范村”称号。

三、峨眉山市基层党建引领乡村振兴过程中面临的问题

（一）基层党组织班子和党员队伍建设滞后于乡村振兴发展需要

实施乡村振兴战略，离不开高素质的基层党组织班子和党员队伍。《乡村振兴战略规划（2018—2022 年）》指出，要“加强农村基层党组织带头人队伍建设”“加强农村党员队伍建设”。[2]目前，峨眉山市的 154 名村（社区）党组织书记中，大专及以上文化程度占比为 44.8%。但是，村党组织书记大专及以上占比仅为 37.7%。部分村党组织负责人的知识结构和能力素质达不到当前党建引领乡村振兴发展的要求。

此外，农村党员队伍也长期面临年龄偏大、学历偏低、年轻党员外流等问题。抽样调查峨眉山市 100 个村级党组织中的党员，本科及以上学历占比为 7.64%，高中、大专学历占比为 36.68%，初中及以下占比 55.68%（图 1）。在年龄结构上，35 岁（含）以下占比为 25.32%，36~59 岁占比为 29.41%，60 岁（含）以上占比为 45.26%（图 2）。年轻党员的缺乏也导致了村级党组织后备队伍储备不足，尤其是在山区村或者没有产业支撑的村，这一情况尤为明显。究其原因，一方面是外出务工造成的年轻人大量外流，同时，一些农村青年更关心自身的经济利益，基层党组织没有在思想上进行充分引导，导致年轻人向党组织靠拢的积极性不高。

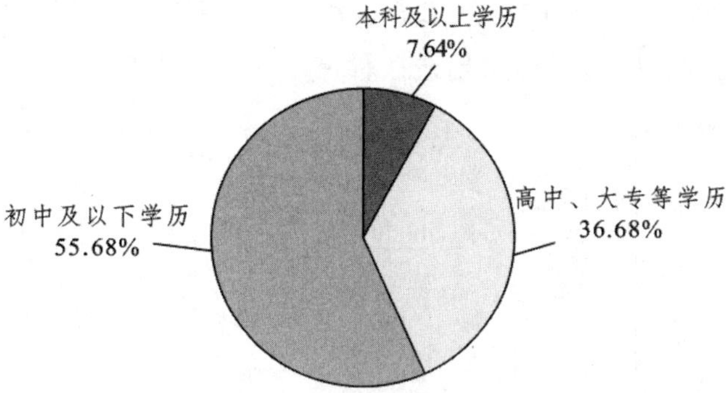

图 1　学历分布情况

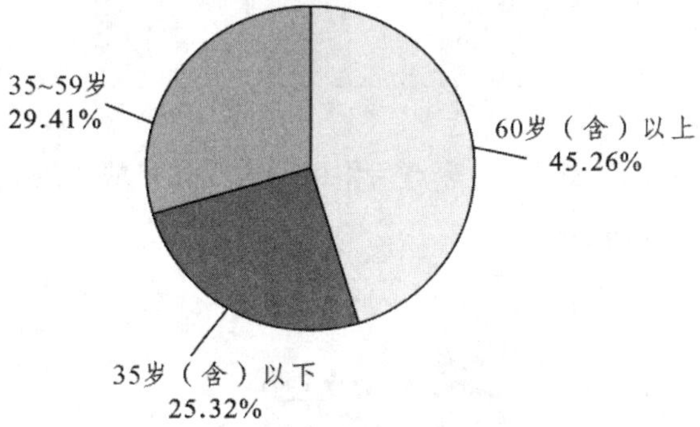

图 2　年龄分布情况

（二）党员教育管理粗放，先锋模范作用发挥不明显

（1）教育方式单一、粗放。在走访调研的村级党组织中，支部活动大部分以支部学习和党员义工活动（主要是集中打扫本村卫生）为主，形式上简单粗放。由于农村党员普遍年龄偏大、山区党员居住分散等原因，部分支部出于保障安全的考虑，对交流学习、参观党性教育基地等活动组织较少或者不组织。基层组织生活载体不够丰富，造成党员参加学习的积极性不高。同时，对党员日常的思想引导不够重视，导致党员对在乡村振兴中应当发挥作用的重要性认识不清，在一定程度上影响了农村党组织队伍的战斗力。

（2）普通党员的先锋模范作用发挥不明显。《乡村振兴战略规划（2018—2022 年）》指出，要“注重发挥无职党员作用”。但在乡村振兴的具体实践中，一些农村普通党员的先锋模范作用整体发挥不够，带动性不强。在问卷调查中，仅有 14.28%的人认为普通党员的先锋模范作用发挥较突出，在三类党员群体中排名最末（图 3）。导致普通党员先锋模范作用不强的原因，超过半数的人选择了“没有合适的载体来体现”，其次是“党员自身党性不强”（图 4）。因此，党员先锋模范作用的发挥，一方面需要通过学习教育，不断提升党员的党性修养；另一方面更需要基层党组织找到行之有效的载体，为普通党员发挥示范作用创造条件。

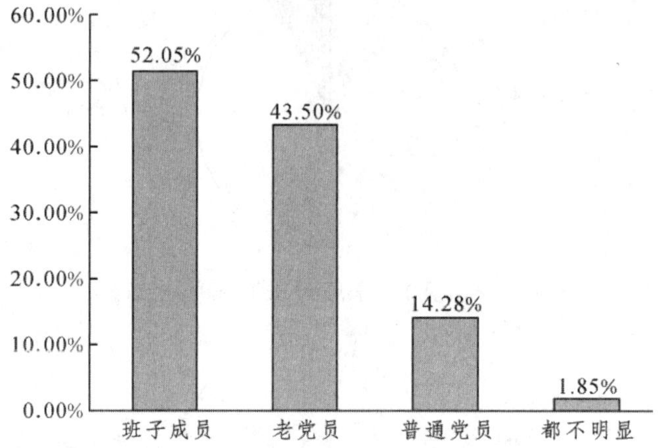

图 3　先锋模范作用发挥较突出的党员群体

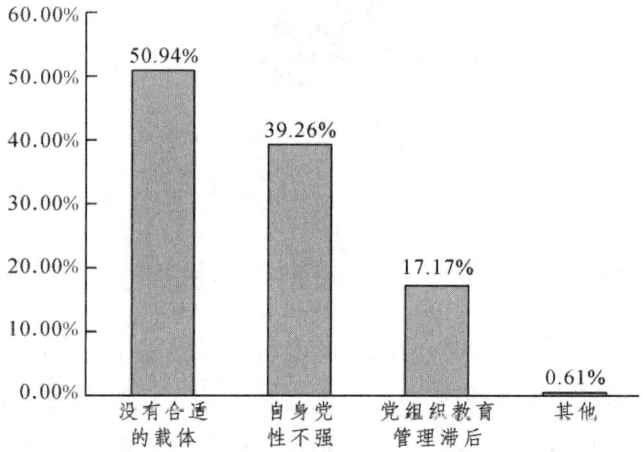

图 4　党员先锋模范作用不强的原因

（3）缺乏系统有效的激励机制。在激励措施上，部分村党组织局限于物质层面，而对精神奖励不够重视。对如何激发党员荣誉感没有具体举措，对构建系统完善的激励机制缺乏深入思考，在党员积分制等方面的实践也不多。对比其他领域在农村的激励机制，比如城乡环境综合治理和精神文明建设等方面，峨眉山市大部分村都采取了许多措施，比如评选并挂牌“最美家庭”“五星家庭”“生态示范家园”等，充分鼓励群众的主观能动性。但在党员激励机制和荣誉感培育方面，探索还不够。

（三）部分基层党组织在乡村振兴中的核心作用不够突出

乡村振兴是系统性工程，基层党组织是乡村振兴战略在农村的具体推动者。但是，部分基层党组织对自身在乡村振兴中的角色、职责认识不到位，比较局限于按部就班做好当前各项事务，对如何引领乡村振兴没有具体谋划，工作缺乏前瞻性和系统性。对如何真正发挥党组织在乡村振兴中的战斗力没有思路和办法，难以有效起到凝聚群众、带领群众的作用。

（四）乡村振兴人才回引面临“留不住”的困境

乡村振兴要依靠各路人才投身乡村建设，近年来峨眉山市不断回引优秀农民工返乡创业，制定了《峨眉山市“千名优秀农民工定向回引培养工程”实施方案》，培养返乡农民工、退役军人等优秀人才进入村“两委”班子。2020 年，峨眉山市有优秀农民工 1 125 人，进入村级班子管理的 341 人，约为 30.3%。但是，人才资源不足、农民低职业化仍然是峨眉山市乡村振兴的短板之一，人才回引之后也面临“留不住”的压力。由于农业产业投入需要一定的资金门槛和收益周期，返乡人才在创业中也面临诸多风险：大多数种植项目对技术依赖较大，容易出现产量不高或品质不达标等问题；部分项目特色性不够，容易同质化，导致农产品滞销；农产品市场行情波动较大，投产后价格能否达预期有着较大的不确定性；随着老龄化加剧，农业用工成本不断上涨。2018—2020 年，峨眉山市农业用工最低成本已经由 50 元/天上涨到 70 元/天，增长 40%，人工成本增长压力将长期存在。投资创业环境和经济发展回报能否让乡村振兴人才“留得住”，以及如何提高返乡创业者的风险承受能力，成为迫切需要关注的问题。

（五）村集体经济存在发展不平衡、收入构成单一的现状

峨眉山市在发展壮大农村集体经济方面取得了一些成效，但还存在一些突出问题。一是地区差异明显。受自然环境、区位优势、人力、资源及村“两委”班子能力等因素的影响，峨眉山市村集体经济发展呈现不平衡状态。截至 2020 年年底，全市有集体经济收入的村达 128 个，占行政村总数的 100%。但是，集体经济收入在 10 万元以上的仅有 27 个，占比为 21.09%。收入最高的胜利街道干河村为 190.44 万元（含征拆收入），收入最低的为 0.5 万元，相差 189.94 万元。二是集体经济收入构成方面，存在来源单一、发展后劲不足的问题。峨眉山市的村集体经济收入一般为物业租赁收入、经营性收入、服务性收入等，其中，物业租赁占比较高。全市 128 个村中有 40

个村集体经济收入来源主要靠物业租赁经营获得，占比 31.25%。在资源缺乏、交通不便的行政村，村集体经济普遍存在收入不稳定、增收后劲不足的问题。集体经济的不发达导致了村级党组织的运转和基础设施建设只能依靠财政资金，在发展本村公益事业以及解决村民关注的难点问题等方面捉襟见肘，在一定程度上削弱了党组织的引领力。

四、峨眉山市进一步推进基层党建引领乡村振兴的实现路径

（一）强化基层党组织及班子队伍建设

村级党组织是党在农村政策贯彻落实的基础，党组织能否发挥好火车头作用，至关重要。要将组织建设与乡村振兴密切结合，不断增强基层党组织在乡村振兴中的领导力、组织力、执行力。一是选优配强，不断提升基层党组织带头人队伍能力素质。目前，峨眉山市已经出台了村（社区）干部（包括顶岗锻炼后备力量）学历提升奖补政策，最高可达 3 000 元/人。下一步可以继续通过政策奖补、学校优惠等方式鼓励村（社区）干部提升学历。二是加强思想引领，强化基层党组织思想政治工作。建设有坚定马克思主义信仰的农村基层党组织，切实把党的意志转化为具体实践。三是不断完善后备队伍建设，做好选人、用人、管人、储备的全链条管理。在日常事务中，让年轻人能够有更多机会参与到本村工作当中。比如双福镇安全村 4 个党支部均选用年轻人担任党组织书记，但目前这种全部由年轻人挑大梁的村还比较少，要将更多的后备力量放到乡村振兴一线去锻炼，在锻炼中增长才干。

（二）加强党员教育培训，完善激励机制

（1）充分发挥基层党校作用，加强对普通党员的教育培训。目前，峨眉山市已在全市 13 个乡镇（街道）设立了基层党校，面向各基层党组织开展培训。下一步，应当根据培训效果不断总结经验，进一步完善基层党校制度建设和体制建设，打造适应乡村振兴的课程体系，选聘优秀党务工作者、乡村振兴能人、专家学者组建兼职教师队伍，拓展培训领域，强化培训效果。有计划地设定班次，逐步完成普通党员轮训，切实加强新时代党员队伍建设。针对农村党员年龄偏大、山区党员居住较为分散的现状，可以将“走出去”和“请进来”结合，采取“送课下村”“田间课堂”与结对帮扶部门共同开展党建活动等方式，调动农村党员的积极性。

（2）完善激励机制，鼓励普通党员发挥先锋模范作用。一是发挥老党员作用。在问卷调查中，有 43.5%的人认为老党员先锋模范作用发挥较好（图 3），因此，要善于

发挥老党员在推进本村工作、促进矛盾纠纷调解等方面的积极作用。二是搭建党员创先争优的平台。在问卷调查中，大家认为党员先锋模范作用依次体现在推动、配合本村工作，改进乡村环境，带动群众致富，促进纠纷调解等方面（图 5）。基层党组织可以在这些方面搭建平台，创造合适的载体，进一步提升党员队伍为民服务的意识和示范带头作用。例如桂花桥镇友谊村就在本村茶山上划分了“党员管护区域”，立公示牌，落实到人。村党组织可以通过在乡村振兴项目中设置“党员示范岗”“党员责任区”等方式，确保在乡村振兴的诸多领域有党员的身影，有党组织的引领，有先锋模范作用的发挥。同时，采取挂牌“党员联系户”“党员之家”等方式，鼓励普通无职党员亮出党员身份，积极参与村集体事务，在基层治理、乡村振兴等事业中建言献策、凝聚智慧。完善党员积分和党员评星制度，将先锋模范作用发挥作为评先选优的重要依据，定期公示、表彰排名靠前的党员，形成行之有效的激励体系。

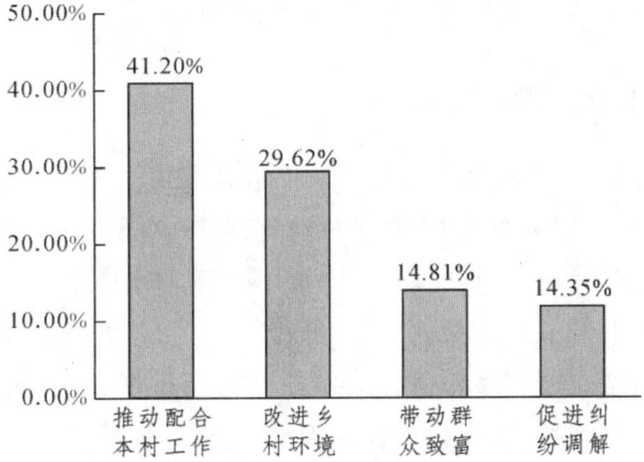

图 5　党员先锋模范作用的体现

（三）加强乡村振兴人才队伍建设

（1）培育拥有一定专业技能和丰富实践经验的“土专家”队伍。目前，峨眉山市实施了“峨眉英才培育计划”[3]，计划用十年的时间，重点支持一批行业领先、引领发展潜力大的高端人才，提升本土人才队伍的核心竞争力。其中，峨眉名农、峨眉名匠、峨眉创业英才、峨眉文旅英才等人才项目可以为乡村振兴提供强有力的人才支撑。基层党组织可以以此为契机，鼓励本村的种养殖能手、制茶能手等“土专家”积极申报峨眉名农等项目。同时，有计划地建立乡土人才后备库，通过职业培训、技术能手“传帮带”等多种措施，培育懂生产、懂经营的新型职业农民，壮大本土的乡村振兴人才队伍。

（2）继续加强优秀人才回引工程，营造良好创业环境。基层党组织要搭建好吸引人才的平台，充分利用优惠政策，用环境、乡情等纽带，不断提升本土吸引力，为乡村振兴注入不竭动力。在返乡创业培训方面，要土洋结合，不仅要邀请专家讲授专业课，还要有更多接地气的实践课，为返乡人才提供技术支撑。同时，针对传统农业效益不高的问题，积极探索更多的产业发展模式，借助峨眉山市优秀的旅游资源和茶产业优势，深度发展农旅融合、茶旅融合等多种业态，促进三产深度融合，营造更好的乡村创业环境。积极对接高校资源，加大与院校、企业的合作力度，在条件成熟的乡村建立专家工作站，通过“周末工程师”等方式邀请高层次人才来开展培训和科研，弥补专业人才不足的短板。

（3）做好人才队伍的保障服务。人才队伍建设是一项长期工程，要探索建立完善的服务保障体系。基层党组织要充当乡村振兴人才管家，协调解决他们在创业中遇到的困难，确保政策保障、资金支持、公共服务等各项措施落地落实，创造更多机遇吸引人才，充分调动各类人才助推乡村振兴的积极性。

（四）持续发展壮大集体经济

（1）做好结对共建，聚合多种力量发展集体经济。2020 年，峨眉山市制定了发展集体经济的“1+3”政策体系（“五年行动计划”+“规范化管理办法、激励发展‘八条措施’、‘一对一’帮扶工作方案”），不断探索集体经济发展路径。选派县级领导、包村部门、帮村企业开展“四帮四带”，其中，“两新”组织企业占比约为 50%。下一步，要落实好优质企业的帮带作用，引导各村整合资源，加强整体规划，挖掘优势产业，做好产业管理、品牌培育等方面的指导。同时，深化企业、部门党组织与所帮扶村党组织的结对共建，实现党建带动提升，实现村集体、村民、企业、部门的共建共赢。

（2）抓住机遇，改善村集体经济发展不平衡的现状。目前，峨汉高速峨眉至峨边段已经建成通车，南部山区多年来的交通制约因素得到明显改善。要抓住机遇，积极争取各级资金对山区村级基础设施建设的支持力度，多方筹集，做好南部山区的硬件提升。另外，各村级党组织要立足已有资源，多途径盘活村集体资产，推进原有资产保值增值。依托南部山区良好的生态环境和资源优势，探索适合本村发展的路子，提升南部山区集体经济实力。

（3）立足本土特色，加快产业提质增效。将发展特色产业作为推动集体经济发展的着力点，摸清本地资源优势，确立本村的主导产业，走差异化发展模式。对地理位置、生态环境、资源产业相近的村，可以向上争取统筹规划、抱团取暖，打造更专业的产业集群，以规模效应来促进集体经济的发展。

参考文献

[1] 峨眉山市简介[EB/OL]. https：//www.jrem.cn/content/jrem-46-17.html.

[2] 中共中央国务院.中共中央国务院印发《乡村振兴战略规划（2018—2022 年）》[EB/OL]. http：//www.gov.cn/zhengce/2018-09/26/content_5 325 534.htm.

[3] 中共峨眉山市委关于深入推进创新驱动引领峨眉山高质量发展的决定[EB/OL]. https：//www.jrem.cn/content/jrem-12-10 851.html.

[作者简介]

杨艳辉（1986—），女，汉族，四川彭山人，中共峨眉山市委党校讲师，主要研究方向：党史党建。

做好村级建制调整“后半篇”文章的调查与思考
——以井研县集益镇雨台村为例

伍鹏宇 宋智平 汪志恒 曾静 李进 何贤

【摘　要】井研县依据中央战略安排，紧跟省委脚步，顺利完成村级建制调整的“前半篇”文章，但如何在“后半篇”文章提质增效、催生化学反应呢？为此，本课题组以集益镇雨台村村级建制调整为重点，深入调研，“解剖麻雀”，针对班子队伍“四不足”、矛盾增多、任务过重等问题，提出建议：建强队伍，增强干劲；共同攻关，化解矛盾；精简务实，基层减负；勇于探索，推动发展。

【关键词】调整成效；问题挑战；对策建议

村级建制调整是推进基层治理体系和治理能力现代化的重要工程，是推进乡村振兴战略的重大举措，是四川省委做出的打基础、利长远、系全局的重大改革部署。井研县依据中央战略安排，紧跟省委脚步，顺利完成村级建制调整的“前半篇文章”，但如何在“后半篇”文章提质增效、催生化学反应，为推动治蜀兴川再上新台阶夯实底部支撑呢？为此，本课题组采用座谈、问卷、联合调研、资料查阅等方式，以集益镇雨台村村级建制调整为重点，通过“解剖麻雀”、实证研究，为井研做好村级建制调整“后半篇”文章探索路径，提供建议。

一、集益镇雨台村村级建制调整实施情况

集益镇雨台村距离井研县城 8 千米，处于井研县百里产业大环线——省级晚熟柑橘现代农业园区的发源地和核心区，2007 年荣获国家司法部、民政部颁发的“全国民主法治示范村”，2016 年荣获先进基层党组织，2017 年荣获“四好村”，2018 年荣获“全国文明村”。村建制调整，将原繁荣村合并到雨台村，调整前后基本情况见表 1。

表 1　雨台村村级建制调整前后情况

项目	调整前	调整后
总面积/亩	2 451	4 853
总耕地面积/亩	1 203	2 421
总组数/组	19+15	20
总户数/户	902	1 545
总人口数/人	2 726	4 845
外出务工人数/人	758	1 620
党员总人数/人	51	90
在村党员数/人	25	42
县道/千米	8	8
乡道/千米	0.5	0.5
村道/千米	28	40
入户路/千米	35	58
道路硬化率/%	90	91
天然气用户数/户	530	720
种柑橘面积/亩	1 600 余	3 000 余
集体经济/万元	16	54
山坪塘/口	12	18
蓄水池/个	18	29
石河堰/个	1	2
提水泵站/个	4	9

二、集益镇雨台村村级建制调整后的成效

（一）队伍调强，工作能力提高

表 2　集益镇雨台村村级建制调整前后干部基本信息

序号	调整前是否为村干部	姓名	调整后的职务	年龄（岁）	学历	家庭主要收入来源	调整后是否为村干部
1	是	潘**	村书记主任	53	初中	经商	是
2	是	曾**	副书记	46	高中	经商	是
3	是	张**	专干	51	高中	种柑橘	是
4	是	曾**	副主任	51	初中	经商	是
5	否	刘*	纪检组长	35	大专	经商	是
6	否	左*	副主任	36	高中	种柑橘	是

续表

序号	调整前是否为村干部	姓名	调整后的职务	年龄（岁）	学历	家庭主要收入来源	调整后是否为村干部
7	否	杨**	文书	33	高中	种植	是
8	是	左**	/	55	初中	种植	否
9	是	范**	/	63	初中	种植	否
10	是	程**	/	64	初中	种植	否

从表 2 中可以看出，调整 3 人后，村委班子平均年龄从 54.71 岁降到 43.57 岁，平均年龄减少 11 岁。初中学历从占比 50%降到 28.6%，高中大专学历比重明显上升。同时，镇上对新当选的村组干部标准提高：对党忠诚能力强，相对年轻，身体好，熟悉电脑能骑车，会用手机和微信，进一步提高村务工作办事效率。

（二）待遇调高，干部热情增加

表 3　并村前后村干部（部分）、组长待遇表

职务	村书记		村主任		村副主任		组长		
村或组人数	1 000 人以下	1 000 人以上	1 000 人以下	1 000 人以上	1 000 人以下	1 000 人以上	200 人以下	200~300 人	300 人以上
并村前工资	1 430 元	1 550 元	1 290 元	1 350 元	—	1 200 元	515 元	550 元	600 元
并村后工资	书记主任一肩挑 3 060 元				2 200 元		650 元	700 元	750 元

从表 3 可以看出，村级建制调整后，村支部书记、主任一肩挑，涨到 3 060 元，其余村干部涨到 2 200 元，组长涨到 700 元左右，村组长干部待遇都得到了较大程度的提高，增强了村组干部的工作热情、激情和干劲。

（三）资源调优，实力潜力增强

表 4　村调整前后规模和资源情况

项目	总面积/亩	耕地面积/亩	总组数/组	总户数/户	总人口数/人	外出务工人数/人	党员总人数/人
调整前	2 451	1 203	19+15	902	2 726	758	51
调整后	4 853	2 421	20	1 545	4 845	1 620	90
项目	种植柑橘面积/亩		集体经济/万元	山坪塘/口	蓄水池/个	石河堰/个	提水泵站/个
调整前	1 600 余		16	12	18	1	4
调整后	3 000 余		54	18	29	2	9

从表 4 中可见，把地缘相近、产业相同、资源互补的雨台村与繁荣村合并后，村组面积、耕地、户数、人口数、种养殖业、集体经济等基本成倍增加，经济实力和发展潜力增强，为基层治理体系的完善奠定了一定的经济基础。

三、集益镇雨台村村级建制调整后运行面临的问题与挑战

（一）班子队伍“四不足”

（1）融合不足。新当选的年轻干部，工作有激情，但缺乏基层工作经验，对村情事务不熟悉、处理村民纠纷待历练，有时开展工作抓不住重点，不能迅速融入新班子。

（2）磨合不足。当选的老干部，经验丰富，但彼此之间还需磨合。有部分当选的老干部以前是村书记、主任，对村工作有自己的习惯性认识，一时不能适应新当选书记的工作方法，磨合还需要时间。

（3）整合不足。并村前各村的坐班制度、分工安排、村规民约等各不相同，制度还不够健全，致使个别村社干部还存在“干多干少一个样”的思想，合并后的制度、村规等还有待整合。

（4）待遇不足。并村并组后，村组干部待遇虽有较大提高，但管辖面积、人口、工作量等成倍增加，其付出与收入不成正比，待遇略显不足，他们大多是家中顶梁柱，需要养家糊口，尤其是组长每月六七百元的工资收入确实难以养家度日。

（二）并村之后矛盾添

（1）卸任干部添阻力。卸任的村组老干部，往往在当地拥有一定的群众基础，个别思想没转过弯、心理有落差，甚至退出时待遇没解决好，致使他们有时给农村工作的推进造成一定阻力。

（2）并组矛盾难调和。个别组由于历史遗留问题，影响并组工作的开展和并组后的正常运行。如雨台村原 12 组和原 17 组并组选组长，因为历史渊源存在家族矛盾、山地之争，从两个小组中选出的组长互不认可，只好暂由一名村干部兼任组长，但村干部本身事情就多，兼任组长也非长久之计。

（3）政策不均有怨言。集益镇在进行风貌塑造时，综合财政资金、地理条件、发展规划、村民参与度等因素，优先考虑打造国道 213 线和百里产业环线两边，使得附近村民先享受到政策，而离得远的村民暂时没享受到政策，心中有一定怨言，不利于营造和谐的邻里关系和干群关系。

（4）依赖过多落差大。随着城镇化的变迁，村中留守老人也越来越多，家中有事，大多数老人首先想到的、依赖的还是村组干部，而且依赖思想越来越重，把村干部当

成“万能药方”，尽管村组干部尽心尽力为老人们解决事情和问题，但个别老人因为文化素质、脾气性格等原因，遇到村干部没能及时来解决或及时解决好，心理产生落差，就打热线电话。有些村民的投诉事项村级无法解决，村民不满意，致使热线电话处理后的“满意”反馈很难完成，使得村干部被批评。

（三）任务过重有“四多”

（1）迎接的调研多。村成为示范村，或在某一方面有特色亮点，来检查、考察、调研的领导、参观学习的单位较多。村干部不仅要陪同解说，更要提前搞好环境卫生、安排参观路线等诸多事务。

（2）安装的 App 多。管理部门开发出许多工作 App，要求村干部全部安装使用，有的 App 搞形式主义，浪费了村干部时间。

（3）加入的微信群多。不少工作要求在各种微信群留下痕迹，群内信息量大，多数属非村干部本人所需要信息，镇上发的有些工作要求，由于被其他村的干部发的工作痕迹照片掩盖，需要花长时间在信息中“爬楼”才能找到，甚至有的村干部忙起来后就没及时看到通知，影响工作任务的完成。

（4）完成的报表多。大多数村干部反映，电子报表特别多，而且报表要求填写的内容数据特别细，时间期限特别紧，质量要求特别高，很难马上统计完成。从调研中发现，不论该村是几名干部，一般都要 2 人专门做资料，而且资料多的时候是一天六七个。报表内容特别细，有的有十多个选项。时间期限特别紧，有的上午发下来，下午就要。在并村后，村面积增大，人口增多，有一些数据需要下组入户采集录入，大一点的村，骑摩托车跑一圈就需要大半天，为了保质保量完成，村干部只有“白加黑”“五加二”的工作。甚至有的报表下发时没有标准说明，下发人员自己也没理解透彻，使得每个村的理解不同，等做好交上去后才发现达不到要求，导致返工花费大量时间。

（四）村社发展有“三少”

（1）工作经费拨付少。一是项目经费拖欠。县级部门或镇上为了推进某项中心工作，项目实施情况比较急，一般是承诺项目先实施，经费年终到。村上组织实施后，由于各种原因，年终有时不能全部兑现经费，仅能支付七八成，给村上工作造成极大困难。如 2017 年某村美化道路栽种竹子的经费至今没到位。二是社区经费短缺。如合并后，某社区运行经费减少，从 8 万减少到 5 万，因社区既不能享受重点乡镇社区的配套项目资金，也不能享受建制村在乡村振兴等方面涉农项目资金，使得社区基础设施建设滞后，基础改造更困难。社区经费中，办公经费仅 5 000 元，而要用于全社区的垃圾清运、污水整治、路面打扫、疫情防控等方面，经费运行严重不足。

（2）群众党员参与少。村级建制调整后，新设村地理区域更大，村（居）民家到村（居）委会的距离变得更远，特别是合并后的社区。如原金峰社区和原集益社区合并，而两社区相距约 7.5 千米。村（居）民群众以及党员来村（社区）办事、开会很不方便。特别是要组织留村党员开会或开展活动时，因大部分共产党年纪大、不会骑车，来村委会需要花费大量的时间，致使参加人员大量减少。同时，村组干部也担心如果组织活动，在路途上老党员的身体状况和安全发生意外，那就无法与其家人交代。

（3）集体经济收入少。从调研中发现，集益镇有两三个村集体经济收入少，甚至没收入。如雨台村集体经济账户上虽有几十万，曾经思考过发展柑橘产业，但这两年柑橘市场相对不景气，并且种柑橘也需要大量的人力，请村民党员义务劳动，短期两三次可以，但长期则难度很大，且在村党员年纪偏大，担心在来的路上和劳动过程中发生意外事故。而若要进行其他投资，由于村委干部精力有限、更缺乏市场营销经验，担心投资后无法收回，使得集体经济投资无门路，暂时没有收入来源。

四、集益镇雨台村村级建制调整后做好“后半篇”文章的对策建议

（一）建强队伍，增强干劲

（1）加快融合，步入正轨。新干部干劲足，但对工作制度不熟，业务技能不强，熟悉工作、抓住重点、快速融入，是新干部的第一堂必修课。一方面，要做好传帮带。新干部要拜师学艺，老干部要带好徒弟，言传身教，传承良好工作作风和工作习惯，帮助新干部尽早融入角色、熟悉工作业务、掌握工作技巧，快速成长起来。另一方面，各村干部要相互学习。县上以及各镇（街道）要组织调整后的村社干部开展工作交流，学习各村先进的工作方式，交流优秀的工作经验，取长补短，为我所用。

（2）加强整合，分工协作。并村前各村的坐班制度、分工安排、村规民约等各不相同，合并后的村规制度需要结合实际不断协调、整合改善。让新村规制度统筹协调干部分工，让干部知道怎么“干”，群众知道怎么“办”。一是要整合办事制度，针对各村社不同的办事方法和规章制度，立足实际，广泛征求群众、党员、村组干部意见，科学民主决策，整合出一套新的科学的工作制度和办事新方案，促进工作的开展。二是要统筹分工合作。根据村社班子成员个人擅长和特点，因人而异，合理分工，并做到“分工不分家，协作成一体”，打造一批有凝聚力、有战斗力的村社组干部队伍。

（3）加速磨合，增添干劲。一是加强自身建设。加速班子磨合，搞好班子团结，做到“一个好汉三个帮”。二是加强教育管理。结合庆祝建党 100 周年的契机，开展党史教育，加强党性教育，保持党员干部思想的先进性和纯洁性，打造一批“平常时候看得出来、关键时刻站得出来、危急关头豁得出来”的基层干部队伍。

（4）提高待遇，注重关怀。如何加强村社干部绩效考核，激励村社干部干事创业，成为建制村调整“后半篇文章”需要攻克的重要课题。我们可借鉴机关事业单位的目标考核方式，建立健全科学化、差异化的考核机制，对村社干部实行绩效考核，为村社干部量身定做补助补贴等政策，适当增加收入，激发干事活力。我们在保障村干部经济待遇的同时，应给予他们更多的人文关怀，从社会保障、解决困难、风险救助等层面入手，制定出台更多的“关爱”措施，让广大村干部“病有所医、困有所帮、老有所养”，进一步提升村干部的获得感、存在感和幸福感。

（二）共同攻关，化解矛盾

（1）加强团结，照顾里子面子。一方面，镇上要安抚好卸任干部，协商好卸任时的待遇补足，使其心悦诚服。另一方面，村社要尊重和关爱卸任干部，给予其足够的尊重。村社干部要适时与卸任干部加强沟通交流，重大事项多咨询卸任干部意见，让他们继续发光发热。

（2）集中攻坚，解决疑难杂症。针对个别村小组的历史遗留问题，由镇领导干部三人、法律调解员、村社“两委”班子、前小组长、小组老党员、有威望的小组村民代表一起研究讨论，集中攻坚问题，端正态度思想，理清来龙去脉，讲清利害关系，着眼长远发展，共谋对策办法。等有了结果，再召集两个小组召开组员大会，化解矛盾纠纷，通过民主选举出大家公认的组长，组长也承诺依法办事，公正对待，绝不偏心。对于无理取闹，阻碍正常办公的村民或居民，既要镇和村社干部耐心细致地做好思想工作，同时法律调解员也要晓之以法理，阻止其胡搅蛮缠。

（3）积极争取，助力共同发展。一是积极协调争取财政支撑力度。有关部门要结合乡村振兴项目、公共基础设施建设等，在财政资金、政府投入等各个方面给予优惠和照顾，引导各部门的资金、技术等资源向村级流动、薄弱环节流动、逐年适度增加建设项目和经费，不断改善农村环境。二是经常召开本村社成功人士座谈会，号召本社村成功人士积极赞助，对本村社成功人士回乡投资的，给予政策范围内的最大优惠，鼓励他们为家乡发展多做贡献。三是做好群众思想工作，把群众发动起来，自己动手美化环境等，力争在推进重点项目的时候，逐步扩大范围，带动周边发展。

（4）努力作为，构建和谐村社。一是加强教育引导。针对一些留守老人依赖思想严重的问题，抽出一定时间与留守老人聊天交心，或者安排老人在村社的“红色亲情室”与其子女视频聊天，增强对村社干部的理解和包容。二是积极调解矛盾。村社干部和群众信得过的“代言人”通过“红色议事堂”，积极调解群众矛盾纠纷，实现小事不出组、大事不出村或社区，努力构建村社和谐。三是完善评价机制。在村社干部多次努力后，仍不能满足投诉人意愿时，在热线电话中设置一个允许村社干部提供解释的选项，给予村社干部解释的权利，使上级更加公正合理全面地看待投诉事件。

（三）精简务实，基层减负

（1）统筹人员，灵活安排。村社面对各级各种调研检查，一方面村社自身要具备两名村社干部讲解员，同时派驻每个村社的第一书记和镇上的联村干部也应具备对该村社的讲解能力，从而使村社常备三四名讲解员。根据实际情况，灵活安排村社书记、第一书记、联村干部进行讲解，缓解村社干部的工作量。

（2）加强沟通，筛除重复。各部门之间加强沟通协作，筛除重复事项，精简各种资料和微信群，联合找软件开发商重新设计，使开发的 App 具有及时更新功能，能纳入某个村社或某个镇的村民、居民的全部信息，使县镇等各级部门可根据需要查找提取相关信息，而村社只负责录入和更新有关信息，相对减少 App 软件的使用量，进而减少基层村社干部工作量。

（3）精简资料，求真务实。上级有关部门克服形式主义，精简资料要求，尤其是村社干部应接不暇的微信群和报表。首先，镇县干部在传达上级文件时，自己先要仔细读懂文件资料的要求，而不是直接转发给村社干部，当村社干部询问时才发现自己不清楚，到处询问而耽误时间。甚至一知半解地传达给村社干部，等他们做好后，才发现不符合要求需重新做而浪费时间。其次，县镇干部能够自己完成的工作，不要依赖村社干部。

（4）科学安排，给予理解。“上有千条线，下面一根针。”上级布置的工作最终都会落到村社干部肩上，致使村社干部的工作量非常大。镇县在下达任务时应多考虑村社工作实际，科学下达任务，给村社干部留足时间。在安排任务、检查工作时还要给予理解，留够时间，顾及难处，切勿脱离实际。

（四）勇于探索，推动发展

（1）学习成功经验，依靠科技治理。积极借鉴我县研经镇全国乡村振兴示范村——王家沟村的“云平台积分管理办法”，结合本村实际，与中国电信合作打造本村积分管理平台。“云平台积分管理办法”，包括“新村建设、奖励惩罚、社会治安、公益美德、和谐家庭”5 大类 69 个评分项目，内容涵盖治安巡逻、安全检查、举报检举、协助执法、民意收集等，每一项内容对应相应分值。云积分由基础分（100 分）、加分和扣分三部分组成，采取“线上+线下”的方式申报积分。按照“一月一审”和“线上+线下”的方式实时公示更新，并随时接受村民查询和监督，形成相互监督、学习、追赶的氛围。运用公开透明的积分制，有利于调解村民矛盾，搞好邻里关系，提升社会治安，使村级管理更加具有亲情化、实体化，对人员等情况掌握也更加立体化、全面化。

（2）健全服务机制，方便群众生活。坚持以村社群众为中心，以村便民服务室（党群服务中心）为阵地，以村组干部为主体，建立健全群众“办事不出村”服务机制。梳理与村社群众利益密切相关的社保、医保、残联、民政、退役军人、计生、农牧、水电气费代缴等事项，分析汇总后报县级相关部门，形成全县统一的“办事不出村”的服务事项清单。县级相关部门对照清单，梳理申办条件、申报材料、办理流程、办理时限、咨询电话等，形成“一事一册”的办事指南，并印发到村。村社确定 2 名熟悉电脑、智能手机等设备的专职办事员，具体负责事项办理工作，实行 AB 岗，每天负责对辖区内需直办或代办事项进行收集汇总并建立台账，对代办事项按权限及时办理或报送县级部门办理。县级业务主管部门对直办事项完成情况进行复核，对代办事项开设绿色通道提速办理并及时反馈办理结果。县级各部门和村社还要推广“网上办理”，真正实现群众事务村里办、证件村里领、信息村里查、困难村里帮，做到群众办事不出村。

（3）勇于探索实践，壮大集体经济。发展壮大村集体经济，需要解放思想、转变观念，消除思想障碍，遵循市场经济规律，结合村社所辖地域特点和实际情况，积极探索多途径、多元化增收新路子。①如光伏发电型：井研年平均日照 1 100 多小时，可在村社周边地势高无遮挡的荒山上发展光伏发电，获得电费收入。②房地出租型：一是利用集体经济专项资金，改建简装空闲房屋，依市场行情出租而获得收入；二是利用集体经济专项资金，用挖机翻新整理全村空闲土地，再将土地打包出租给种植业主，赚取整理土地前后的差价。③收益分红型：寻找新的有实力、讲诚信的合作组织或大型个体业主，每年按收益分红不低于本金的 6%签订合同，合同到期时集体资金必须回到村上账户。若对方发展困难，集体经济仅损失一年的收益，便于及时拿回本金。④劳务收入型：一是村级组织培育一批家政、保洁、餐饮服务人员、产业工人等，对外承接劳务服务；二是村社区自己组建施工队，由施工队去竞标本村或其他村的修路、堡坎、建厕所垃圾池等小型修建项目，施工队纯利润的 15%左右作为集体经济收入。

总之，2021 年是“十四五”开局之年，是全面建设社会主义现代化国家的开启之年。我们要一抓到底，抓重点、攻难点，要积极书写好村建制调整改革的“后半篇文章”，以更高的站位、更实的举措，加快基层治理体系和治理能力现代化建设，切实把改革成果转化为发展红利和治理实效，促进乡村振兴。

参考文献

[1] 做深做细工作 高质量推进村级建制调整改革[EB/OL].（2020-04-30）. https://www.sc.gov.cn/10462/10464/10797/2020/4/30/57687cdbb1f545b9acdc42d17b0c342f.shtml.

[2] 习近平强调：建设一支宏大高素质干部队伍[EB/OL].（2013-06-29）.http://www.xinhua net.com// politics/2013-06/29/c_116339948.htm.

[3] 井研县王家沟村：今天，你积分了吗？[EB/OL].（2021-07-28）.https://leshan.scol.com.cn/ts/202107/58229356.html.

[作者简介]

伍鹏宇（1980— ），男，汉族，四川乐山人，中共井研县委党校教育股股长、讲师，主要研究方向：党建。

宋智平（1973— ），男，汉族，四川乐山人，原中共井研县委党校常务副校长，主要研究方向：党建，公共管理。

汪志恒（1964— ），男，汉族，四川乐山人，中共井研县委党校一级主任科员，主要研究方向：党建、法学。

曾静（1974— ），男，汉族，四川乐山人，中共井研县委党校高级讲师，主要研究方向：行政管理。

李进（1980— ），男，汉族，四川乐山人，中共井研县委党校办公室主任、讲师，主要研究方向：经济。

何贤（1988— ），男，汉族，四川乐山人，原集益镇党委副书记，主要研究方向：区域经济。

“大园区抱团发展　小园区自主经营”集体经济发展模式探讨
——以井研县三江镇发展集体经济为例

余莉　宋智平　伍鹏宇　余海　郭伯军

【摘　要】发展村集体经济是实现乡村振兴的必由之路。三江镇党委创新思路，探索出“大园区抱团发展、小园区自主经营”的集体经济发展模式，成效喜人，但也存在一些问题。课题组通过走访调研，提出抱团发展、壮大村级集体经济的对策建议：健全抱团体系，探索发展新路；抓好人才建设，彰显“团队”力量；聚焦“五主”功能，整合发展优势。

【关键词】集体经济；抱团发展；自主经营

发展壮大村集体经济是强农业、美农村、富农民的重要举措，是凝聚党心民心、巩固执政基础的重要抓手，是实现乡村振兴的必由之路，是做深做实四川省“两项改革”“后半篇”文章的必然要求。

井研县是典型的丘区农业县，全县 840 平方千米，人口约 40 万，是劳务输出大县。两项改革后，全县辖 14 个镇、1 个街道，含 96 个建制村、23 个社区。2019、2020 年来，井研县发展集体经济的相关情况如表 1、表 2 所示。

表 1　2019、2020 井研县村集体经济收入情况

项目 / 年份	集体经济收入/万元	增幅/%
2019	549.7	0
2020	702.5	24.7

表 2　2020 年井研县村级集体经济收入分类情况

数量 / 金额	数量/个	占比/%
10 万元以上	17	17.7
5 万~10 万元	37	38.5
5 万元以下	42	43.8

由表 1 看出，2020 年，全县集体经济较 2019 年增幅达 24.7%，增长速度较快。由表 2 看出，2020 年，全县 96 个村，集体经济 10 万元以上的村只有 17 个，集体经济发展现状堪忧。其中，年收入 10 万元以上的 17 个村，三江镇占了 3 个。因此，本调研以三江镇作为样本开展。

一、三江镇探索“大园区抱团发展 ，小园区自主经营”集体经济发展模式

（一）背景介绍

三江镇位于井研中南部，距离县城 13 千米，距离乐山城区 29 千米，全镇面积 30.73 平方千米，其中耕地面积 1.78 万亩，以农业为主。全镇总人口 1.55 万人，辖三江村、解放村、新胜村 3 个行政村和 1 个社区，44 个村民小组。2016 年至 2019 年全镇村集体经济人均收入情况如见表 3 所示。

表 3　2016—2019 年三江镇村集体经济人均收入情况

年份	2016	2017	2018	2019
村集体经济人均收入/万元	0	6	8	10

由表 3 看出，2017 年开始发展集体经济，连续三年涨幅不大。

2020 年年初，三江镇党委积极探索，创新思路，以资源整合为手段，以公司化经营为载体，打造“抱团核心”，各村团结协作，大胆探索实践“大园区抱团发展，小园区自主经营”集体经济发展模式。所谓“大园区抱团发展”，是指以三江镇党委牵头，团结镇域内兄弟村党支部抱团发展，充分整合人才、人脉、资金等资源，共创集体经济产业园，共谋集体经济发展路径。“大园区抱团发展”的优势在于既能适度规模化发展，又能解决融资困难、降低各种风险。所谓“小园区自主发展”，是指以村集体股份经济合作社为载体，自主流转土地，因地制宜、灵活自主发展产业，在技术、销售方面可以搭乘大园区便车，有效降低成本。其特点是自主经营，灵活自由，自身调节力强。

（二）具体做法

（1）坚持问题导向，创新思路明方向。三江镇党委坚持问题导向，党委书记组织召开班子会，把发展村集体经济作为重点工作，开展专题研讨：一是通过“请进来”“走出去”等方式带领村“两委”干部学习了几十家农业产业园的做法，开阔视野、转变思维；二是党委书记带队组建农技工作组，逐村调研，摸排可利用资产资源；三

是召开集体经济发展壮大座谈会，明晰出路与方向；四是创新思路，拟定了发展壮大三江镇村级集体经济方案——“大园区抱团发展、小园区自主经营”的发展模式，搭建起集体经济发展“骨架”。

（2）坚持抱团发展，大园区联合经营。全镇 3 个村集体股份经济合作社抱团共建，组建三江镇集体股份经济联合社，依托解放村依山傍水、风景秀丽、交通便捷的自然优势，在解放村集中经营大园区“花树湾生态农业园”，通过支付租金的形式，流转土地 600 亩，抱团发展生态农业园，按照专业合作社运行规程实体运行联合社。

（3）坚持自主经营，大园区带动小园区。各村紧跟大园区发展步伐，因地制宜提出自主发展思路，搭上大园区产业便车。新胜村依托本村水土便利条件，发展水库、鱼塘生态鱼养殖 105 亩。新胜村、解放村依托本村高标准农田建设，自主流转 150 余亩农田发展稻鱼、稻虾、稻蛙、稻鳅生态养殖。新胜村、解放村、三江村联合引进业主发展藤椒产业 2 600 余亩，打造藤椒产业基地，探索藤椒深加工。

（三）运作模式

（1）组建联合社。全镇 3 个村级集体股份经济合作社合资入股，组建三江镇集体股份经济联合社（简称镇联合社），并在银行开设基本账户，确立其市场主体地位。镇联合社根据各村入股资金的多少决定股份占比。三个村入股占比如图 1 所示。

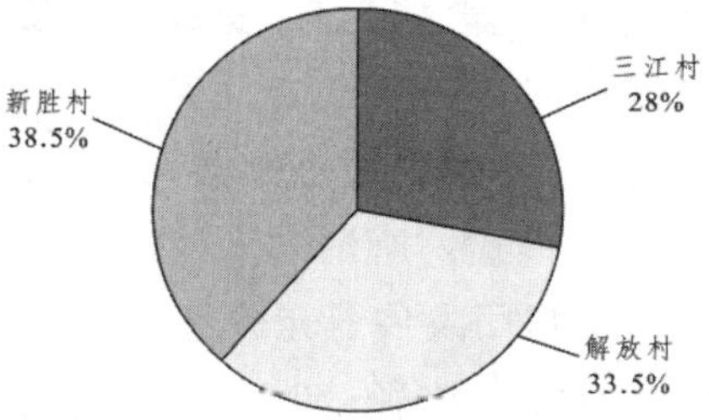

图 1　三个股份占比

三个村共同经营花树湾生态农业园区，收入分配以年终大园区的纯收入计算，具体分配如图 2 所示。

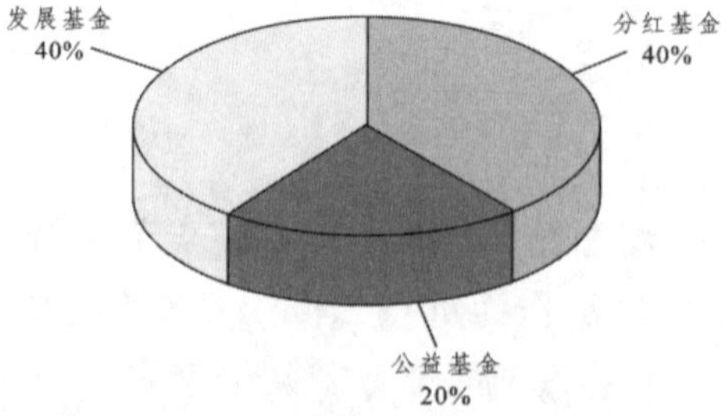

图 2　三个村收入分配

其中，40%用于3个村分红，各村分红按入股比例分配；20%作为大园区的公益基金；40%作为园区的发展基金。镇联合社设监事会、理事会、法人代表，分别由3个村集体经济股份合作社理事长兼任，推选出三江村书记阮华伟为法人代表。

（2）成立管园团队。在镇联合社旗下成立四川省花树湾生态农业发展有限公司（大园区），实行公司化运作，设管理人员“3+3”人，“3”指镇联合社成员3人，其中设执行董事长1名（三江村支部书记、联合社法人代表）、总经理1名（解放村副主任）、监事1名（新胜村书记）具体负责园区运营。后一个“3”指三江镇党委政府选派的从事兽医、林业、水坝管理的3名镇机关干部，他们到园区蹲点指导、监督，保障园区高速发展，聘请村民在园区务工，就地解决村民就业问题。

（3）严格财经管理制度。大园区的财务由镇党委直管，安排专人负责，统筹股东的股资和全镇农业项目及经费，实施打捆经营，优化利用，重点用于花树湾生态农业园。

（4）成立志愿队。各村组建一支由党员、热心群众、退休老干部、入党积极分子组成的20~30人志愿服务队，在节假日、播种期、收割期、赏花、采果、销售以及重大节庆活动等时段开展多样化的志愿服务。

（四）取得成效

（1）园区双向发力，集体经济喜人。一是大园区抱团发展强竞争。大园区目前已建成优质火龙果采摘园180亩、樱桃采摘园200亩、莲鱼藕虾生态养殖220亩。2020年，园区600亩土地均实现收益，年销售收入达55万元以上。如今的花树湾生态农业园已抱团发展为宜居宜业宜游的集生态旅游、观光采摘、休闲垂钓、农耕体验为一体的农业园区。二是小园区自主经营有前途。3个小园区借助大园区“东风”，大力发展种养殖，2020年内收益共20余万元。全镇发挥抱团优势，以大带小，以小促大，2020年三江镇农民人均可支配收入达1.6万元，村均集体经济17万元，人均达41元。

（2）党群关系融洽，人心信心提振。三江镇通过抱团发展和自主发展产业，村均集体经济实现了从“零”到17万元的飞跃。村级集体经济有了经费，镇联合社拿出8万余元公益基金，主动对接群众需求，完善基础设施，推进民生补短工程，提振了村民发展致富的信心，增强了组织凝聚力，融洽了党群干群关系。

（3）集体经济有余，基层治理提升。村级集体经济发展有了余粮，村容村貌极大改善，基层治理有了较大改观。先后修订完善村规民约；探索“家庭文明积分”；组织教师节、重阳节等大型文艺会演，在潜移默化中“约”出农村文明新风尚。开展“美丽村道”“美丽家园”建设，美丽村庄正在形成。

二、三江镇发展村级集体经济存在的主要问题及原因分析

（一）发展村级集体经济路径较窄，影响力小

（1）可用资源较少。三江镇发展集体经济面临“三无”困境，无村办集体企业、无集体资源、无发展渠道，可利用的资源非常有限，村级组织自身“造血功能”不足。

（2）产业模式单一。“产业兴旺是乡村振兴的重要基础，是解决农村一切问题的前提。”三江镇村级集体经济收入来源于种养殖类，靠种植优质火龙果、藤椒、莲藕，养殖稻田鸭、稻田鱼、小龙虾，产业发展无独特优势，市场竞争力较弱。且种养殖受天气、疾病、市场影响波动较大，存在风险。集体经济仅靠这种单一模式很难长久维系。

（3）农旅融合不够。目前，三江镇主要通过各种网络宣传，举办插秧节、丰收节等节庆，开展插秧、收割稻谷、钓小龙虾、稻田捉鱼、捉鸭子活动。园区平时宣传不够，活动开展少，影响力不够。农旅融合不到位，一产带动三产乏力。周末游、节假日游、近郊游等可供消费的项目较少，村集体经济餐饮、娱乐设施较少，消费拉动不够，集体经济增收较弱。

（二）大园区“抱团发展”渠道较窄，规模较小

抱团发展的路径不宽泛，集中体现为资金、资源、人力方面的抱团。抱团的范围较小，仅仅是镇域内抱团，存在一定局限性。抱团发展的规模不大，大园区只有 600 亩，小园区只有 20~30 亩左右，很难实施设施化农业。

（三）大小园区志士能人较少，管理不规范

（1）缺乏工作人员。花树湾生态农业园工作人员少，经营管理人员皆由村“两委”干部和机关干部兼任，缺少专业化队伍。大园区仅 6 人，小园区也仅有 3 人，皆是村干部兼职（未兼薪），村两委的本职工作任务较重，园区的事宜多且杂，他们精力有限，压力较大，有时也力不从心，完全是靠着一腔情怀为村集体工作。

（2）缺乏技术人才。目前三江镇大小园区的种养殖技术仅依托本村熟手，镇政府的农技人员，他们的技术主要在经验层面上，很少有机会参加系统培训，遇到疑难问题无法解决，不能满足园区发展需求。

（3）缺乏管理人才。大小园区管理人员偏少，且无专职人员，园区普遍缺乏既懂经济、法律，又懂管理的专职人才、职业经理。

（4）缺乏营销人才。村集体产业不仅要求农产品质量好，也需要一支善营销的团队运作。目前，留在家乡的年轻人较少，懂网络销售的人更少，销售方面存在短板。

（四）发展集体经济政策受限，掣肘较多

（1）土地政策制约，一地难求。目前，村级可供开发的存量土地资源基本被挖尽，剩下的多数是基本农田，一般农田和林地数量较少，而耕地（基本农田、一般农田）红线不可触碰。在产业发展过程中，业主要新修设备用房或管理用房，在基本农田区域是根本不行的。只能考虑在一般农田上建，并逐级向镇国土所、自然资源局报备，经批准后方可实施。

（2）项目政策掣肘，融资困难。农业产业发展是一项投入大、见效慢、有风险的行业。三江镇能撬动的社会资金为零，争取到的项目种类不多，对村级集体经济项目扶持力度不大。金融政策收紧，信贷支农力度不够、抵押政策不够宽泛等，造成融资难，阻碍了集体经济的发展。

（3）政策效用受限，后劲不足。一些优惠措施、扶持政策缺乏操作性、持续性，无法落地落实。如有些政策是短期性的、甚至一次性的，部分业主是奔着优惠政策来的，由于政策不连续，加之引进业主后，党委政府关心、扶持不到位，业主经营受挫，土地租金无法兑现，导致业主跑路，给村民和村级集体经济带来恶劣影响。

三、抱团发展、壮大村级集体经济的对策建议

（一）健全抱团体系，探索发展新路

（1）健全抱团体系。一是全面完成“三资清理”。以镇（街道）为单位，整合镇域内各村集体资金、资产、资源，联合成立全资集体经济公司。二是建立健全制度。完善公司内控管理制度、财务制度、资金风险防控管理制度、监督制度。探索公司制管理、市场化经营模式，用制度管钱管权管事。三是拓宽抱团发展的面。探索资源、产业、品牌、营销抱团等模式；打破行政区划抱团，探索村域、镇域、县市域抱团，实施强强联合、强弱结合，抱团取暖，协同发展。

（2）探索发展模式。拓宽思路，积极探索发展村级集体经济新途径。一是承接社会服务。城郊、临近街道的村可承接集镇市场管理工作；有交通优势的村可建停车场、洗车场，让村集体经济有稳定收入。二是盘活固定资产。可利用废弃厂房、闲置校园和政府所在地等资源，利用扶持资金打造农旅服务中心、乡村特色农家乐、民宿等增加村集体经济收入。三是自主商贸经营。开设村集体超市、集体经济农家乐，坚持食材原生态，主打乡村记忆和“妈妈菜”特色。四是探索“飞地项目”。与市、县及其他镇村抱团，联合筹资，共同发展农旅产业、设施农业、观光农业，实现优势互补。五是村企合作，提供劳务服务。成立集体经济劳务服务有限公司，与企业签订劳务派遣协议，为其招工做好服务，通过收取一定的劳务管理费增加集体经济收入。

（3）打造特色品牌。一是园区适度规模经营。可通过流转土地、土地股份合作、土地托管等形式，扩大生产经营面积。二是合力建设高标准园区。镇党委统筹镇域优势资源，整合农业项目，高标准建园区，实现“五网”配套，完善基础设施。三是坚定走“特色”路子。可按照 “因村制宜，一村一策、一村一品、几村一品”的要求，成片打造，发展一批特色产业，走原生态、“小而精”的高端路线，打造自己的特色，擦亮品牌。

（二）抓好人才建设，彰显“团队”力量

（1）配强领军人才。把政治觉悟高、管理能力强、技术水平高的人员选任进集体经济组织、村两委常职干部，进一步提升基层党组织和村级集体经济组织的整体素质。

（2）下派得力人才。县委可选派一批政治坚定、综合素质高、有农村工作情怀的年轻机关干部到村任“第一书记”或驻村工作队员，助力乡村振兴。完善考核办法，将乡村振兴、脱贫村的后续发展、村级集体经济增收等纳入驻村干部的重要职责和年度考核项目，每半年考核一次。健全激励机制，建议：每年对优秀驻村干部实施精神和物质方激励；从每届优秀驻村干部中考录 1~2 名副科级干部，畅通政治通道，激发工作热情。

（3）引育专业人才。建议从高校毕业生中引进涉农专业人才加以培养利用；以镇为单位，每年聘请农业专家、农技师到田间地头指导培训 1~2 次实用技术；以县为单位，与四川农业大学、省农科所、县行政学校、职业技术学校合作，联合基层科技推广员，对创业业主、技术骨干、职业农民进行培训，培养更多的“土专家”“田博士”，为乡村振兴、集体经济发展储备实用人才。

（4）组建服务团队。充分整合人力资源，构建“科研机构+基层农技推广+新型经营主体”的农业科技服务模式。根据村级集体经济发展项目需求，组建专业技术指导团队，为产业发展、集体经济提供智力和技术支撑。

（三）聚焦“五主”功能，整合发展优势

（1）党委主导是前提。一是提高政治站位。充分认识村集体经济是社会主义市场经济的重要组成部分，明确发展壮大村级集体经济的重要性与紧迫性，将其作为政治任务来抓。二是组建集体经济发展专班人员。县级由乡村振兴办牵头，镇级由党委副书记分管，村级由支部副书记抓落实，联合社由法人代表统揽。选拔 3~5 名无职党员、村民代表充实园区管理团队，打造专兼职结合、分工合作的高效团队，也可引进第三方专业管理团队经营。三是科学规划。坚持问题导向，结合村情民情，区域实际，在镇党委统一规划下制定《××村产业发展规划》，明确产业发展方向。四是出台优惠

政策。各级党委政府要认真研究发展壮大村级集体经济、强农惠农支农的各项政策，做好对接。建议县级层面加快出台集体经济长效管理办法，制定补助标准，明确经费投入来源，确保长效管理落实。出台地方优惠政策、扶持政策，注意政策的连续性。建议县委政府与金融部门协调，在涉农贷款方面给予免息、低息的优惠政策，适当降低贷款门槛、简化贷款程序。五是加大财政扶持力度。进一步完善财政转移支付制度，对村级的专项投入和各类补助要及时足额拨付到位，有效使用，保证村级组织正常运转。加大向上争取力度。加强与相关部门联系对接，加大上级政策、项目、资金争取力度，积极为村级集体经济发展提供平台，减轻镇级财政与村集体的开支负担。六是整合资源。统筹农业农村局、水务局、自然资源局、生态环境局等部门的项目资源，合理分配，打捆使用，向重点项目、集体经济倾斜。

（2）支部主责是关键。支部要挑起发展集体经济的重担，一是加强对“三支队伍”的管理。可通过抓班子队伍、党员队伍、农村留守群体三支队伍，通过严格落实“三会一课”“主题党日”等组织制度，把思想教育、“实用技术培训”和“农民夜校”统筹起来，常态化开展教育活动。二是用好用活党群服务中心。夯实党支部思想、队伍和阵地基础，把好方向之舵、紧盯重点群体、打牢农村根基，让党群服务中心成为党群联系的纽带，成为群众愿来、爱来、常来之地。三是改进工作方法，有效利用载体。村党支部可通过“三亮一评”（“流”即亮身份、亮承诺、亮服务，“一评”即评议党员）工作法，乡村治理“333”工作法，开展“四室一厅”“感恩食堂”等活动，始终抓紧党员队伍这根绳，把标杆竖起来，把群众拧在党支部这根绳上。四是探索“坝坝问政”方式。以“坝坝”为载体，建“坝坝墙”亮身份、开“坝坝会”亮承诺、唱“坝坝戏”亮服务、吃“坝坝宴”亮成效，建立起以党的基层组织为领导，干部、党员率先示范，带动村民广泛参与的体系，让全村党员、村民看到基层组织公开透明的行动、带领全村发展致富的决心，从心底里认同组织，激发村民发展产业的愿望。

（3）村民主体是根本。村民是乡村的守护者，是乡村振兴的生力军，是发展集体经济的主角。一是解放思想，提升主人翁意识。积极了解政策形势，转变思想，强化主体意识和主人翁责任感，变“要我发展”为“我要发展”。二是出谋划策，积极参与村级工作。发展、壮大集体经济是村民的共同责任。引导村民积极融入基层党组织和村民自治组织，主动行使自己参与发展集体经济的决策、管理、监督的权利，反映情况，提出意见建议，为集体经济的发展出谋划策、添砖加瓦。三是强化学习，不断提升综合素能。抓住学习机会，认真参加各级各类技能培训和实践活动。加强自学，重点关注营销、管理类，逐步掌握一门以上的技能，为发展集体经济贡献自己的力量。四是榜样示范，村民主动跟进。有条件的党员村民率先发展产业，带头壮大集体经济，发挥好先锋模范作用，引导发动村民自主参与集体经济发展。

（4）业主主创是基石。发展集体经济，离不开产业发展，离不开业主的创新创造。

一是业主要有乡村情怀。只有热爱农村、农业、农民，对这片土地有着深厚感情的业主才会用心经营土地。积极引导乡贤、本土成功人士、涉农大学生返乡创业，他们具有较强的故乡情结，工作容易开展。 二是业主要有较高的综合素质。必须具备良好的身体素质、较强的投资实力、先进的生产技术、丰富的市场信息、成熟的管理经验、过硬的创业魄力。业主只有敢于创新，锐意进取，有强烈的事业心、责任感，产业才有希望，村民心底才踏实，集体经济才有着落。三是业主要有实干精神。要勤干苦干，舍得吃苦；要勤奋学习，博览专业丛书；要肯钻研，找准自己产业的优势与短板，扬长补短，将优势做到极致。只有扭住产业这根绳，抓住业主这个牛鼻子，集体经济才会持续增长，乡村振兴才有支撑。

（5）股份主联是桥梁。发展股份合作经济是社会主义市场经济的必然选择，是未来发展方向，股份合作经济组织在社会主义市场经济活动中起到桥梁纽带的功能。务必要建立架构完善的村集体股份经济合作社，组建一支结构合理、能力出众、专兼职结合的管理队伍。厘清职责，分工合作，科学管理，规范操作，公开财务运行，始终把为全体村民服务作为宗旨，把增加集体经济收入作为首要职责，认真做好生产生活服务、资产经营、资产管理、资产积累和收益分配等，充分发挥集体股份经济联合社的纽带作用。建议对兼职的管理人员给予一定报酬，或配以 1%~2%的红利干股。

[作者简介]

余莉（1973— ），女，汉族，四川乐山人，中共井研县委党校高级讲师，主要研究方向：党建。

宋智平（1973— ），男，汉族，四川乐山人，原中共井研县委党校常务副校长，主要研究方向：公共管理。

伍鹏宇（1980— ），男，汉族，四川乐山人，井研县委党校讲师；主要研究方向：党建。

余海（1981— ），男，汉族，四川乐山人，原中共井研县委党校副校长，主要研究方向：党建。

郭伯军（1973— ），男，汉族，四川乐山人，原三江镇党委书记，主要研究方向：区域经济。

“成乐一体化发展”夹江先行试点的思考

陈纪恩 彭雯 曾学东 翁里 张小玲

【摘　要】推动成渝地区双城经济圈的建设是构建以国内大循环为主体、国内国际双循环相互促进的新发展格局的一项重大举措。对于夹江如何在成渝地区双城经济圈建设这个国家战略当中抓住机遇，主动融入成乐一体化发展，先行先试，探索出夹江的经验，推动县域经济高质量发展具有十分重要的意义。

【关键词】成乐一体化；先行试点；主动融入

2021 年，夹江县委县政府提出：围绕“旅游兴市、产业强市”发展主线，突出“园区建设攻坚年”工作主题，紧扣“1+4+3”目标体系（“1”即建成全省县域经济发展强县，“4”即建成全省实施乡村振兴战略工作先进县、成都平原经济区营商环境第一县、全国绿茶出口第一县、全国文明城市，“3”即建设乐山旅游第三极、成乐一体化发展先行示范区、高新技术转化应用产业基地），保持经济社会持续健康发展和社会大局稳定，在夹江高质量跨越式可持续发展中迈出坚实步伐，奋力开创夹江“十四五”发展新局面的奋斗目标。

一、建设夹江成乐一体化发展先行示范区的支撑条件

（一）从国家层面来看

2020 年 1 月召开的中央财经委员会第六次会议提出，要推动成渝地区双城经济圈建设，在西部形成具有全国重要影响力的增长极。

2020 年 10 月 16 日中共中央政治局召开会议，习近平总书记主持会议审议了《成渝地区双城经济圈建设规划纲要》。

2020 年 10 月 26 日至 29 日，中国共产党第十九届中央委员会第五次全体会议在北京举行，针对我国“十四五”的规划，会议审议通过了《中共中央关于制定国民经济和社会发展第十四个五年规划和二〇三五年远景目标的建议》，其中“加快构建以国内大循环为主体、国内国际双循环相互促进的新发展格局”，更具有纲举目张的作用。

连续三次会议，确立了我国经济发展趋势，意味着中国经济发展方向从主要的向东向大海，正在转变为“陆海内外联动、东西双向互济”。

推动成渝地区双城经济圈的建设是构建以国内大循环为主体、国内国际双循环相互促进的新发展格局的一项重大举措。成渝地区双城经济圈与已经形成的京津冀、长三角、粤港澳经济圈，将形成一个占全国经济总量七成以上的巨大菱形空间，形成“北有京津冀、东有长三角、南有粤港澳、西有成渝”的中国区域经济格局。

（二）从省市层面来看

2020年7月10日，中共四川省委召开十一届七次全体会议审议通过《中共四川省委关于深入贯彻习近平总书记重要讲话精神 加快推动成渝地区双城经济圈建设的决定》，提出：“培育壮大区域中心城市，强化区域中心城市与重庆、成都的协同联动，优先承接功能疏解和产业外溢，增强经济和人口承载能力……支持乐山参与共建巴蜀文化旅游走廊、打造以光伏全产业链为重点的‘中国绿色硅谷’，推动成都平原经济区一体化发展。”

2020年7月15日—17日，中共乐山市委召开七届十次全体会议审议通过《中共乐山市委关于深入贯彻习近平总书记重要讲话精神加快融入成渝地区双城经济圈建设的决定》，把夹江、井研作为成乐一体化发展先行示范区。2021年11月召开的乐山市第八次党代会提出全面融入成渝地区双城经济圈建设，推动经济社会高质量发展，打造成渝“后花园”，推动井研县、夹江县北向融入天府新区发展，建设成眉乐一体化发展先行区。

（三）从县级层面来看

2021年9月召开的夹江县第十五次党代会报告中提出：加快建设成乐一体化发展示范区。全力融入成都、对接成都、配套成都、服务成都，畅通交通联系，推进产业配套，深化区域协同，共建营商环境，共享公共服务，率先融入成乐一体化发展。

（四）从夹江自身具备的条件来看

夹江，地处乐山北大门，与天府新区的眉山市毗邻，与省会成都市仅仅相距110千米。夹江是中国西部瓷都，历史悠久，工业基础雄厚，旅游资源丰富，夹江县境内有成乐高速、乐雅高速，成昆铁路穿境而过，国道省道四通八达，属“成都一小时经济圈”。同时，夹江生产要素富集充裕，夹江县民间资本富集，2020年全县各项存款267亿元，贷款140亿元，存贷比52%，存贷比上升空间广阔，为夹江产业的发展提供了坚实的资金保障。天然气供应充裕，夹江是全国唯一实行阶梯气价政策的产区，天然气均价 2.1 元/立方米，低于其他产区 30%左右。县内有国电、乐电两家供电公司，日供电 470 万度。企业可享受直购电、丰水期富裕电价、雅砻江留川电量、全省水电消纳示范区政策等电力政策。

二、建设夹江成乐一体化发展先行示范区存在的问题

（一）全县经济总量不大，创新能力不强

2020 年，夹江县虽然克服了新冠肺炎疫情和特大洪灾带来的影响，主动破难题、解困境，经济总量达到了 215 亿元，但总量依旧较小，在全市居第五，与全市排名第一、第二的市中区和峨眉山市相差总量分别达到了 216 亿元和 137 亿元。一是夹江县固定资产投资基数虽然较大，但产业大项目不多，投资增长后劲不足。二是面临经济下行的趋势，企业融资困难，民间投资信心不足。三是夹江县域经济处于结构调整关键期和转型升级攻坚期，工业经济增速放缓，产业核心竞争力不强，传统产业多数处在价值链低端。四是创新驱动尚未成为发展主引擎，新旧动能转换、转型升级任务还很重。

（二）交通基础设施还存在短板

一是交通规划中的个别干线公路路网工程、农村公路因地形复杂，建设成本过高，县财政财力有限等原因没有实施。二是部分交通重点项目（如 G245 线夹江青州至新场段新改建工程）因前期要件办理，以及建设用地指标等问题进度不理想。三是农村道路质量参差不齐，村与村、社与社之间还有不少断头路。四是“8.18”水毁国省干道、农村公路、桥梁等还急需修复。五是县内旅游环线、农业产业环线还有待提升和修建。

（三）镇村社建制改革后，遗留问题较多

一是镇的权力扩大了，但财力还没能与之相匹配。虽然夹江县出台了《镇级财政管理改革方案（试行）》，明确了镇税收分享机制，但在现有镇实施起来困难重重，如何引进新的企业，培植新的税源，都需要自己找出路。二是村的规模变大后，村社干部的服务“跟不上”。建制调整前平均 1 个村（社区）干部服务 500 多名群众，1 个社也就最多 600~700 人，建制调整后村（社区）平均面积和人口分别达到 7.8 平方千米和 3 631 人，最大的村（社区）达到 17.4 平方千米和 13 067 人，最大的村（居）民小组人口达到 8 330 人，1 个村（社区）干部服务的群众达到 1 000 人左右。许多

村社干部都坦言吃不消，太累了，工作量远远大于建制调整前，导致村社干部的服务“跟不上”，群众有怨言。三是村集体经济发展参差不齐，导致村合并并未真正融合。合并的村有的集体经济发展壮大，收入可观，有的村集体经济收入微薄，合并后，集体经济合并使用，群众意见很大，致使还是各用各的，并未真正融合。四是村级班子相互融合还不足。建制调整后，实行书记、主任一肩挑，其他村干部就抱有“有事找书记，让书记去办，等书记表态”的态度，在无形中造成沟通上的困难，导致村级班子融合度不够。

（四）营商环境还需进一步加强

夹江县提出了要打造成都平原经济区营商环境第一县的目标，前期做了大量的工作，但差距仍然存在：一是市场主体发展数量和规模在全市范围内与市中区、峨眉山市等差距明显。截至 2020 年 6 月底，夹江县在册市场主体总量 19 241 户（其中企业 3 635 户、个体 15 606 户），市场主体总量居全市第 4 位，落后于市中区（50 435 户）、峨眉山市（26 428 户）、犍为县（23 097 户）。二是相对集中行政许可权改革后劲不强。夹江作为全省第二批、乐山第一批开展相对集中行政许可权改革试点的县，从推动审管分离到实行流程再造，再到全面提升审批效率，改革成果明显，为全市行政审批制度改革提供了不少“夹江经验”，但 2020 年以来，被犍为县、峨眉山市等区县不断赶超。三是审批服务向基层延伸不足。镇（街）政务服务人员结构不优，正式编制人员少，窗口管理还有待加强，空岗现象较普遍，距“一门办”还有差距。四是“一中心”“一平台”建设进展缓慢。夹江县市民服务中心和夹江县智慧城市大数据平台建设进展滞后。五是部门、镇（街道）重视程度尚有差距。被动应付多，主动创新少，参与积极性不强，“人人都是营商环境”氛围尚未形成，群众参与度不高。

（五）新冠肺炎疫情的影响仍然存在

新冠肺炎疫情的影响仍在持续，不稳定不确定的因素明显增加，县域经济的发展必然会受到一定程度的影响。

三、成乐一体化发展夹江先行示范区的建议

（一）一体化发展，交通要先行

一是明确“融入乐山、对接成都”交通发展战略，积极融入“成都一小时经济圈”和乐山中心城区。加快建设成乐高速扩容项目，争取夹江至浦江高速路和峨眉至荥经

县高速路过境建设，利用好现有的成雅高速，形成“三纵一横”的高速公路路网。二是抓住省委、市委布置的建设“巴蜀文化旅游走廊”“世界重要旅游目的地”等重大任务的机遇，建设一批特色旅游公路，加强交通站场建设，建设成都进入乐山的旅游门户区。三是加快推进国省道路提档升级，优化完善干线交通网络，提高服务水平。四是打通村社断头路。五是完善产业道路。六是利用好铁路交通运输。七是完善“建、管、养、运、安”体系，配套完善交通服务设施。

（二）一体化发展，产业要承接

一是引进重点企业和科技人才，促进产业协同配套，加快建设民用核技术应用、先进材料、绿色建材、食品轻工等特色产业基地，建成全国重要的民用核技术特色产业基地、全国领先的陶瓷特色产业基地、成都平原经济区有显著影响力的先进材料特色产业园区、全国绿茶出口第一县。二是深化区域合作。在成渝地区双城经济圈中紧盯成都平原经济区的发展，实施“对标极核、跟跑成都”发展战略，主动出击，与成都平原经济区的县（市、区）结对发展，共享发展经验，创新发展模式。三是配套发展成渝地区双城经济圈生产生活服务供给产业，力争建成成渝地区重要商品猪生产和优质蔬菜供给基地。四是紧扣重点区域、重点群体、重点节点全力招商引资，在先进材料、文化旅游、现代农业等领域广泛合作，充分发挥夹江商协会的作用，力争引进“553”（世界 500 强、国内 500 强、行业前 3 强企业）企业和行业龙头企业落户夹江。

（三）一体化发展，园区要建强

一是强化规划引领，打造现代化魅力园区。结合国土空间规划和“十四五”规划，科学确定规划范围，将新场先进材料产业园、吴场高端陶瓷产业园、木城民用核技术产业园纳入经开区“一区三园”范围进行规划布局，科学规划园区功能布局，统筹生产区、商务区、办公区等城市功能建设，促进新型城镇化发展，构建“生态、生产、生活”三生融合的产业新城形象。统筹规划、高标准建设电力、燃气、供水、通讯、道路、防汛、治污等基础设施，配套完善信息、技术、金融、仓储、物流、标准厂房、公用写字楼等公共服务平台。

二是促进产业发展，打造高质量活力园区。以提质增效、转型升级为核心，立足经开区原有产业基础，依托民用核技术产业园、高端陶瓷产业园、先进材料产业园等特色园区，构建以民用核技术、绿色建材、先进材料、食品加工为代表的现代工业产业体系，不断增强园区产业的综合实力和影响力。在园区内打造一批主业突出、核心竞争力强的大企业、大集团。实施中小企业培育计划，走专业化、精细化、特色化发展道路的中小企业，使其逐步成长为专精特新“小巨人”企业、单项冠军企业。抢抓成渝地区双城经济圈发展战略和新西部大开发重大机遇，重点围绕民用核技术、碳纤维、高纯金属、石墨烯、永磁稀土、高端陶瓷等重点产业，大力招商引资，全力引进一批“553”企业和行业龙头企业，形成全闭环产业链条。

三是提升创新能力，打造创新型绿色园区。推动园区产业协同创新发展，重点围绕民用核技术应用、航空复材、高纯金属材料、新型陶瓷等产业，建立园区公共服务平台和孵化平台，加快推进园区科创中心和高端航空复合材料研究院项目建设。发挥企业创新主体作用，深化与科研院所、大专院校战略合作，推动企业自主或联合建立重点实验室、技术研发中心、工程技术中心等创新载体，实施关键核心技术攻坚，提高科技成果转化利用率。坚持“控制增量、盘活存量”，合理、节约、集约、高效开发利用土地。严把项目入园门槛，严禁高污染、低效益项目上马，加大环境违法行为查处力度，强化园区环境安全监测监控体系建设，推行环境污染第三方治理，推进现有企业实施环境优化、系统节能、危险废物循环利用和绿色技术改造等，建设循环化、绿色低碳园区，走资源消耗低、环境污染小、技术含量高的新型工业化道路。

四是深化体制改革，打造高效率服务园区。主动融入成渝地区政务服务平台，对标成渝两市先进政务服务理念，设立园区行政审批中心，推进大数据平台智慧化建设，积极探索“全域通办”创新经验，全面推行审批服务“马上办、网上办、就近办、一次办”，逐步实现企业办事“上一张网、进一个门”“最多跑一次”甚至“一次都不跑”。

（四）一体化发展，环境要提升

一是加快建设市民服务中心。夹江建成“成都平原经济区营商环境第一县”的最大亮点就是建成“夹江县市民服务中心”，建成后的“夹江县市民服务中心”，将容纳所有的行政审批、政务服务等窗口，方便群众实现真正的“进一道门、办所有事”。

二是积极营造营商环境建设良好氛围。充分利用各种媒体、载体，大力宣传优化营商环境相关政策，营造“人人都是营商环境”氛围，拉近群众与政府的距离，让群众实现沟通“零障碍”。

三是推进镇（街道）便民服务中心规范化运行。让各基层站所统一入驻镇（街道）便民服务中心，实现真正意义上的“一门办”，形成县、镇（街道）、村三级政务服务“一张网”。

四是优化营商环境全力推进夹江融入成渝双城经济圈。夹江已经出台《关于深入贯彻习近平总书记重要讲话精神加快融入成渝地区双城经济圈建设的决定》和《关于优化提升“六大环境”争创成都平原经济区营商环境第一县实施意见》，形成了全域齐抓营商环境的工作合力和格局。要加快提升“六大环境”，在“行政审批环境”方面要再提速，持续压缩审批时限，提升审批质效；在“政务服务环境”方面要再提质，提升政务服务数字化水平，实现县域内要素资源同质化，打通政务服务“最后一公里”；

在“社会诚信环境”方面要再提升，严格兑现政府承诺，坚决杜绝政务失信，推进县域社会信用体系建设，健全完善信用“红黑榜”奖惩机制；在“法治保障环境”方面要再加强，全力打造公平正义法治营商环境，把制度化建设作为优化营商环境的源头和根本保障，促进严格规范公正文明执法；在“生态宜居环境”方面要再进步，坚定走好绿色发展道路，提高全民生态文明素养，实现人与自然共融发展；在“线上线下环境”方面要再升级，打通数据壁垒，促进“互联网+政务+监管”能力提升，推动县级政务资源和公共数据逐步“上云”，互联互通。

（五）一体化发展，治理要跟上

一是提升基层治理能力。坚持党建引领，加强基层治理组织领导，在构建起“1+9+95+783”[1 个县委、9 个镇（街道）党委、95 个村（社区）、783 个村（居）小组]基层治理工作体系的基础上，积极探索“支部建在组（居）”基层治理模式，形成“镇（街道）党委—村（社区）党委—村民小组党支部”三级党组织构架，有序推动社会治理和服务重心向基层下移，着力构建“一中心”党群服务中心+N 站（小区业委会、养老服务站、青少年活动站、志愿者服务站、矛盾纠纷调解站、公益服务站等）的社区服务体系，发挥群团组织作用，引导社会组织、志愿服务积极参与基层治理。

二是推进乡村产业振兴。坚持“富脑袋”和“富口袋”并重，结合村（居）委会换届选举，配齐选强村（居）委会干部，完善乡村人才振兴机制，大力培养高素质专业农民队伍。坚定走特色化差异化发展之路，采取“特色镇+农业园区（产业园）”等模式，加快打造一批产业集聚、功能复合的特色镇、特色村、特色组，发展新产业新业态，推动农旅深度融合，一二三产业融合发展。稳步发展新型农业经营主体，加快建设形成“龙头企业+农民专合组织+基地+农户”的规模化经营模式。鼓励村组成立集体经济发展社会化运营主体，利用各类优质资产，整合各方资源资金，壮大集体经济，培育发展动能，带动群众增收。

三是优化城镇功能品质。深化镇村组改革“后半篇”文章，科学统筹制定一镇一规划，实现国土空间、基础设施、产业发展等多规合一，形成“一核两心五点”的小城镇布局体系（即 1 个县城核心、2 个县域经济副中心、5 个重点场镇），为新型城镇化奠定基础。

四是构建和谐文明新风。以创建国家级文明城市为契机，以“六镇同创国家卫生镇”为抓手，促进农村人居环境整治与农村基层治理有效融合，用社会主义核心价值观和优秀中华传统文化教育群众，充分发挥村规民约的行为规范和道德底板作用，通过开展“最美家庭”“最好邻居”等评选活动，推进农村移风易俗，加快培育文明乡风、良好家风、淳朴民风，开展形式多样的文艺文化活动，丰富农村文化生活，不断提高乡村社会文明程度。

“成乐一体化发展”已经为夹江提供了坚实的政策支撑和优越的条件，夹江应抢抓机遇，不断完善内部条件，坚持以成渝地区双城经济圈重大战略实施为引领，深入贯彻落实中央、省、市决策部署，加快融入成渝地区双城经济圈，推动县域经济高质量发展，为乐山提供“成乐一体化发展”的夹江经验。

参考文献

[1] 中央人民政府：习近平主持召开中央财经委员会第六次会议[EB/OL].（2020-01-03）[2021-09-20].http://www.gov.cn/xinwen/2020-01/03/content_5466363.htm.

[2] 中国共产党第十九届中央委员会第五次全体会议公报[EB/OL].（2020-10-29）[2021-09-20].http://www.xinhuanet.com/politics/2020-10/29/c_1126674147.htm.

[3] 中共四川省委十一届七次全体会议公报[EB/OL].（2020-07-10）[2021-09-20].https://www.sc.gov.cn/10462/10464/10797/2020/7/10/48ade0fbae554a6e97d314f515456ffe.shtml.

[4] 中共乐山市委召开七届十次全体会议公报[EB/OL].（2020-12-10）[2021-09-20].http://www.leshan.cn/html/list-dtt/2020/12/11/view_B1AFB14EEAA930E5.html.

[5] 四川省委发布加快推动成渝地区双城经济圈建设的决定[EB/OL].（2020-07-16）[2021-09-20].http://liuyan.people.com.cn/n1/2020/0716/c58278-31785641.html.

[作者简介]

陈纪恩（1977— ），男，汉族，四川成都人，中共夹江县委党校副校长，主要研究方向：基层治理。

彭雯（1965— ），女，汉族，四川夹江人，中共夹江县委党校教师，主要研究方向：党建。

曾学东（1967— ），女，汉族，四川夹江人，中共夹江县委党校教师，主要研究方向：党建。

翁里（1981— ），男，汉族，四川夹江人，中共夹江县委党校教师，主要研究方向：党建。

张小玲（1971— ），女，汉族，陕西长武人，中共夹江县委党校职工，主要研究方向：党建。

沐川打造“中国紫茶之乡”的调查与思考

杨小微 张仲 王海 史扎阿洪

【摘　要】沐川是四川省乐山市下辖县，位于四川盆地西南，长江上游岷江、大渡河、金沙江之间的三角地带。据《沐川县志》载，明代已有茶商运茶至嘉州（今乐山）、叙州（今宜宾）出售。2009年，一枝春公司与四川农业大学茶学系共同组建的“茶树种质资源调研组”，在沐川县建和乡下坪村4组村民董明浩的荒地内（海拔1 200米）发现了一株小叶种的新梢芽、叶、茎均为紫色的茶树，属植株型紫茶树珍品，取名“紫嫣”。“十四五”期间，沐川县委县政府借助占乌蒙山地区富硒含量首位优势，提出打造“富硒”+“中国紫茶之乡”的发展愿景，并制定《沐川县茶产业高质量发展工作方案》，取得阶段性成效，但同时还有一些问题亟待解决。

【关键词】沐川；打造；“中国紫茶之乡”

沐川属四川省乐山市下辖县，位于四川盆地西南，长江上游岷江、大渡河、金沙江之间的三角地带。据《沐川县志》载，明代已有茶商运茶至嘉州（今乐山）、叙州（今宜宾）出售。1950年全县茶园面积达9 106亩，发展至1965年，沐川已成为全国万担产茶县之一。改革开放之初，沐川是全省20个重点产茶县之一，素有“茶乡”之称。截至2020年，全县茶园面积达到22.5万亩，茶叶干茶产量达到1.9万吨，产值达到8.5亿元，占农业总产值的52.45%，茶农人均增收3 000元以上。

四川一枝春茶业有限公司原为国有农垦企业，始创于1956年的“四川省乐山专区茶场”，1962年更名为“四川省沐川县国营椒子坪茶场”，1993年组建为“四川沐川茶叶集团公司”。2002年3月集团公司转制后，组建“沐川县一枝春茶厂”，2007年9月更名为“四川一枝春茶业有限公司”（以下简称“一枝春公司”），现为沐川茶叶龙头企业。2009年，一枝春公司与四川农业大学茶学系共同组建的“茶树种质资源调研组”，在沐川县建和乡下坪村4组村民董明浩的荒地内（海拔1 200米）发现了一株小叶种的新梢芽、叶、茎均为紫色的茶树，属植株型紫茶树珍品，取名“紫嫣”。

紫茶受世人追捧，缘于陆羽《茶经》说：“阳崖阴林，紫者上，绿者次。”紫茶中的花青素具有抗氧化、清除自由基；呵护肌肤，抗衰老；提高免疫力；降低血糖；消肿化瘀，促进血液循环，抑制炎症反应，预防慢性代谢性疾病；改善睡眠，改善视力水平等功效。其抗自由基氧化能力是维生素 C 的 20 倍、维生素 E 的 50 倍。紫嫣的到来，为一枝春公司与川农大的合作带来发展新篇章，也为沐川茶业发展提供了一个难得机遇。

一、沐川紫茶产业发展的基本情况

（一）沐川“紫嫣”茶的研究取得突破

川农大唐茜教授团队和一枝春公司将该单株移栽于四川一枝春茶业有限公司茶树品种资源圃内，当年秋季进行扦插繁殖，发现该茶树夏、秋梢也呈紫色，并建立品比园进行正规品种试验。川农大唐教授团队中的杨纯婧发表于《中国茶叶》的《高花青素紫芽茶树新品种紫嫣》（2020 年第 9 期）一文公布了研究成果，以云南“紫娟茶”为参照，其理化指标如下：“紫嫣”3 年的平均一芽二叶产量为 3 895.50 千克/公顷，比对照品种“紫娟”高 5.83%。加工品质：“紫嫣”绿茶外形匀整，色青黛；汤色蓝紫清澈，如淡紫色葡萄之汁；有嫩香、蜜糖香，滋味浓厚尚回甘；叶底柔软，色靛青，口感好，没有一般紫茶的苦涩味，品质优于对照。“紫嫣”所制红茶外形乌润、有毫，香气浓郁、有甜香，汤色较红亮，滋味甜醇、爽口，叶底尚红稍暗，综合品质稍低于对照。“紫嫣”春季新梢平均一芽二叶水浸出物含量 45.49%，花青素含量 2.73%，其中花青素含量高于对照“紫娟”17%（“紫娟”花青素含量 2.33%）。同时，分别采用绿茶和红茶加工工艺制作茶样，其主要生化成分含量，“紫嫣”茶样的主要内含物含量与紫娟接近，但绿茶样中的花青素含量明显高于紫娟（129.6%），红茶样本中的花青素含量与对照差异不明显。另据中国农业科学院茶叶研究所副所长、研究员江用文主编的《中国茶产品加工》（上海世纪出版股份有限公司、上海科学技术出版社，2011）一书中的研究结论为：普通茶叶中花青素含量占干物重 0.01%左右，紫芽中花青素含量可达 0.5%~1.0%。而沐川“紫嫣”的花青素含量是普通绿茶的 273 倍，是一般紫芽茶花青素含量的 1~3 倍。在目前全球五株紫茶（浙北顾渚紫笋茶、云南大叶种“紫娟”紫茶、贵州望谟“八步紫茶”、非洲肯尼亚紫茶、沐川“紫嫣”紫茶）中，虽发现最迟，却居首位。国内其他地方所说“紫茶”，多为紫芽，是茶园中的偶然变异，不具有遗传的稳定性，与“紫嫣”这样的植株型紫茶没有可比性。

（二）沐川“紫嫣”的品种认定和繁育取得成功

一枝春公司与川农大合作始于 20 世纪 90 年代，长达二十余年。2011 年，一枝春公司被批准建立“四川省茶树品种繁育推广中心”。自建立中心以来，公司与川农大施嘉璠教授、唐茜教授两代人合作，现已构建了“五园”（种质园、母本园、品比园、苗圃园、示范园）配套的茶树良种繁育体系，建设了茶树良种繁育基地 2 450 余亩，引进和选育了茶树品种（品系）317 个，成功培育了“川沐 28”“川沐 217”“川茶 2 号”“川茶 3 号”等 4 个省级茶树良种。“一枝春”品牌系列产品获中国本部农业博览会“优质农产品奖”“四川知名品牌”“四川名茶”称号。自发现“紫嫣”后，当年（2009 年）秋季进行无性扦插繁殖，2000 年开始扩繁。2011 年进行正规品种试验，收集了 6 年内该品种的生物学性状、适应性、抗性、产量、品质及相似对照紫芽品种“紫娟”的相关数据，并引种至雅安名山、宜宾等地区，品比和区试效果明显。该品种于 2017 年 9 月获植物新品种权证书（品种权号：CNA20 120 455.2），2018 年 6 月通过国家非主要农作物品种登记[登记编号：GPD 茶树（2018）510 007]。这是四川省近年来唯一的新品种登记品种，异常珍贵，并获得“从茶鲜叶中提取、纯化、鉴定花青素的方法”专利。同时，一枝春公司以“紫嫣”为母本，采用人工杂交和天然杂交的方法，新培育上百个紫茶新株，其中有几个单株比母树紫嫣还更优异，其茶树芽、叶、茎的颜色更深更黑，初测花青素含量更高于母树 1 倍有余，已培育沐川紫嫣的二代种“紫嫣红”等特色产品。截至 2021 年，一枝春公司已建成“仁厚紫茶园”“李家山紫茶园”“五马坪紫茶园”“云顶紫茶园”等共计 1 295 亩。

（三）县委县政府高度重视

2017 年至 2019 年，沐川已完成全县土地质量化学调查，在调查的 102 万亩土壤中，富硒土壤达 48.5 万亩，在乌蒙山片区 38 个贫困县中面积最大、含量最高，暂居乌蒙山地区首位，富硒成为沐川产业发展的一张金字招牌。立足富硒土壤资源，以及沐川传统茶产业特色，沐川县委县政府提出打造“中国紫茶之乡”发展愿景，并列入十四五规划，制定《沐川县茶产业高质量发展工作方案》，以马边河和沐溪河流域为重点，建设茶产业发展核心区，马边河流域重点打造出口茶产业带，沐溪河流域重点打造富硒茶产业带，建设牛郎坪、马边河、李家山、高笋、利店等 5 个茶叶现代农业园区，启动紫茶“国家地理标志”认证程序，以“精深加工、茶旅融合”为主要路径，强力推进紫茶特色产业发展，规划至 2025 年年底，全县茶产业基地稳定在 22.5 万亩，建设出口茶产业带 10 万亩、富硒茶产业带 10 万亩，茶叶机采面积达到 8 万亩以上。计划在五马坪、富新镇等地打造紫茶核心示范带，2022 年紫茶基地计划发展到 5 000 亩，2025 年达到 1 万亩，实现紫茶基地标准化、规范化建设，保障有足够的原料用于科研及产品开发，并形成一定的紫茶产品投放市场。规划全县茶园全面实现无公害农产品认证，绿色农产品认证达到 13.5 万亩、有机农产品认证达到 5 万亩，培育市级以上品牌企业 5 家以上，力争紫茶产业成为农业产业振兴的新增长点。

二、沐川紫茶产业发展中存在的问题

（一）研发资金不足，新产品开发缓慢

截至 2021 年，沐川已投资建成省级现代农业茶叶万亩示范区 5 个，“三品一标”基地 30 个，重点培育一枝春、晓三月等茶企 10 余家，发展茶叶加工企业 60 余家，培育一枝春、晓三月、乐乐山、丰勋汇、一芽香、佳木缘、元峰、贵宾茶厂等产销一体化重点茶企，培育茶叶专业合作社 18 个，注册茶叶商标 20 余个。富新镇牛郎坪投资上亿元，改建成集观光旅游、茶叶种植的现代茶叶园区。虽有重金投入，但多用于园区建设、种苗补贴方面，而对紫茶的品种研发和产品开发却没有资金安排，其任务全都落实在一枝春公司身上，川农大的项目资金微薄，难以支撑紫茶的品种研究、产品开发。目前的研发还只是停留在品种研发上，而且对产品研发还停留在传统的单一茶饮料上。中国整个茶叶市场已趋于饱和，开发紫茶市场一方面是高端饮料，对消费人群有选择性，另一方面尚无品牌效应，打开市场需要新产品的突破，如开发紫茶花青素的化妆品、茶粉等系列产品。

（二）沐川茶叶市场管理混乱，影响扩大生产规模

一枝春公司目前有母本苗基地 30 亩，公司的繁育能力，按亩育苗 30 万苗，成活 20 万苗，每亩栽种茶苗 2 000 株计算，一亩种苗地可繁育 100 亩成品苗茶地，现有 30 亩母本苗基地一年就可繁育 3 000 亩。也就是说，一枝春茶业有限公司要扩大规模发展，在繁育技术上没有问题。但调研中发现，一枝春不愿扩大规模，其原因是目前沐川的茶叶市场混乱，担心有损紫嫣茶的品牌。沐川的茶叶市场管理混乱有以下几个方面表现：

（1）种植品种杂乱繁多。据调查，沐川目前有福选 9 号、名山 131、川沐 28、中茶系列等茶叶种植品种约 16 个。专业产茶村种植品种杂乱繁多，甚至同一地块种植品种亦有多个。新开发的牛郎坪茶叶示范区，政府投资改造了基础设施，如道路、土地整理、水池建设等，但因土地没有流转，属土地整理后交给农户自己经营性质，又无统一的品种选择、种植管理等指导性意见，也无专业合作社的统一管理，农民栽茶，不懂品种，哪个品种便宜就选哪个。甚至有个别不法商贩，以次充好，以假充真，兜售品质很差的茶苗。目前，全县老旧茶园多，改造缓慢，新栽种茶地，品种不一，同一品种规模都不大，为将来茶叶的品质、品牌、产量上的发展埋下隐患，极不适宜今后茶叶精细化、集约化、规模化发展。

（2）种植管理混乱。茶叶种植分采摘名优茶（独芽或一芽一叶）和机采名优茶及机采大宗茶。两种采摘方法在种植要求上不一样。如机采茶园对窝距、行距、品种、栽种方式都有特别要求，若农民在种植前没有接受培训，没有按统一要求，没有现代

茶园建设意识，没有监督检查验收标准，随机种植，种法乱象，无法做到分类采摘，将为未来采摘留下隐患。

（3）生产管理混乱。表现在：①滥施农药化肥。从全县来看，施用化学肥料多，施用有机肥少，造成土壤板结、地力下降。部分茶农在茶园中使用除草剂，造成土壤有机磷含量增加。杀虫剂、生长调节剂施用过程中存在品种选择不当、过量使用和不按安全间隔期采摘，致使茶产品农药残留检测超标。森态源公司出口欧洲袋泡茶原料，除李家山有机茶基地提供的原料药残等指标合格外，非有机基地（含马边）的原料都不符合检测要求。乐乐山公司送检 6 款产品，只有一款通过钓鱼台国宾馆检测并被选中，而这款产品的原料来自该公司自己管理的基地。②质量监管缺位。乡镇均缺乏专技人才；各乡镇配备的农残速测仪仅能检测鲜叶农药残留，且使用率不高；多数茶叶加工厂缺乏检测设备；县农产品质量安全检测站因缺乏必要设备、专技人员，也只能检测鲜叶且抽检数量少。③混采混装突出。因品种杂乱，茶农无法区分品种采摘叶，即使鲜区分品种采摘，鲜叶商贩收购后亦未区分品种收购，影响茶叶加工品质。④老旧茶园改造进度缓慢。改造老旧茶园受改造成本大、奖扶政策不明确、紫茶经济前景不明朗等因素制约，改造步伐缓慢。由于以上原因，影响了一枝春公司扩大规模，公司规划发展到 2025 年依然保持在 1 295 亩规模上。

（三）品牌无序，紫茶品牌难以形成

（1）区域公共品牌缺乏。全市 5 个茶叶重点县，沐川是唯一一个没有茶叶区域公共品牌的县。茶叶产品的精品研发停滞不前。

（2）茶企品牌实力不强。全县的 20 多家企业已申报 20 多个茶叶品牌，几乎是一企一牌，但每个品牌的产量都比较少，多以初加工为主，生产炒青、烘青等大宗绿茶，产品单一，市场占有率低，对外影响力小，多数成为某知名品牌的贴牌加工厂。

（3）“紫嫣”品牌打造从零开始。云南“紫娟”茶树是云南省农业科学院茶叶研究所选育的植物新品种保护权品种，属普洱茶变种，大叶类，茎、叶、牙均为紫色，已在全国范围内推广种植，开发有“紫娟茶”产品并已上市。而沐川“紫嫣”从零开始，市场有一个接受期问题，需要从理化指标、商标注册、市场推广等方面进行宣传，逐渐打造沐川“紫嫣”品牌。

三、打造“中国紫茶之乡”的建议

（一）投入研发经费，开发新产品

“紫嫣”的新品种研发和产品研发需要科技介入，也需要一个较为漫长的过程。“紫嫣”系列新品种需要进一步开发，品质需要进一步提升。特别是在茶叶市场饱和

的情况下，沐川茶要站稳脚跟，更需要科技投入，研发精品茶叶产品。既要研究茶饮品，也要针对沐川20余万亩的茶叶规模，研究茶叶的深加工延伸产品，如化妆品、茶粉、保健品、烹调用茶、茶食品等（如日本茶叶深加工延伸产品就有抑制脂肪吸收的“黑乌龙茶”、抑制血压升高的“胡麻麦茶”、速溶茶等）。特别是开发解决深秋季剪枝后的老茶叶剩余价值产品。因此政府在规划对茶产业发展中，宜每年安排部分资金用于研发上。充分利用川农大的科技力量，充分利用一枝春“四川省茶树品种繁育推广中心”等资源，招商引资，开展茶叶深加工延伸产品研发，对研究的新品种和开发的新产品，实行项目补助、获奖补助、认证补助、验收奖励等，既减轻企业发展负担，又激发企业研发热情和动力，尽快促成新品种培育和新产品研发。

（二）加强茶叶产业发展的全链条管理

对茶叶发展重点乡镇，增设编制，配备专业人才，成立茶叶发展促进机构，加强茶叶产业发展的全链条管理。

（1）加强茶产业发展的布局规划。以紫茶为主，兼顾发展绿茶等多元化产品，进一步扩大沐川茶产业规模，提升产业价值；优化茶叶品种结构，依据海拔、富硒土壤分布，合理规划布局主推品种，实现品种与园区相对集中连片，推行标准化、宜机化生产，全力打造富硒茶产业带；依托“四川省茶树品种繁育推广中心”科研能力，不断选育地方优良品种，加大富硒茶品种科研开发。

（2）加强种植户培训。对重点发展茶叶乡镇，定期开展种植户打卡培训。将县上发展茶叶产业，打造“中国紫茶之乡”的要求，种植、生产制作、品牌销售等要求，通过乡镇统一培训到位。

（3）加强品种推荐、检查验收。由专人负责，全县主推2~3个品种，并对这些品种进行差别式补助奖励，其他杂牌品种一律不补助。对以次充好、以假充真的扰乱种子市场的行为，采取执法打击。

（4）加强种植指导。在全县的茶叶规划园区中，区分人工采摘园区和机采茶园区，二者无论在品种选择和种植要求上都不一样。如建设机采茶，对种植的品种、窝距、行距等，早已有“八条规范”，但因无人指导而让种植户茫然不知。政府应对此进行种植规范。特别是紫茶尚无分散种植的情况下，政府可以制定强制性的种植规定。

（5）加强生产指导。制定茶叶管理指导意见，推进标准化生产，加强茶叶生产管理宣传，严禁施用除草剂，提倡机械除草，提倡有机肥料施肥。茶叶加工厂要配备检测设备方可动工生产，凡是药残超标茶叶，一律拒收；建立产品溯源制度，对药残超标茶叶要追究责任；对出境茶叶（含鲜叶和干叶）一律实行药残抽检，由执法局对药残超标产品进行曝光销毁。

（6）加强人才培养。发挥好现有技术人员的作用，夯实服务机制和责任，建立激励机制，重点对产业发展有突出贡献的科技人员予以奖励；推行补贴性政策支持企业招用专业技术人员，提高科技服务保障能力；积极整合人社、扶贫、农业等各类培训资源，大力开展职业茶农、示范社、初制加工、精制加工、市场营销等各类组织的人才培训，努力提高茶叶产业从业者素质。

（7）加强品牌管理。首先要建设区域化品牌。紫嫣品牌要建立在一个区域性的公共大品牌之上，才易于推广。利用沐川 48 万亩富硒土壤优势，以紫嫣紫茶为特色，以精品产品为龙头，利用定期制作和播放专题片、电商、微信、公共平台抖音等手段，向社会公开征集沐川茶叶公共区域品牌。其次，要整合部分产能小的品牌，重点培育出几个产能较大的绿茶知名品牌，实施“公共区域品牌+企业品牌”双品牌战略，引领沐川茶叶进入各级各类市场。最后，对各级各类参展评获奖品牌实行政府奖励，充分调动各茶企制作好产品的积极性。

（三）加强紫茶文化建设

虽然我县产茶历史悠久，但对茶文化的挖掘、整理、宣传、普及工作没有积极有效开展，文化建设助推产业发展的应有作用发挥不够，今后要坚持茶旅融合精品化。

（1）挖掘茶文化。依托紫茶特色，打造茶景点，培植茶作品，建设茶博物院，开发茶品菜，征集茶文化文章、茶音乐、茶美术作品，设置茶文化展厅，培育以茶为媒体的地方特色文化。

（2）建设紫茶宣传平台。适时举办全县或全国性的“茶叶节”“品茶日”“茶文艺表演”等茶事活动，以茶产业带动旅游产业和文化产业的发展，以旅游产业和文化产业的发展助推茶产业的壮大。

（3）围绕茶旅融合发展做好“十四五”期间乡村旅游规划。加快构建“多点连线、多线成面”的乡村旅游发展格局；拓展茶产业功能，大力开展生态茶园观光、休闲旅游，建成“五沐茶韵”富硒茶农业公园，积极推动茶旅结合、互促共赢，积极构建一三相融的复合业态。

[作者简介]

杨小微（1972— ），女，汉族，四川犍为人，沐川县委党校办公室主任，主要研究方向：区域经济学、行政管理。

张仲（1965— ），男，汉族，四川沐川人，沐川县委党校教育股股长、讲师，主要研究方向：中国特色社会主义理论、地方文化、农村经济。

王海（1965— ），男，汉族，四川沐川人，沐川县委党校讲师，主要研究方向：乡村振兴、村级治理。

史扎阿洪（1986— ），男，彝族，四川峨边人，沐川县委党校助理讲师，主要研究方向：党的建设、地方史。

乡村振兴背景下乡村依法治理的调查与思考
——以犍为县为例

王苇 张强 吴玲

【摘　要】乡村依法治理既是全面推进依法治国、实现治理体系和治理能力现代化的重要基础，也是后脱贫时代推进乡村振兴、做好乡镇行政区划调整和村级建制调整“两项改革”“后半篇”文章的重要命题。随着全面推进依法治国和创新社会治理的推进，犍为县乡村依法治理取得了极大进步，但同时也还存在主体缺位、认识偏差、基础薄弱、手段不新、协同不够等问题。在全面推进乡村振兴战略的背景下，乡村依法治理必须强化党组织核心领导作用，提高基层干部法治思维和能力，增强群众的法治意识，强化乡村法治队伍建设，培育乡村法治文化环境，构建共治共享格局。

【关键词】乡村振兴；依法治理；调查

犍为县地处成渝地区双城经济圈边缘和成都平原与川南两大经济区联结地带，属全省 65 个丘陵区县之一，经济发展水平处于全省 183 个区县中位，正处于区位格局加速跃升、发展潜力加速释放的重要阶段，在全省丘陵区县中具有较强的代表性和典型性。系统分析探究该县乡村依法治理的现状及其问题，探寻新形势下进一步提升乡村依法治理水平的路径对策，不仅对当地具有现实指导意义，也对同类地区具有参考价值。本文选取犍为县作为样本，在学习借鉴县域乡村依法治理理论与实践成果、深入调查掌握犍为乡村依法治理现状的基础上，结合乡村基层在依法治理方面出现的普遍现象和突出问题，有针对性地深入分析原因，探求解决问题的路径对策，以期为县域层面乡村依法治理提供参考，服务基层社会治理和乡村振兴。

一、乡村依法治理的政策理论探究

（一）乡村依法治理是乡村治理创新的重要任务

2018 年，中央出台一号文件——《中共中央国务院关于实施乡村振兴战略的意见》明确提出“建设法治乡村”目标任务。2020 年 3 月，中央全面依法治国委员会印发《关于加强法治乡村建设的意见》作为建设法治乡村的指导性文件，明确到2022年，努力实现涉农法律制度更加完善，乡村公共法律服务体系更加完善，基层执法质量明显提高，干部群众尊法学法守法用法的自觉性明显提高，乡村治理法治化水平明显提高；到2035年，达到乡村法治可信赖、权利有保障、义务必履行、道德须遵守的具体目标，乡风文明达到新高度，乡村社会和谐稳定开创新局面，乡村治理体系和治理能力基本实现现代化，法治乡村建设基本完成。在上述重要文件中，明确乡村依法治理是法治乡村建设的六大任务之一，并详细列举了法治思维、法定程序等十二个方面的具体要求，为推进乡村依法治理指明了方向。

（二）推进乡村依法治理必须坚持党的领导

坚持和加强党对乡村依法治理的领导，是确保这项工作始终沿着正确方向发展的政治保证。推进乡村依法治理，必须坚持农村基层党组织领导地位，充分发挥其战斗堡垒作用和党员先锋模范作用。具体而言，主要体现在通过法定程序使村党组织书记担任村民委员会主任和村级集体经济组织、合作经济组织负责人，推进村“两委”班子成员交叉任职，坚持村党组织领导下的村民自治，落实好村级重大事项“四议两公开”等方面。

（三）推进乡村依法治理必须坚持以人民为中心

我们党的宗旨是全心全意为人民服务，坚持以人民为中心是新时代坚持和发展中国特色社会主义的根本立场。推进乡村依法治理，必须坚持人民群众的主体地位，做到依法治理为了群众、依靠群众、过程群众参与、效果群众评判、成果群众共享，切实增强人民群众的获得感、幸福感、安全感。在具体实践中，乡村依法治理绝不仅仅是追求“定纷止争”的浅表目标，而是要通过惩恶扬善、依法维权来树立法律权威，通过消除法治盲区提高村民法治素养，增强依法维权的意识和能力。

（四）推进乡村依法治理必须立足实际与时俱进

实事求是，一切从实际出发，是我们党的思想路线。开展乡村依法治理，应当根据乡村经济状况、历史传统、风俗人情等实际情况，因地制宜、创新探索、突出实效。要充分认识“五治”融合是乡村依法治理的关键，把政治引领、法治保障、智治支撑、自治协同、德治教化系统集成起来，形成相融共促的乡村依法治理生态，厚植乡村法治的文化本底。

二、犍为县乡村依法治理做法与成效

进入新时代特别是党的十九大以来，犍为县突出运用法治思维和法治方式推进乡村振兴，推动基层治理创新实践，在激发农村发展内生动力，促进农村经济社会全面发展上取得了明显成效。

（一）全面深化改革，乡村依法治理的组织体系明显优化

依托部门机构改革、乡镇行政区划调整和村级建制调整改革，全面建立县、镇、村三级专职基层治理组织体系，县级层面成立了县委城乡基层治理委员会，负责牵头统筹、组织协调和督导落实全县城乡基层治理工作；镇级层面成立基层治理工作领导小组，统筹组织本辖区基层治理工作；村级层面设置基层治理专干，负责本村治理工作开展。乡镇由 30 个调减到 15 个，行政村由 347 个调减到 167 个，乡镇领导班子成员由平均 8.4 人增加到 11.4 人，村“两委”常职干部由 3.9 人增加到 6.7 人，全日制本科以上学历占比提高到 42.5%，从组织和干部配备上强化了乡村依法治理的保障。全面落实村党组织书记“一肩挑”要求，全县所有村党组织书记全部通过法定程序担任了村民委员会主任，并同时兼任村集体经济组织负责人，村“两委”班子成员全面实现交叉任职，从源头和实践上充分体现了法治理念。

（二）强化统筹谋划，乡村依法治理的工作机制更加健全

强化县委对全县法治工作的领导，及时调整充实县委全面依法治县委员会组成人员，组建“执法”“司法”“守法普法”三个协调小组，确保了依法治县工作顺利实施。制定普法重点任务清单，分别由县委常委、县政府副县长挂帅，将普法工作纳入年度县委、县政府综合目标管理考评体系。县委全面依法治县委员会每年年初制发《犍为县全面依法治县工作要点》，明确全年依法治县工作重点，县委审议通过《犍为县乡村振兴法治工作规划（2020—2022 年）》《中共犍为县委全面依法治县委员会办公室督察工作实施办法》等重要文件，有力保障了基层法治的有序开展。

（三）全面立规建制，乡村依法治理的法规体系日趋完善

加强规范性文件备案审查，共指导制发规范性文件 46 件，向市委报备的规范性文件全部通过备案审查，同时严格落实规范性文件下备一级规定，加强对各镇和县级各部门党内规范性文件审查，实现应审尽审。全面建立完善村级议事协商章程和村民小组协商制度，有力保证了村级重大事项依法决策和公共事务充分协商酝酿。健全完善村民自治法规体系，结合乡村风土人情、民风民俗，引导村民在村党组织领导下依

法制定和完善村规民约，全面开展村规民约草案审核和备案，有效提升了村民群众自我管理、自我服务水平，推动形成自治与法治相结合的乡村治理格局。

（四）力量整合下沉，乡村依法治理的基础能力不断强化

推进行政执法延伸下沉，在15个建制镇选派综合执法中队，整合农业、安监、公安等部门力量和资源，明确乡镇法定行政权力事项119项，赋予乡镇县级行政权力事项55项，梳理乡镇属地事项109项，依法明确了乡镇执法主体地位，全面厘清了乡镇属地事项责任。创新基层执法方式，积极开展车载移动法庭、专项巡回法庭等创新探索，推动专业执法力量向基层下沉。大力推进乡村法治信息化、智能化建设，全覆盖实施农村“雪亮工程”，依托乡镇网上便民服务平台体系开展法律事务、法律服务“掌上办”，极大地方便了群众。

（五）多管齐下发力，乡村依法治理的震慑作为更加凸显

依法规范镇村权力运行，全面落实“四议两公开”制度，编制村级小微权力清单，并公开权力清单内容、运行程序和运行结果，同时在将县委对乡镇全覆盖巡察延伸到村的基础上，因地制宜下沉开展专项巡察和机动巡察，形成群众阳光监督、村务委员会专责监督、上级党委组织监督和职能部门专业监督构成的全程实时、多方联动监督体系。大力开展农村基层微腐败整治，通过专项整治、阳光问政、案件查处等方式，严厉整治惠农补贴、集体资产管理等领域侵害农民利益的不正之风和腐败问题。扎实推进农村扫黑除恶专项斗争，严厉打击农村黑恶势力及其“保护伞”，依法打击各种违法犯罪，严格开展村干部队伍清查清理，有力强化了乡村依法治理的震慑效果。

（六）坚持常态长效，乡村依法治理氛围风气更为浓厚

深入宣传习近平总书记全面依法治国新理念新思想新战略，全面落实“谁执法谁普法”和乡镇属地管理两个方面责任，充分利用国家宪法日、宪法宣传周和节日、集市等，集中组织开展法治宣传教育活动，确保乡村法治宣传教育落实到位。结合村级阵地建设，整合文化、法治等资金项目，全面推进法治广场、长廊、院坝等农村法治文化阵地建设，搭建群众日常学法平台。健全“普法讲师团”“家庭教育讲师团”等普法队伍，整合充实村级“法律明白人”力量，试点建立村级“法治宣传小分队”，进一步强化中小学法治副校长、寺庙“法律明白人”、村级法律顾问、法治宣传志愿服务队等法治宣传队伍成员的更新、管理和培训，深入开展民主法治示范村、法治大院、法治家庭等示范创建，增强了村民尊法学法守法用法的意识。

三、犍为县乡村依法治理的主要经验

（一）强化组织领导，抓住关键少数

县委、县政府建立了常委会议、常务会议学法制度，实行领导干部学法清单式管理，明确我国《宪法》《行政诉讼法》《行政处罚法》《公务员法》等应知应会的法律目录，于每年年初制订计划并严格执行。将领导干部学法融入中心组学习，每季度举办一次专题法治讲座。加强对领导干部任职前法律知识的考察、学法守法用法情况的督查和年度考评，把依法决策、依法管理、依法办事等考核结果作为领导干部综合考核评价的重要内容。落实领导干部任前宪法宣誓制度，培养忠诚、干净、担当和依法行政意识。

（二）抓好示范创建，提升治理能力

成功创建国家级民主法治示范村 1 个，省级青少年法治示范教育基地 2 个，市县两级法治示范镇、示范村和学法用法示范单位等 20 余个。各镇、县级各部门定期开展示范创建“回头看”，进一步巩固提升示范创建成果，并在各示范点组织开展丰富的法治宣传活动，全面发挥各示范点的典型引领作用。以乡镇为主导，形成部门合力，加大资金投入，大力推进 “诚信守法单位”“平安法治示范村”等新型示范创建工作，新创建“诚信守法单位”10 余个、“平安法治示范村”5 个。指定专人运营“法治犍言”微信公众号，更新频率提升为一周 1~2 次，并首次在微信公众号上成功举办社区矫正法网络有奖知识竞答，关注人数、点击率持续上升。创建青少年法治教育实践基地、未成年人社区矫正教育基地等新型法治教育基地，全县现有青少年法治教育实践基地 4 个、未成年人社区矫正教育基地 1 个。

（三）结合地方文化，打造特色品牌

将特点鲜明的罗城地方戏剧纳入全民文化月活动和地方旅游项目推介中，定期举行展演。挖掘法检公司和全县各部门的法治文艺创作资源，将未成年人检察工作与脱贫攻坚题材相结合拍摄微电影《人生的色彩》，反映基层法治工作的微电影《期盼》荣获全省法院系统微电影优秀奖、全省法治微电影创作大赛优秀奖，微电影《小镇情与法》荣获四川省第三届微电影大赛优秀奖、被省委政法委授予第三届“平安中国看四川”微电影比赛优秀奖。

四、乡村依法治理存在的差距和不足

犍为县乡村依法治理虽然得到了长足的发展进步，但对照全面依法治国和乡村全面振兴的要求，仍然还存在不少差距短板。

（一）思想认识有局限

一些基层干部官本位思想及“人治”观念根深蒂固，乡村治理存在重权力、轻法治的现象。乡村干部法律专业知识相对欠缺，具有法学知识背景的人偏少，对乡村基层治理的着眼点多集中在提升服务质量、提升治理效能方面，法治理念、法规知识相对欠缺，在开展工作、处理问题时侧重于如何尽快见到效果、第一时间摆平问题，对于是否符合法治精神和法治原则、是否符合法治流程等方面的问题考虑相对较少，导致在推进乡村治理时对于依法治理重视关注不够、思考谋划不深、探索创新不多。一些基层干部在思想上把依法治理与工作推进相割裂甚至对立起来，在工作中以实用经验、个人威望至上，认为自己只要能解决问题就行，符不符合法治要求无关紧要，有时甚至为了达到目的而故意曲解法规制度“打擦边球”。

（二）责任体系有欠缺

在目前对镇村的考核检查体系中，发展、安全、稳定，甚至便民服务等方面都有较为硬性、便于量化的指标要求，但在依法治理上，虽然也列入了目标考核，但相关指标多数“偏软”，导致镇村干部普遍缺乏抓依法治理的责任意识，责任压力向下逐级递减的情况比较突出。

（三）专业力量不充足

全县公检法队伍配备万人比偏低，特别乡镇警力、行政执法、司法力量严重不足，平均每个镇只有 1~2 名司法行政工作人员，远远不能满足乡村治理法治工作的需要。

（四）治理机制不健全

注重集中整治，轻视日常管理，工作表面化、碎片化问题突出，存在应付了事、突击清理的情况，没有形成长效机制。缺乏有效的过程监督、成效考评机制，场镇主要街道占道经营及车辆乱停放等有规不依的行为屡见不鲜，执法查处困难。

（五）投入保障有差距

实行乡镇行政区划调整和村级建制调整改革后，镇、村管辖面积变大了，人口基数增加了，党政工作人员工作任务更重了，但经费、人员、场所等要素保障问题还没有完全跟上，导致基层依法治理工作开展不够扎实、深度不够。

（六）人文环境有差距

乡村文化环境影响乡村治理模式，一些农村地区受传统农耕社会影响，传统的乡村治理都是采用权威管理模式，加之乡村社会是一种典型的“熟人社会”，遇到问题通常寻求私力救济和家族权威，“权大于法”“人治大于法治”的治理理念仍然盛行，宗族、家族、人情等因素对农村民主选举、民主治理等的影响客观存在，也影响着乡村治理法治化进程。

五、提升县域乡村依法治理水平的对策思考

（一）强化党组织核心领导作用

进一步健全“党建+治理”社会治理体制机制，融合推动经济发展、社会治理、文化建设等重要工作，充分发挥基层党组织在基层治理中指引方向、统筹协调、破解难点的战斗堡垒作用。要加强基层组织带头人队伍建设，落实“头雁工程”选优配强村党组织负责人，在实行村（社区）党组织书记、主任“一肩挑”基础上，继续推进村（社区）党组织书记专职化进程。不断加强基层党员干部的思想淬炼、政治历练、专业训练和实践锻炼，通过设立党员先锋岗、配齐党员工作队等方式，充分发挥基层党员先锋模范作用，让党员干部积极参与到各项治理工作中，更好地为群众办好事、办实事。深入挖掘治理能人和专业技术人才，优先把农村致富能手、返乡大学生、退役军人培养吸收入党，引导农村党员在基层治理、乡村振兴中发挥积极作用。加大返乡农民工回引力度，搭建交流平台，探索返乡创业优惠政策，激励更多有志之士返乡创业，成为乡村振兴发展的引路人和治理创新的主力军。

（二）强化基层干部法治思维和能力

推进乡村依法治理，必须强化基层干部的法治思维和依法办事的自觉性。首先要加强干部法治学习，真正做到常学法、真懂法、模范守法，这是强化基层干部法治思维的前提。其次要把基层干部是否依法办事，是否遵守法律作为考察识别干部的重要指标，优先提拔使用法治素养好、依法办事能力强的干部。要严格执法准入，实行基层干部执法人员持证上岗和资格管理制度，未经执法资格考试合格，不得授予执法资格，不得从事执法活动，决不能因为身处基层而放宽标准要求。法治导向要鲜明，坚

持把乡村依法治理成效作为衡量基层领导班子和领导干部工作实绩的重要内容，与干部评价使用挂钩，对特权思想严重、法治观念淡薄的要批评教育，对于不转变、不改正的要坚决调离领导岗位。

（三）创新方式培养群众的法治意识

要加强普法宣传教育，健全普法宣传教育机制，在乡村掀起学法、用法、守法的热潮，重点普及《民法典》等与人民群众关系密切的法律法规，让村民了解和运用基本法律法规。在全面推进基层法官、检察官、行政执法人员、律师等进乡村的基础上，加大对农村典型案例进行法治剖析的力度，让群众在活生生的案例中感受法治文明、学习法律知识，特别是要重点剖析乡村涉及较多的劳务工伤维权、婚姻家庭纠纷、人身权侵害方面等典型案例，进一步让群众学法用法，引导群众牢固树立权利、义务观念，使自觉守法成为广大群众的自发行动。

（四）强化乡村法治队伍建设

加大基层法治人才的引进培养力度，加快调优基层干部队伍结构，多渠道吸纳优秀专业人才进入基层法治队伍，培养具有法治意识和执行能力的基层干部。科学合理确定基层法治队伍编制，加强和充实基层法治队伍力量。加强乡村法律服务队伍建设，建立乡村法律服务激励机制，让更多的法律服务者进驻乡村，逐步解决乡村法律服务资源不足和法律人才缺乏的问题。创新乡村法律服务内容和形式，为乡村群众提供更加及时、更为优质的调解、咨询和法律援助等服务。

（五）培育乡村法治文化环境

首先要加强县、镇、村、组各级干部树立正确的权力意识教育，自觉摒弃陈旧的“人治”思想，不断强化法治信仰，树立尊重法律权威、崇尚公平正义的理念。要教育引导群众用法治解决矛盾、维护权益，在实践中逐步让群众明白法律不仅是个人必须遵循的行为规范，更是维护自身权利的强大武器，进而增强群众对法律的信任感。要全面系统推进法治文化环境建设，注重从乡村本土文化中汲取营养，挖掘农村法制文化资源，为培育法治文化创造良好的外部环境。要强化对先进典型的选树赞扬，对负面典型批评通报，为乡贤和能人参与乡村依法治理的搭台，增加他们的获得感和成就感，借助乡贤能人信息、智慧、资金、人脉等优势，大力推进基层治理工作。要把握工作重点，以社会治安、矛盾化解、环境整治、生态环保等突出问题为抓手，在解决实际问题的过程中健全法治基础、增进法治意识、营造法治氛围。

（六）构建共治共享格局

整合党建、审批、生活服务等各类网格，强化党组织与群团组织、社会组织的交流沟通，开展党员与群众活动共建、资源共享、事务共商，形成高效联动的协作机制。要广泛发动群众，深入落实法治和文明精神宣传工作，开展类似“清洁家园、美化乡村”、评定“公益之星”等活动，宣传优秀、表彰榜样，以点带面，切实提升参与基层治理工作的主动意识。充分利用各级党员大会、干部会、代表会，以及宣传栏、广播、电视、公众号等多元化手段，全方位、多层次加大对县域乡村治理工作目的、意义以及工作形式的宣传，让乡村依法治理家喻户晓，深入人心，让群众从“享”变为“建”和“治”，提升群众参与乡村依法治理的热度。

[作者简介]

王苇（1975— ），男，汉族，四川犍为人，中共犍为县委党校常务副校长，主要研究方向：县域经济、公共管理。

张强（1976— ），男，汉族，四川犍为人，中共犍为县委党校副校长、高级讲师，主要研究方向：政治理论、党史党建。

吴玲（1991— ），女，汉族，四川沙湾人，中共犍为县委党校教研室主任，主要研究方向：公共管理。

乐山市推进多种形式农业适度规模经营发展的实践与思考

韩琼慧 邱家胜 王雨婷

【摘　要】乐山根据地形地貌和农业资源特征，初步形成了以土地集中为核心的农业适度规模经营和以统一服务为核心的农业适度规模经营相结合的形式。与此同时，乐山农业规模化经营主要还存在规模化程度较低、规模化经营实现形式较单一、新型农业经营组织培育不足等问题。为积极稳妥解决当前存在的问题，应衡量和把握好“适度”原则，促进土地流转方式向多样化发展，因地制宜推动发展多种形式适度规模经营，加快培育新型农业经营主体和服务主体。

【关键词】适度规模经营；形式；现代农业；土地规模经营；服务规模经营

一、新发展阶段推进多种形式农业适度规模经营的必要性分析

（一）农业适度规模经营的提出

农业适度规模经营是指在经济、技术和自然资源等社会条件既定的前提下，通过对农业生产中的各类生产要素进行合理配置来获得最优的规模效益。

“农业适度规模经营”的提出源于1990年邓小平同志在谈到我国农业长期发展战略时所谋划的我国农业长期发展的“两次飞跃”，随后频繁出现在中央一号文件和政府相关配套政策文件中。从政策的变迁历程可以看出，党中央对农业适度规模经营的重视程度不断加强，从一开始的“审慎发展”到“巩固提升”再到“深化改革”，最终实现了从理论到政策、从政策到实践的发展过程。农业适度规模经营也由过去单一局限于土地的规模经营向以股份合作、土地托管、经营权流转、代耕代种、联耕联种等形式为主的土地规模经营和农业服务规模经营相结合的多种形式农业规模经营推进。这是我国农业在长期改革发展实践探索中逐步归纳总结形成的，也极大地调动了农业经营主体的积极性，农业现代化不断推进。

（二）推进多种形式农业适度规模经营的必然性

1.传统小规模生产经营弊端凸显

改革开放以后，家庭联产承包责任制有效地调动了广大农民的生产积极性，农业快速增长，农民也快速增收。但随着工业化、城镇化的不断推进，我国传统小规模生产经营的弊端日益凸显，家庭联产承包责任制这种“人人分田、户户种田”的“碎片化”小规模经营的模式在较好地解决农民生产动力问题的同时，却很难解决农业生产的效率问题。一方面，土地的细碎化和分散的经营方式无法获取专业化分工与合作带来的规模经济效益。小规模生产经营排斥了现代生产要素对传统要素的替代，限制了机器和技术的应用，造成农业生产成本长期居高不下，农业要素资源配置也很难实现“帕累托改进”。从世界农业经济发展史来看，只有当土地集中达到一定规模，才能应用一切现代辅助工具，最终实现农业劳动生产率的提高和规模效益的产生。另一方面，在小规模生产经营的基础上，很难建立起完善的公共服务体系，导致农业整体抗风险能力较低。因此，要提高农民劳动生产率和增加农民收入，就必然要走适度规模经营的道路。

2.推动现代农业发展的内在要求

传统以家庭为单位的小规模生产经营由于主体资金有限、科技素养不高、生产条件简陋、农地碎片化等因素，直接影响了农业的现代化进程，严重制约了我国农业的进步和农村经济的发展，农业“内卷化”困境渐露端倪。基于此，十九大报告中明确指出“发展多种形式适度规模经营，培育新型农业经济主体，健全农业社会化服务体系，实现小农户和现代农业发展有机衔接”。《习近平关于社会主义经济建设论述摘编》一书中也明确指出“土地流转和多种形式规模经营，是发展现代农业的必由之路，也是农村改革的基本方向”，进一步确立了新时代引领我国农业发展的正确方式即“农业适度规模经营”。农业适度规模经营已成为加快农业供给侧结构性改革、实现农业农村现代化的重要抓手和有效途径

二、乐山市推进多种形式农业适度规模经营的现状分析

近年来，为进一步推进农业适度规模经营发展，乐山市委、市政府先后通过颁布政策方案、优先人才选派、完善金融机制等措施，不断创新“新型农业经营主体 + 职业经理人 + 农业综合服务”等共营新模式，初步形成了以土地集中为核心的农业适度规模经营和以统一服务为核心的农业适度规模经营相结合的形式。

（一）以土地为核心的农业适度规模经营初步形成

（1）深化农村土地改革，推进适度规模经营发展。一方面，通过深化农村土地制度改革，依法有序推进农村土地集体所有权、农户承包权、土地经营权“三权分置”改革。另一方面，通过发展土地股份合作社，推广“大园区+小农场”的发展模式和托管服务、代耕代种、联耕联种等多元服务模式来推进农业适度规模经营发展。

（2）健全土地流转机制，推进土地规范有序流转。一方面，通过建立土地流转合同鉴证制度和普及四川省示范合同文本运用来加强对土地流转的指导与管理；通过依托农村土地承包管理机构建立土地流转服务组织、鼓励社会力量参与建设土地流转中介服务组织、完善乡镇土地流转服务站和村级土地流转信息员工作机制等措施来不断完善土地经营权流转机制。另一方面，建立农村土地流转分级备案制度，制定工商资本租赁农地的准入和监管办法，建立健全工商企业租赁承包地的资格审查、项目审查、风险保障金制度，不断完善土地经营权流转的动态监测、风险防范、纠纷调处机制，以此促进农业土地适度规模经营的发展。截至 2020 年底，乐山市土地流转面积达到 85.59 万亩，土地流转率为 38.3%，土地适度规模经营率为 32%。

（二）农业社会化服务体系不断完善

（1）健全创新社会化服务体系，提供灵活多样的社会化服务。一方面，在不断增强基层农技推广、植保植检、农产品质量、安全监管、疫病防控、森林防火等能力建设的同时，引导高等院校、科研院所、行业协会等参与农技服务。另一方面，乐山市还积极探索多种形式社会化服务，如鼓励农户进行土地托管、搭建区域性服务平台等。

（2）完善政府购买农业公益性服务机制，提供适应发展需要社会化服务。通过探索农业公益性服务供给机制和实现形式，不断完善政府购买农业公益性服务机制。近年来，乐山市主要采取政府订购、定向委托、奖励补助、公开招投标等方式不断引导各类社会服务组织在农产品保鲜、贮藏、运输、加工、销售环节以及金融保险、信息服务等方面发挥更大作用。目前，已形成如夹江县乐天农业机械化服务专业合作社为代表的社会化服务组织。

（三）新型农业经营主体和服务主体发展质量不断提高

（1）加快培育发展家庭农场，探索培育发展新路径。乐山市各县（市、区）在《乐山市现代农户家庭农场培育行动方案（2019—2022 年）》的指导下，围绕乐山市“一区六带”现代农业发展格局，通过专业化培育、精准化帮扶、常态化管理、多元化联动、规范化认定逐步把长期稳定务农、已初具规模的农户、处于发展初期的家庭农场培育成“规模适度、生产集约、管理先进、效益明显、示范性强”的家庭农场。截至

2020 年 12 月初，乐山市共有家庭农场 9 617 家，其中省级示范场有 118 家、市级示范场有 213 家，基本涵盖了乐山现代农业“8+3”产业体系的所有门类。另外，部分县（市、区）还探索出了如鼓励擅长管理或擅长销售的公司与合作社合作，由合作社吸纳家庭农场进而辐射到农户的“公司+合作社+家庭农场+农户”的培育路径以及通过发挥电商中心公共协调功能来帮助家庭农场实现资源整合、资源对接的“互联网+合作社+家庭农场+农户多元化联动”的培育路径。

（2）提升农民合作社规范化水平，带动小农户共同发展。近年来，乐山市以乡镇、村组地域经济为基础，以农业主导产业和特色产业为载体，在全市优势产业和大宗农产品生产基地建立农民合作社，基本实现了合作社在全市主导产业和特色产业区域的全覆盖。一方面，通过“清理一批、发展一批、壮大一批”的方式，进一步加强对农民合作社的管理；另一方面，通过支持兴办专业合作、股份合作、社区合作等多元化、多类型的合作社，推动区域合作和同业联合发展，已打造出了一批竞争能力较强的“产、加、销、服”一体化的经济联合社。截至 2020 年年底，乐山市农民合作社数量已达到 4 255 家，其中成功创建国家级示范社 26 个、省级示范社 177 个、市级示范社 314 个。

（3）加强培育龙头企业和致富带头人，持续发挥领头雁作用。一方面，近年来，乐山市大力实施龙头企业发展“553”工程，围绕茶叶、林竹、畜牧、特色果蔬、中药材等特色产业加大招商引资力度，已引进了一批高质量的农产品加工龙头企业。同时，引导现有龙头企业通过兼并、重组、以商招商等方式做大、做优、做强。截至 2020 年年底，已培育市级及以上农业产业化龙头企业 181 家，其中国家级农业龙头企业有 6 家、省级以上农业龙头企业有 44 家。另一方面，持续深入实施“万名优秀农民工回引培养工程”，不断强化培育致富带头人。累计回引优秀农民工 4 012 人，从中培育致富带头人 533 人，储备优秀农民工后备力量 2 824 人、村均 2.5 人，培养农民工村党组织书记 671 人，占比为 60%。

三、乐山市推进多种形式农业适度规模经营中存在的主要问题

乐山市作为四川省重要的农业经济区域之一，农业资源和自然条件优越，农业发展历史悠久、潜力巨大，农作物种类齐全、品种丰富，主要农副产品的产量和商品销售量在四川省占有十分重要的地位。但是通过调研发现，乐山农业规模化经营主要还存在规模化程度较低、规模化经营实现形式较单一、新型农业经营组织培育不足等问题。

（一）适度规模经营比重不高

从土地规模经营的现实情况来看，目前乐山市小规模分散经营仍是农业生产的主要形式，“一家一户”分散经营的情况还比较普遍，农业兼业化和休闲化现象大量存在。乐山市农村耕地面积有224万亩，人均耕地面积仅仅只有1.25亩，低于全国平均水平，经营耕地规模10亩以下的农户数还有很多。在这样的情况下，土地流转率不高，2020年年底乐山土地流转率为38.3%、土地适度规模经营率为32%，略低于全省和全国平均水平；农业机械化率为55%，比全省平均水平低五到六个百分点。

（二）土地流转方式不多

从理论上讲，土地流转的形式应包括出租、转包、入股、互换、转让等形式。但目前，在乐山单个经营主体土地流转形式主要通过出租或转包（占90%以上）的形式；排在第二的为其他方式（约占7.46%）；排在第三的为入股（约占2.12%）；而通过转让、互换形式流转土地的数量极少，几乎可以忽略不计。由于土地流转方式单一、流转价格逐年提高、农业生产经营成本居高不下，再加上家庭农场、合作社等新型农业经营主体大多处于自有资金有限、融资能力不足、技术应用水平不高的境况等原因，所以农地的规模化、集约化程度较低，并在一定程度上制约农业适度规模经营的发展。

（三）农业适度规模经营形式单一

目前，乐山农业适度规模经营的形式主要还是以土地规模集中为主，30亩及以上的土地流转面积是服务带动型（如联耕、联种）面积的13.3倍，规模以上的服务带动型在只存在于市中区、夹江县、井研县。另外，在农民专业合作社中专门从事农机、植保等服务的农民专业合作社只占合作社总数的3.7%。就土地托管而言，由于近两年受到农产品价格持续走低、托管费用较高、托管风险较大等因素的影响，土地托管并未在乐山范围内大面积开展。从整个乐山来看，单个主体接受承包农户全程土地托管的只有夹江县和井研县，土地流转流入方全程进行土地托管的只有夹江县。

（四）新型农业经营主体培育力度不足

新型农业经营主体作为农业转型升级、农民增收致富的重要推动力量，应加大培育力度。目前，乐山的新型农业经营主体虽然数量较多、种类较全，但普遍存在质量不高、层级不高、示范带动不强等问题。农业社会化服务组织数量较少、服务水平较低，全市仅有110余家农业社会化服务组织。以农民专业合作社为例，省、市、县农民专业合作社示范社的数量仅占全市总数的10.7%。除此以外，乐山市仅有的少数几家稍具规模的农业生产性服务主体也尚不能提供全链条的服务，普遍还存在规模化、专业化和组织化程度不高的问题，尤其是产后服务不足的短板越来越明显。

四、进一步推进乐山市多种形式农业适度规模经营发展的对策建议

通过以上分析我们可以看出，目前乐山农业适度规模经营情况很难有效支撑和推动农业农村现代化发展。因此，在全面建设社会主义现代化乐山的历史新阶段，应高度重视发展多种形式的农业适度规模经营，积极稳妥解决当前存在的问题，走多种形式农业适度规模经营联动互促、共同推进的发展之路。

（一）衡量和把握好“适度”原则

乐山“七山二丘一平”的地形地貌、“人多地少”的基本情况、农业生产经营的传统决定了农户小规模分散经营形式可能在相当长时期内还难以得到根本性改变，那么简单、粗放、盲目地扩大农业经营规模，不仅不会带来规模报酬和经济效益，甚至可能会给农业生产带来巨大的成本负荷和风险聚集。因此，我们应该把握好“适度”的原则。这可以从定性和定量两个方面来考虑：从定性来看，农业适度规模经营中的“度”应与乐山本地的农业生产力相适应，与劳动力、土地、资金、技术等生产要素相匹配，只有这样才能最终实现最佳的经济效益、生态效益和社会效益；从定量来看，衡量“适度”的技术指标主要可以采用西方经济学的成本收益分析法，也就是在假定经营主体为“理性经济人”的前提下，通过边际收益等于边际成本来测算收益最大化的最优规模和利用总产量、平均产量、边际产量三者与总成本之间的关系来测算经济效益最优时的区间规模。鉴于此，我们发现试图预设一个各地普遍适用并具有普适性的“适度”标准是徒劳无益，甚至有害的。目前，学术界也暂不存在关于“适度规模”的“普适性”标准。因此，乐山各县（市、区）在发展农业适度规模经营时应根据乐山的自然条件、经济条件、区域特征、产业选择、技术水平、农户意愿等来合理选择、科学设定最优化的规模区间（即在设定规模下限的同时因地制宜地设定合理的规模上限），在这个过程中尤其要避免通过行政手段来推动土地向经营主体规模集中，切实保护农民的合法权益。

（二）促进土地流转方式向多样化发展

鉴于目前乐山市农业适度规模经营主要还是采用土地规模集中的方式进行且土地流转方式较为单一、灵活性不强，乐山市在推进多种形式农业适度规模经营的过程中，应积极鼓励和支持农户采取较为先进的流转方式流转土地，如引导农民以入股、

互换、转让等形式开展土地股份合作经营、联户经营，以此扩大土地经营规模，提高农业生产效率。另外，土地是农业生产最基础和最核心的生产要素之一，要实现农业的适度规模经营就必须在有效解决好土地流转过程中诸多问题的基础上合理引导以多种形式规范、有序、稳定地推动土地流转。比如，通过健全土地流转平台、完善土地市场准入机制、强化土地监督和建立风险兜底机制来合理引导土地流转，切实保障流转主体的合法利益，有效促进农村土地资源向土地资本转化。

（三）因地制宜推动发展多种形式适度规模经营

一方面，基于规模报酬理论在实践应用中的多样性以及农产品种类和农业技术功能的多样性，农业适度规模经营的实现形式应该不仅仅只局限于土地规模集中这一种，还应该存在着许多不同的形式。最为典型的就是伴随着农业专业化分工深化和产业链延伸拓展应运而生的以统一服务为核心的适度规模经营。尤其是在土地无法实现规模集中的地区，以“生产小规模、服务规模化”“生产在户、服务在社”为特点的服务型规模经营能够通过整合小农资源实现小农基础上的经营规模化，进而实现生产、加工、销售等环节的规模效益，最终实现小农户与现代农业的有机衔接。另一方面，乐山市农村地区面积大、范围广、人口多，农业资源禀赋、农民收入水平、村落分布形态、农村生态环境等差异也较大，各地在推动发展多种形式农业适度规模经营所依赖的基础条件也大不相同，这些客观上决定了各县（市、区）必须因地制宜选择适合本地的经营方式。因此，乐山市在发展多种形式农业适度规模经营时应及时补齐服务型适度规模经营这块短板，通过“统一规划、能人牵头、适度规模”和“龙头企业统一开展经营、流转服务”等形式不断探索土地规模集中以及代耕代种、联耕联种、土地托管、农业共营、农业生产托管等多种形式的规模经营形式，最终实现土地规模经营和服务规模经营联动互促。

（四）加快培育新型农业经营主体和服务主体

家庭农场、农民合作社、龙头企业等新型农业经营主体是推动土地规模经营和服务规模经营等多种形式农业适度规模经营的有效载体和主力军。因此，乐山市在推动多种形式农业适度规模经营的过程中必须加快培育和发展新型农业经营主体和服务主体。一是分类引导农业规模化经营主体和服务主体差异化、层次化、递进式发展。如对专业合作社要规范、鼓励、扶持发展，指导农民合作社制定符合自身特点的章程，依法建立健全成员（代表）大会、理事会、监事会等组织机构，通过示范引领发展壮大单体农民合作社、培育发展农民合作社联合社，鼓励农民合作社延伸产业链条，拓宽服务领域；对专业大户、家庭农场要加强支持和指导，完善家庭农场名录管理制度，鼓励组建家庭农场协会或联盟，使其稳步扩大生产规模；扎实推进农业职业教育和职业技能培训，培养新型职业农民。二是推动农业社会化服务组织多元融合发展。如，鼓励各类服务组织加强横向联合合作，推动服务链条不断延伸、拓展；支持新型农业经营主体开展农业社会化服务，鼓励引导支持新型农业经营主体、供销合作社等开展代耕代种、联耕联种、统防统治、农机作业、土地托管以及进入农产品加工、冷链物流、烘干储藏、包装销售、市场营销、品牌塑造等农业社会化服务领域，在提高发展效益和质量水平的同时进一步探索以服务规模化为核心的小农户转型升级之路。

参考文献

[1] 王强. 我国农地规模经营问题研究综述[J]. 中国外资，2014（4）.

[2] 王军. 实现我国农业适度规模经营的 EBSP 分析[J]. 西部论坛，2017（2）.

[3] 李康. 新中国 70 年来经济发展模式的关键:央地关系的演进与变革[J]. 经济学家，2019（10）.

[4] 郭铖. 农业共营制效率及其利益相关者筛选、激励机制——基于崇州市的经验分析[J]. 湖南农业大学学报（社会科学版），2017（18）.

[5] 郭芸芸.2019 中国新型农业经营主体发展分析报告（一）[N]. 农民日报，2019-02-22.

[作者简介]

韩琼慧（1982— ），女，汉族，四川邛崃人，中共乐山市委党校经济学教研室副主任、管理学副教授，主要研究方向：经济管理。

邱家胜（1973— ），男，汉族，重庆人，中共乐山市委党校法学教研室主任、教授，主要研究方向：法治建设、地方经济社会发展。

王雨婷（1993— ），女，汉族，四川乐山人，中共乐山市委党校经济学教研室讲师，主要研究方向：区域经济。

乐山乡镇行政区划和村建制调整后基层干部队伍建设探析

杜小三　李代彬

【摘　要】随着乡镇行政区划和村建制调整，基层干部队伍也进行了调整，但仅完成形式上的组合还远远不够。农村要发展，乡村要振兴，需要一支得力的基层队伍，需要一大批在政治立场、为民服务、责任担当等方面皆发挥作用的基层干部。剖析“两项改革”后基层干部队伍面临的新情况，有利于查找问题的根源，从而探寻解决途径，打造一支放下思想包袱、凝聚发展动力、提高服务能力的基层干部队伍，推动基层干部队伍向“调适、调顺、调优、调强”转变，写好“两项改革”基层干部队伍建设的后半篇文章。

【关键词】“两项改革”；基层干部队伍建设；新情况；改革目标

近年来，和四川省其他市州一样，乐山市广大农村呈现人口“空心化”、产业“空壳化”、“三留守”现象突出等诸多问题。原有乡镇和建制村数量多、规模小、密度大、实力弱等问题，稀释了公共资源、降低了服务效能、制约了经济发展、影响了乡村治理，导致微观体系不适应宏观战略、空间布局不适应城镇化进程、管理架构不适应治理能力现代化要求。基层治理体系和治理能力现代化的短板日益凸显，乡镇行政区划和村级建制调整已是势在必行。按四川省委、省政府的统一部署，乐山市于 2019 年 7 月启动，至 2020 年 6 月顺利完成了全部 11 个县（市、区）的乡镇行政区划调整和村级建制调整改革（以下简称“两项改革”）工作。

虽然此次改革的宗旨之一是人员待遇、编制不减，但在实际调整过程中，辖区面积、产业、人口变化引起的要求服务能力加强问题，部分干部职务的变化引起的思想问题，合并村、镇干部队伍整合后的团体磨合问题等都影响了乡村振兴的进程。剖析“两项改革”后基层干部队伍面临的新情况，有利于查找问题的根源，从而探寻解决途径，迅速打造一支放下思想包袱、凝聚发展动力、提高服务能力的基层干部队伍，推动乡、村两级干部队伍向“调适、调顺、调优、调强”转变，写好“两项改革”基层干部队伍建设的“后半篇”文章。

一、乐山市完成“两项改革”的基本情况

2019 年 7 月，四川省委、省政府出台《关于推动县域经济高质量发展的指导意见》，提出“按规定适当调整乡镇行政区划，稳妥推进撤乡设镇、乡镇撤并、村居撤并，优化乡镇规模结构”的改革原则。按部署安排，2019 年 7 月—9 月为全省部分市、县试点乡镇行政区划改革阶段，乐山市夹江县在试点之列；2019 年 10 月—12 月，在试点的基础上，全省非贫困县或已脱贫摘帽县推进乡镇行政区划改革，乐山市有市中区、沙湾区、五通桥区、金口河区、峨眉山市、犍为县、井研县、沐川县 8 个县（市、区）完成调整工作；2020 年 3 月，在脱贫摘帽后，峨边彝族自治县、马边彝族自治县也启动实施“两项改革”。各县（市、区）在乡镇行政区划调整中，同步推进村建制调整。至 2020 年 5 月底，全市 11 个县（市、区）全部结束村建制调整，1 114 个新建制村挂牌运行，标志着乐山市“两项改革”的“前半篇”文章顺利完成。

（一）乐山市乡镇行政区划调整情况

2020 年 5 月，随着峨边彝族自治县、马边彝族自治县乡镇行政区划调整工作的完成，全市乡镇行政区划调整结束。此次调整是新中国成立以来调整涉及面最大的一次，全市 11 个县（市、区）均进行了调整，乡镇（街道）总数量从 218 个调整为 132 个，调减幅度为 39.4%。其中调整幅度最大的为夹江县，乡镇减幅达到 59.1%；调整幅度最小的为金口河区，乡镇调减幅度为 16.7%（见表 1）。

表 1　乐山市各县（市、区）乡镇行政区划调整情况

县（市、区）名称	调整前乡镇（街道）数量/个	调整后乡镇（街道）数量/个	减幅/%
全市	218	132	39.4
市中区	32	17	46.9
五通桥区	12	8	33.3
沙湾区	13	9	30.8
金口河区	6	5	16.7
峨眉山市	18	13	27.8
犍为县	30	15	50.0
井研县	27	15	44.4
夹江县	22	9	59.1
沐川县	19	13	31.6
峨边彝族自治县	19	13	31.6
马边彝族自治县	20	15	25.0

（二）乐山市各县（市、区）建制村调整情况

夹江县于 2019 年在全市率先启动建制村调整。截至 2020 年 5 月底，乐山市所有新建制村均实现正式挂牌运行。全市建制村数量由 1 949 个减少到 1 114 个，减幅 42.8%。其中减幅最大的为夹江县，建制村减幅为 68.7%；减幅最小的为马边彝族自治县，建制村减幅为 8.8%（见表 2）。

表 2　乐山市各县（市、区）建制村调整情况

县（市、区）名称	改革前建制村数量/个	改革后建制村数量/个	减幅/%
全市	1 949	1 114	42.8
市中区	196	135	31.1
五通桥区	140	94	32.9
沙湾区	127	74	41.7
金口河区	41	26	36.6
峨眉山市	242	130	46.3
犍为县	347	167	51.9
井研县	199	96	51.8
夹江县	217	68	68.7
沐川县	195	129	33.8
峨边彝族自治县	131	91	30.5
马边彝族自治县	114	104	8.8

二、乐山基层干部队伍建设在“两项改革”后面临的新情况

“两项改革”后，乐山市乡镇（街道）数量从 218 个减少为 132 个，减幅 39.4%；建制村从 1 949 个减少到 1 114 个，减幅 42.8%；村民小组由 16 696 个调整优化到 9 274 个，减幅 44.6%。调乡、合村、并组改革“三部曲”的完成，实现了县域经济版图的整体性重塑、城乡融合格局的系统性再造、基层治理体系的结构性变革。

立足“优结构、强功能”，在“两项改革”完成后，全市乡镇开始换届工作。2020 年 6 月底，全市所有乡镇党委圆满完成换届任务，换届选举产生的 1 086 名新一届乡镇党委委员平均年龄 34.7 岁，52%拥有全日制本科及以上学历，87%具有 2 年以上乡镇工作经历。换届后全市乡镇领导班子结构实现“三升一降”（全日制本科及以上文化比例、具有镇村规划和环境整治等专业背景比例、具有 2 年以上乡镇工作经历比例上升，干部平均年龄下降）。换届选举产生新一届村（社区）“两委”班子成员 8 412 名，平均年龄 43.8 岁，大专以上学历占比 41%，村（社区）党组织书记、村（居）

委会主任“一肩挑”占比达 99%，村（社区）“两委”交叉任职占比达 38%。其中大批女性干部、优秀农民工、本地致富能手、退役军人、村医村教等人员的加入，使基层干部队伍结构更趋多样化，总体实现组织和群众“双满意”。

“两项改革”在实现了乡镇及建制村面积扩大、人口增加、资源整合、要素聚集、结构优化的改革目标的同时，也使基层干部队伍建设面临干部工作负荷加大、队伍融合不到位、群众对新组建队伍的认可度还不高等新情况。

（一）基层干部工作负荷加大

此次改革前，乐山市乡镇平均人口 1.63 万人，人数最少的乡镇人口仅有 2 100 人；乡镇平均面积 57 平方公里，面积最小的乡镇只有 13.5 平方公里。改革后，全市乡镇平均人口达到 2.69 万人，平均面积达到 94.1 平方公里，增幅为 65%。对于四（乡、镇）合一、三（乡、镇）合一、二（乡、镇）合一的新组建乡镇来说，基层干部的服务半径较之前扩大，有的甚至从改革前的十分钟车程变为改革后的半小时以上车程。服务半径扩大，服务对象增多，加上“放管服”改革向基层延伸后下放公共服务事项 181 项、下沉行政权力事项 302 项，这些都使乡镇干部人均工作量较改革前大幅增加。

建制村方面，改革前全市建制村平均人口仅 1 823 人，平均面积为 6.38 公里；改革后全市建制村平均人口达到 3 190 人，平均面积为 11.15 平方公里，增幅达到 75%。各县（市、区）对建制村常职干部的设置基本按照人口 2 000 人及以下设 4 职、每增加 2 000 人多设 1 职的标准，在 4~7 职内限额核定。从调整后的实际情况来看，在新建制村的面积、人口均大幅度增加的同时，各县（市、区）村常职干部总数减幅却在 25%~40%，造成村干部的工作量在改革后增加。

农村基层政权组织是中央农村政策实施、战略部署推进的最前沿阵地。近年来，党的农村基层政权实质上已由乡镇扩展到行政村一级。乡村振兴、基层治理、农村公共服务、安全等各项工作经省、市、县层层叠加、细化后压力放大，“上面千条线，下面一根针”最后演变成“上面千把锤，下面一根钉”。“5+2”“白加黑”，一年 365 天在线、一天 24 小时待命，基层干部工作繁重已成普遍现象。许多向基层下达的工作要求实施前开动员会、开展过程中开推进会、结束后开总结会，而且都需要文字材料和照片等佐证材料。许多基层干部特别是村干部抱怨：“每天不是在开会，就是在去开会的路上！”一些本该由部门深入基层调研的事项，却变成直接通过下发文件形式要求乡镇、村一级按规定上报数据、资料。调研发现，仅 2020 年一个行政村上报的各种表册就达 1 000 份左右。不仅如此，许多乡镇、村还因为上报的材料格式不符合要求，一次又一次被要求返工重做。类似工作挤占了基层干部大量的工作时间和非工作时间，对基层干部队伍的服务能力和治理效能造成影响。

（二）基层干部队伍融合不到位

此次“两项改革”推进速度较快，全市各乡镇基本在 2 个月左右完成行政区划调整，随即开始换届。镇村干部队伍人员变动较大，导致新组建班子成员之间的融合、干部与干部之间的融合还不到位。

乡镇行政区划调整后，各县（市、区）对受到调整的干部按照“五个一批”的原则进行了安置，原先的乡镇科级干部只有一部分留任，其他有的交流安排回县级部门，有的推荐使用，有的转任晋升。对于普通干部，各地基本上采取了“先归拢，再分类，后微调”的原则，将涉及改革乡镇的普通干部先统一集中到新组建乡镇，再根据各乡镇空编情况，统筹考虑岗位人员需求、性别结构、年龄结构，进行人员集中划转。这就必然存在队伍合并调整后干部的经历、知识、专业、性格等方面的差异，以及领导分工、部门负责人确定、工作人员调整等问题。个别班子成员缺乏有效的沟通和协调配合，有的干部不能正确处理好集体领导与分工负责的关系，致使个别班子整体功能发挥不够理想，与工作要求存在一定差距。有些干部看到资历比自己浅、年纪比自己轻的干部被提拔重用，觉得自己没有得到合理的安置，于是摆资格、闹别扭，以至于影响了队伍的团结。一些新组建乡镇还出现了旧有乡镇工作人员搞“小圈子”的现象，严重影响了工作的开展。

这次改革中村建制调整的力度非常大，存在村干部的留任和卸任、正职变副职的问题。全市实现村书记、主任“一肩挑”比例达到 99%，其中新任党组织书记比例近 30%。一些村干部在调整改革之前是村长或村书记，这次调整后成为新组建村的村委委员，有的心态还没有摆正，工作存在一定的消极情绪。

（三）群众对新组建的干部队伍认可度还有待提高

此次村建制调整，按照“大村合小村、强村合弱村、山上合山下”的原则进行了村组的合并。尽管在村社干部换届选举前一再宣传、强调纪律，但在实际选举中一些村仍受到宗族、房头、姓氏观念的影响，一些地方还暴露出人情票及不正当拉选行为，县、市组织部门、市“心连心服务热线”12345 均接到部分举报，有的地方还进行了重选。

在新组建的村“两委”上任后，一些合并前较弱村的群众在自己原来的村书记、村长未能当选新组建村“一把手”后，认为原来的村今后会事事吃亏，新组建村的“一把手”肯定偏向他们原来的村；一些强村的群众觉得新组建村“两委”将上级资金、项目向弱村倾斜，是新官们“花钱买人心”，不顾原来村的村民们的利益。加上随着乡村振兴各种资金、项目的下乡下村，群众质疑镇、村在安排项目选址、资金使用时藏有私心的情况也不断出现。

乡镇行政区划调整后，由于区域面积的扩大、服务半径的延长，一些乡镇干部跑田间地头的时间少了，和群众接触的机会少了，基层情况不够熟悉，办事效率也降低了。调查中发现，有的农村基础设施损毁后，经组、便民服务点、村层层向乡镇上报，迟迟得不到解决，经常是村民打市“心连心服务热线”12345，由市向县、县再向乡镇交办下来才能解决这些都影响了老百姓对新组建干部队伍的认可度。

（四）部分基层干部存在一定的利己思想

近年来，随着党对农村基层工作的重视，基层干部晋升的空间较以前有所扩大。许多地方的组织部门在提拔使用干部时，具有乡镇工作经验的干部可优先考虑，这就造成一些年轻干部的功利思想。他们到乡镇工作，并不是真正热爱党的基层事业，而是把乡镇工作当成履历上重要的一笔，当成向上发展的跳板，有的还没熟悉完基层情况就调走或考走了。

在2014年中央出台的《关于加强乡镇干部队伍建设的若干意见》和2017年出台的《关于加强乡镇政府服务能力建设的意见》中，均明确指出，要注重从优秀村干部、大学生村官中选拔乡镇领导干部。同时，各县（市、区）重新核定了合村后的村组干部误工补助标准，补贴标准较“两项改革”前有了大幅度提高，“一肩挑”干部基本报酬达到每月3 000～4 000元，村实职干部中报酬最低的文书每月标准也在2 500元左右。身份可以转变，收入又有提高，这是近年来部分人当村干部的“初心”。还有一部分有个人产业的农村户口人员竞选村干部的初衷并不是为了带领乡亲们发家致富，而是为了有“村干部”这个身份的政治地位后方便自己今后业务的开展，方便自己能从乡村振兴的下乡项目中分得一杯羹。

（五）后备人才储备严重不足

自党的十九大报告提出乡村振兴战略以来，经过四年的部署、建设、发展，农村基础设施建设进一步完善，村容村貌得到大幅提升，产业布局、规模进一步扩大，城乡差距不断缩小。但不可否认的是，当前城乡差距仍不可忽视，城市对于农村人口特别是农村年轻人仍有相当大的吸引力。农业生产劳动强度大，且生产周期较长，期间因极端天气灾害、虫害瘟疫、市场价格波动等不可预见因素的影响，使得农业收入并不稳定。加上农村教育、医疗卫生水平明显落后于城市，许多年轻人仍然选择去城市工作、生活，农村“空心”现象并没有大的改观。农村年轻人的持续流失，直接导致后备人才储备不足。这一次村建制调整后的村级组织换届，许多地方完全是“矮子里面选高个”，能够推出来备选择的村干部少之又少，有的村根本没有合适人选。

农村基层发展党员的情况也不容乐观。一般临近县城、经济比较发达的乡村，发展党员工作较为顺利；偏远山区和经济不发达的乡村，发展党员困难重重，有的根本完不成年初发展计划。同时，针对大学生、退伍军人、外出务工人员等返乡就业创业人员的落地政策、创业优惠政策以及扶持力度不够，部分政策不具连续性，人才回引后的持续扶持力度小，造成愿返乡的优秀人才少，能储备的后备干部就更少。

三、加强基层干部队伍建设，写好“两项改革”的“后半篇”文章

近年来，乐山市“心连心服务热线”12345 接到的来自基层农村的情况反映增多，一方面，农村居民的法治意识、权益意识、公共意识开始觉醒，这是农村社会进步的表现，我们要大力保护这种觉醒意识；另一方面，许多问题其实可以解决在基层，但却要等反馈到市一级或县一级才能解决，说明我们在服务基层百姓的时候思想认识还不够、业务水平还不高，有时候程序多、流程长、解决慢甚至不作为，导致了群众的不满意。这督促我们必须提高思想认识，提高我们的基层服务能力、治理水平，建设一支让群众满意的基层干部队伍。

随着乡镇行政区划和村建制调整，基层干部队伍也进行了调整，但仅完成形式上的重组还远远不够。农村要发展，乡村要振兴，需要一支得力的基层队伍，需要一大批在政治立场、为民服务、责任担当等方面皆发挥作用的基层干部。必须认真分析基层干部队伍在“两项改革”中面对的新情况，积极思考新对策，最大限度激发新组建队伍的活力、增加干事创业的动力，最后形成推动乡村振兴纵深发展的合力，为“两项改革”基层干部队伍建设写好“后半篇”文章。

（一）加强基层干部队伍教育培训

干部教育培训是建设高素质干部队伍的先导性、基础性、战略性工程，是培养和造就一支信念坚定、为民服务、勤政务实、敢于担当、清正廉洁的高素质干部队伍的有效助力。“两项改革”向基层干部队伍提出更高要求，要通过教育培训不断提高基层干部的政治思想素质、专业知识水平和农村基层工作能力，才能跟上改革的要求，适应乡村振兴发展的需要。

（1）抓实思想政治教育。“两项改革”后，乡镇干部队伍进一步实现了年轻化，许多年轻干部走上基层领导岗位。组织上在选拔任用干部上向基层干部、年轻干部倾斜，是为了更好地激励基层干部担当作为，不负所托、勇担重任。习近平总书记强调：“干事担事，是干部的职责所在，也是价值所在。党把干部放在各个岗位上是要大家担当干事，而不是做官享福……担当和作为是一体的，不作为就是不担当，有作为就要有担当。”要引导广大基层干部特别是基层年轻干部牢固树立责任意识、担当精神，要深刻认识到农村基层干部是党的乡村振兴事业的主体，是贯彻落实乡村振兴战略的

中坚力量。要不断加强习近平新时代中国特色社会主义思想、党的基本理论、党史党章、党中央重要会议精神的学习教育，同时将读原著、学原文、悟原理的要求融入“三会一课”组织生活中，引导广大基层干部加强理论武装，夯实思想之基，牢记初心与使命，正确处理党的基层事业和个人发展之间的关系，不断提升思想认识水平。

（2）突出能力培训。坚持因材施教、按需供给，在实践调研、征集意见的基础上开设专业化课程，着力破解干部“本领恐慌、工学矛盾”等难题。聚焦改革“后半篇”文章，开展基层治理、经济发展、乡村文化建设、现代信息技术等学习培训，不断提高干部队伍的服务水平和治理能力。要对村“两委”干部进行党在农村的各项方针政策的系统培训，使他们熟悉和掌握党的各项农村政策，增强执行政策的自觉性和维护政策的严肃性。要创设多种形式的能力培训，在将专家学者“请进来”授课的同时，积极组织基层干部“走出去”学习，用先进模范人物、典型发展地区的“他山之石”力量，激发他们的发展动力、启迪创新思维。

（二）着力提高基层服务能力

“两项改革”推动了基本公共服务向镇、村延伸，更好满足了农村居民的基本公共服务需求。但是，伴随着新组建镇村区域的扩大，管理和服务半径也增大了。这一场以精简机构、提高效率为目的的改革，要求我们必须以更强的公共服务能力去满足人民群众的更高要求。做好“两项改革”后增强服务能力的文章，要聚焦更好满足人民群众对美好生活的新期待，在生产生活全领域、全过程切实回应他们的重大期盼、利益诉求和发展愿望。

（1）要立足解决好调整中出现的现实问题，化解系列矛盾。要重视调整后一些偏远乡村离中心场镇较远的客观现实，留驻的“便民服务中心”不能成空壳子和花架子，要高效运转，强化“远端服务”。适当对调整前发展较弱的镇村进行资金、项目的倾斜，让老百姓切实感受到调整改革释放的发展红利；利用调整后的产业规模加大的优势，把群众组织起来规模经营、抱团发展，建立村集体与群众利益共享、风险共担的经济利益共同体，通过发展让老百姓增加收入、尝到甜头，真正消除他们心中的村界、乡界。同时，将村级重大资金支出、重大项目实施、大额补贴申报等一律提交村民大会或村民代表大会审议，通过直接参与提高群众的归属感、信任度。

（2）全面加强基层组织建设。加快构建全心全意为群众办好事、办实事、办成事的服务型政府，转变服务职能。构建小而精、专而强的公共服务中心，加强中介机构、社会组织、行业协会等主体之间的合作，加快健全公共服务多元化体系；推动镇、村智能服务体系的建设和应用，依托“互联网+”，以 App、小程序、服务号等线上服务为抓手，实现公共服务线上线下的有效联动。越是基层，领导干部越应该加入百姓的群、村民的群、组员的群，要学会通过网络走群众路线，善于运用网络了解民意、开展工作，促进公共服务质量持续提升，让老百姓真满意、真认可。

（3）切实把基层减负落到实处。2019 年中共中央办公厅印发了《关于解决形式主义突出问题为基层减负的通知》，着重强调解决一些困扰基层的形式主义问题，切实为基层减负，并将 2019 年定为“基层减负年”。但时至今日，基层工作中的形式主义仍然未能杜绝。我们的基层考核手段还较为死板，很多时候还是以看文档资料为主，而不是真正沉下基层去实地查看工作成效。还有一些上级部门在要求乡镇、村一级上报的材料的文字格式、遣词造句、排篇布局上乐此不疲，忽视了基层工作的特点，占用了基层干部的大量时间。调研中几乎所有乡镇、建制村都表示当前最紧缺的人才居然是写材料、熟练使用电子政务系统的人。这完全是将党的农村工作本末倒置。农村工作不是文字工作，不能以写各种计划、总结，造各种表册为重点；农村干部不是文字秘书，不能以为上级部门收集资料为主业。农村基层工作有自身的特点，基层干部指导农村生产、引领地方发展才是他们的主要任务。只有把时间还给基层干部，让他们真正有时间为基层服务、为百姓服务、为农业农村服务，党的乡村振兴事业才能顺利快速推进。

（三）聚焦基层队伍合力打造

“两项改革”实现了镇村机构精简、干部队伍精干，但新组建的镇村干部队伍的稳定、团结、协调、融洽等需要一定的磨合时间。只有队伍真团结、真融合，才能各履其职、各尽其责。也只有分工有效、合作良好，才能持续提高治理效能。干部队伍从“形聚”到“神聚”真融合，是决定治理效能提高的重要因素。因此，做好“两项改革”“后半篇”提高治理效能的文章，要聚焦打造一支不忘初心、团结一心、干事创业齐心的推动基层治理体系和治理能力现代化的基层干部队伍。

（1）加强沟通交流。加强内部沟通交流，引导干部正确对待岗位、职务的调整，把好思路、好做法带到新岗位，打开新局面、创造新业绩。倡导老同志发挥基层情况熟悉、农村工作经验丰富、擅长做群众工作的优势，做好年轻同志的传帮带工作；肯定年轻干部理论功底较为扎实、有干劲闯劲、懂网络等长处，鼓励他们多为老同志分担工作。通过引导和交流，发挥每一个干部的优点，实现团体思想同心、目标同向、行动同步。

（2）加大制度建设。区划调整后，之前所在乡镇不同的干部可能在工作制度、工作方式等方面存在差异，为统一标准，应以“可量化、可操作、务实管用”为原则，制定新组建队伍的各项规章制度，并强化制度落实，实现用制度管人、管事。要形成能者上、庸者下、劣者汰的良好氛围，纠正干部不愿担当的思想，引导干部工作作风向实处、深处转变。

（3）融合镇村组干部。乡镇干部包村工作制是促进乡村治理的一项重要制度，可以有效加强镇村组干部联系，促进队伍融合。要加大监督力度，防止有的乡镇干部联系村走形式走过场，杜绝打着联系村的幌子办个人私事的现象。要切实将制度落到实处，定期不定期开展包村干部与所包片区村组干部的见面和工作对接、群众走访，宣传本乡镇近期重点工作的同时，全面了解群众“急难愁盼”的事情，真正实现干部工作开展与服务群众的全面融合。

（四）多方扩大农村事业的人才储备

要加大人才回引优惠政策，吸引优秀的大学生、成功人士返乡创业。要注重从复员退伍军人、外出打工返乡青年中“选优”，善于从专业大户、能工巧匠等农村致富带头人中“挑优”。积极探索村党组织书记跨村任职制度，从农村工作基础较好、经济相对发达的村交流到一些条件相对较差的村任职。在继续推行“第一书记”制度的基础上，尝试选派机关干部入村任职制度，通过组织推荐、个人自荐，将真正想干事、能干事的年轻干部纳入后备干部“蓄水池”。

农村要成为能吸引人、留住人的家园，城乡差距就必须缩小到年轻人可以接受的地步。因此，发展现代农业、提高农民收入是关键，健全农村社会保障是重点。要精准对接乡村发展需要，加大对乡村振兴人才在科学研判、技术攻关、应用推广等方面的培养工作，持续提高人才智力，以培养造就一支懂农业、爱农村、爱农民的“三农”工作队伍，助推乡村振兴不断提速。要通过相应政策吸引更多外来人才进入乡村，鼓励更多公益组织和志愿者投身于乡村治理，进一步充实乡村人才队伍。

（五）加大各项农村事务的监督力度

要正视乡村熟人社会的传统，理解并尊重农村居民对于宗族、房头、姓氏的归属感，这与老百姓在长期的生产生活中形成的社会关系网及认同感密切相关，具有深厚的历史和制度合法性。农村现存的一些思想问题，归根结底还是权力使用不规范的问题，有的时候还存在用人情办事而不是以制度规章办事的现象，影响了群众对基层干部队伍的认可。我们必须清醒地认识到，基层干部是人民权力的受托者、党的农村制度的执行者，必须正确使用人民托付的权力。要严格依法律办事、制度规章办事，消除农村社会存在的不正确的权力观。切实推行村务公开、乡镇事务公开，对各种惠农补贴、村集体经济收入、农村公共事业岗位更要及时、全面公开。当前，乡村振兴的各种资金陆续到位，特别要加大资金、项目落地选址的意见征求和公开力度，严禁在资金使用中夹带私心。纪检监察机关要严格对下放农村资金、项目的监督检查，切实把权力关进制度的笼子。

四、结语

乡镇行政区划和村级建制调整改革后，乡、村两级的人口、面积、产业等资源要素分布发生了重大变化，对协调推进区域经济发展、配套公共服务设置、统筹城乡民生保障、共建共治共享社会治理等都提出更高要求。能否打造一支放下思想包袱、凝聚发展动力、提高服务能力的基层干部队伍，尽快构建起适应乡村振兴和高质量发展需要、符合新时代基层政权建设定位、经济实力和服务能力明显增强、社会治理水平明显提高的乡村两级干部队伍，关系着“调适、调顺、调优、调强”改革目标能否实现，也是能否把改革“前半篇”确定的愿景、构建的框架、形成的格局、激发的活力转化为“后半篇”高质量发展、高效能治理、高水平服务的实效，不断增强基层群众获得感、幸福感、安全感的关键。

[作者简介]

杜小三（1975— ），女，四川夹江人，中共乐山市委党校行政管理学副教授，主要研究方向：公共管理。

李代彬（1979— ），男，四川安岳人，副教授，中共乐山市委党校图书信息管理科科长，主要研究方向：计算机应用。

峨眉山市建设县域现代农业特色产业体系的路径研究

吴月华

【摘　要】建设县域现代农业特色产业体系是推进农业特色产业发展，助力乡村振兴的重要举措。峨眉山市特色农业产业主要有茶叶、中药材、蔬菜等，建设县域现代农业特色产业体系存在的主要问题是产业链条不平衡、多功能开发少、品牌知名度低。要建设县域现代农业特色产业体系，需要完善特色农业产业链，增加产业附加值；拓展特色农业产业多功能，促进产业融合；建设特色农业产业品牌，提升产业竞争力。

【关键词】现代农业；特色产业体系；乡村振兴

中共中央、国务院印发的《乡村振兴战略规划（2018—2022年）》明确提出："要通过有序开发优势特色资源，创建特色农产品优势区，建设形成特色农业产业集群，促进农业产业结构调整，提高农业供给的质量和效率，实现由农业大国向农业强国的转变。"[1]峨眉山市委十四届十三次全会暨经济工作会议提出了二〇三五年的远景目标："经济实力大幅跃升，建成县域现代特色产业体系，总体实现新型工业化、信息化、城镇化、农业现代化，经济总量和城乡居民人均可支配收入迈上新的大台阶。"[2]中国共产党峨眉山市第十五次代表大会上的报告提出了要实施"生态立市、文旅兴市、产业强市"三大发展战略，"把产业作为强市之策，加快转型升级，建成一批有影响力的'酒谷、水谷、茶谷、药谷、医谷、美谷'等，着力构建与新发展理念相适应、与世界重要旅游目的地相匹配的现代产业体系，勇当县域经济发展'排头兵'"[3]。要构建与"世界重要旅游目的地"相匹配的现代产业体系，在农业方面，需要立足优势特色农业资源，构建县域现代农业特色产业体系，实现特色农业产业优化升级，通过产业振兴为乡村振兴注入强劲动力。

现代农业产业体系是"以现代农业经营理念为指引，基于现代生产要素投入、科学组织方式和高效市场运作，以纵向产业链延伸和横向多功能拓展为支撑架构的有机整体，是一个各产业融合协调、有效衔接、产出高效、竞争力强的综合产业系统"[4]。结合现代农业产业体系的内涵，县域现代农业特色产业体系可以从纵向、横向两个维度来理解。纵向维度是特色农业产业链体系，包含产前、产中、产后环节，产前环节主要指特色农业产业规划、新技术和新品种的研究推广、农用物资的采购等；产中环节主要是指进行耕种、管理、收获等；产后环节主要是指加工、储藏、流通等。横向维度是围绕特色农业产业的多功能开发，充分发挥特色农业的经济、文化、社会、生态等功能，建设“特色农业+”产业体系，包括旅游观光业、循环农业、绿色农业等。

一、峨眉山市县域现代农业特色产业体系发展现状

（一）特色农业产业发展初具规模

峨眉山市目前特色农业产业主要有茶叶、蔬菜、中药材、水果、藤椒等。茶叶种植面积为 23.1 万亩；蔬菜种植面积为 20.92 万亩；中药材种植面积为 5.6 万亩，人工栽培药材有天麻、黄连、白术、重楼等 60 多个品种，野生类主要有峨参、川白芷、川附子等 130 多个品种；水果种植面积为 6.63 万亩，主要有葡萄、柑橘、脆红李等；藤椒面积为 2.8 万亩。茶产量为 2.18 万吨，鲜叶产值达到 8.8 亿元；蔬菜产量为 61.138 万吨，产值为 12.688 亿元；中药材产量为 1.1 吨，产值为 1.42 亿元；水果产量 5.8 万吨，产值 2.04 亿元；藤椒总产量 5 700 吨，藤椒产值 8 600 万元。在峨眉山市委市政府的政策引导支持下，茶叶、蔬菜、中药材等特色优势农业产业保持稳定发展。

（二）特色农业产业布局不断优化

峨眉山市在发展特色农业产业时，布局不断优化。在特色农业产业上充分考虑规模化发展和区域特色，集中连片发展。茶叶种植区主要是符溪镇、桂花桥镇、九里镇所属的东部智慧茶园，高桥镇、罗目镇、龙池镇、大为镇、龙门乡所属的南部现代特色茶园和双福镇、黄湾镇、绥山镇所属的西北部高山生态茶园三大优势茶叶生产基地；蔬菜种植区主要是早春设施蔬菜种植区 4 万余亩，集中在符溪镇、胜利街道、绥山镇、双福镇、桂花桥镇；高山蔬菜种植区 10 万余亩，集中在龙池镇、大为镇、龙门乡、高桥镇、罗目镇。中药材种植区主要是以龙门乡、高桥镇、桂花桥镇等乡镇为重点，优质种植黄连、白术、天麻、泽泻等。

（三）新型经营主体不断扩大

峨眉山市目前共有茶叶加工、销售企业 450 余家，中药材专业合作社、家庭农场等新型农业经营主体 115 家，蔬菜方面成立了峨眉山市福山蔬菜专业合作社，正在建设高山蔬菜采后冷链物流加工集配分中心。龙头企业也在发展壮大，峨眉山市茶产业现在有竹叶青、仙芝竹尖、峨眉雪芽 3 家国家级、省级龙头企业，乐山市级龙头企业还有 7 家。其中竹叶青公司连续 11 年稳居中国高端绿茶市场占有率第一。中药材产业方面，现有仙山中药、金林药业两个龙头中药材加工企业。四川金林药业有限公司

获 GMP 认证企业，生产的中药饮片已注册“JINLIN”商标。四川峨眉仙山中药有限公司生产的中药饮片已注册“峨眉仙山 · 禄和堂”商标。两个企业生产中药饮片品种达 600 余种，年产值达 5 亿元。

二、峨眉山市县域现代农业特色产业体系建设的瓶颈

（一）特色农业产业链发展不平衡，产业附加值不高

峨眉山市现代农业特色产业体系的产中环节相对完善。2020 年峨眉山市茶叶、中药材、蔬菜、水果等主要特色农业产业的种植规模已接近 60 万亩，产量达到 70 万吨。特色农业产业绿色防控面积为 17.5 万亩，覆盖率为 29.27%。但在产前和产后环节比较薄弱，在产业链发展模式上还任重道远。在产前环节，由于缺乏专业的技术人员对特色农产品品种种植规划进行指导，品种科技含量低，产品同质化严重。资本、技术、装备等生产要素无法实现最优配置，产业结构的协调性不够，易出现供大于求。在产后加工环节，大多数特色农产品都是以初加工为主，深加工、精加工产品占比还比较低，无法满足市场上对产品精细化、多样化的需求。在茶产品开发上，主要是以炒制茶叶为主，像茶食品、茶用品等茶叶延伸产品不多。在中药材产品开发上，主要是中药含片、中成药为主，还没有研制出具有一定品牌和社会价值的中医药康养产品和中医药文旅产品。果蔬一类特色农产品，主要是鲜销为主，果茶、果酒等精加工产品少，产业链条短，产品附加值低。在流通环节，由于很多特色农产品基地冷藏、保鲜等设备落后，加上冷链物流加工配送难、成本高等问题，特别是果蔬类的特色农产品损耗大。现阶段，除茶叶和中药材外，其他特色农业产业几乎没有什么龙头企业，简单的“农户+合作社”的模式带动不够，资源要素无法实现重组和最优配置，难以形成规模效应，而且抗风险能力也比较低。

（二）特色农业产业多功能开发少，产业融合度不够

峨眉山市特色农业产业还未形成多功能产业体系，由于缺乏技术和人才的支撑，仅仅是发挥了原料供给和简单的休闲观光功能，循环农业、绿色农业 、康养农业等多功能还没有发展起来。以中药材为例，峨眉山市是四川省三大中药材生产区之一，中药材资源丰富，有 200 多个品种，但中药材产业发展仅仅是立足基础产业，还未形成一定规模、服务能力强的中医康养、养生保健服务机构。峨眉山市中医药文化底蕴也非常丰富，《孔子图记》记载：峨眉山有仙药，汉武帝遣使祭之。唐贞观年间，一生致力于药物研究的药王孙思邈曾两度隐居峨眉山采药炼丹编书，但在目前发展过程中，对中药材的文化资源挖掘不够，没有将中药材与文化传承和旅游结合起来，缺乏

以中药材为主题的乡村旅游业，还没有成型的药旅融合观光带，也还没有打造药旅小镇。再以特色农产品水果为例，峨眉山市的水果产业发展模式也比较单一，果旅融合程度不高，主要的方式是观光采摘为主，果农民俗体验旅游和研学等形式都还没有发展起来。大部分观光园都是家庭农场的模式，规模小，且基础配套设施不完善，仅能提供餐饮、棋牌和一些简单的农事体验活动，接待能力弱。多数特色农业产业在发展过程中，功能拓展不够，特色农业产业的多功能产业体系无法建立，无法实现产业融合，不能发挥产业兴旺的作用。

（三）特色农业产业品牌知名度低，产业竞争力不强

峨眉山茶有“峨眉山茶尤好，异于天下”的美誉，区域品牌价值为38.14亿元，居全国十六、四川第二，入选全国首批中欧地理标志协定保护名录，拥有“竹叶青”“峨眉雪芽”“仙芝竹尖”“天然有机茶”“榜上有名”五朵金花为代表的20多个知名品牌。但特色农业产业中除峨眉山茶这张响亮名片外，其他特色农业产业虽然都具有一定规模，品牌知名度却都不高。峨眉山蔬菜作为第二大特色产业，正在培育“川字号”蔬菜品牌，知名度远不及山东寿光蔬菜。水果产业所生产的柑橘、枇杷、桃、李等知名度也不及川内的丹棱柑橘、蒲江枇杷、龙泉桃子、汶川脆红李。蔬菜、中药材、水果、藤椒等特色农业产业品牌影响力小，市场占有率低。首先，特色农业品牌意识比较薄弱，很多农户受到传统观念的影响，小农思想严重，认为只要自己的农产品好，销路自然有保障，品牌建设是企业和政府的事情，不重视特色农产品品牌建设。其次，品牌品质缺乏保障，峨眉山市已建成国家农产品质量安全县，但在特色农产品的种植和栽培上，主要还是采取农药防治的方式，有机茶、有机菜、有机果还在起步阶段，虽然已建立特色农产品的质量认证，但体系也不完善，只能对峨眉山菜进行检测，无法对其他特色农产品的质量安全进行溯源，难以保障特色农产品的绿色性和健康性。最后，在品牌建设的投入、宣传上力度不够。特别是注册有机品牌需要大量的资金，而且需要每年认证，政府投入少，单靠农户和合作社，品牌建设困难重重。在推广上，多数特色农产品规模小，且以线下销售为主，辐射范围有限，而且不注重产品的设计和包装，品牌影响力不大，难以带动产业发展。

三、峨眉山市建设县域现代农业特色产业体系的路径

通过对峨眉山市建设县域现代农业特色产业体系存在的问题进行分析，课题组提出以下建议：完善特色农业产业链，增加产业附加值；拓展特色农业产业多功能，促进产业融合；建设特色农业产业品牌，提升产业影响力。建设县域现代农业特色产业体系，促进特色农业产业高质高效发展，增强特色农业产业综合竞争力，助力乡村振兴。

（一）完善特色农业产业链，增加产业附加值

（1）完善产业链条。首先，在产前环节培育优良品种。品种质量决定产品质量，要加大对茶叶、蔬菜、中药材、水果、藤椒等特色农产品优良品种的研发和引进。加大研发投入的力度，通过与高等院校、科研院所等合作，培育高质量的特色农产品品种，引进、试验、推广优良品种，提升产品的竞争力。其次，在产后加工环节促进企业生产工艺和设备改造升级，完善加工体系。加强政策扶持力度，推动特色农产品加工由初变深、由粗变精。在峨眉山茶开发上，可以生产抹茶、超微茶粉、茶食品等精深加工产品，实现产品的提档升级、提质增效。峨眉山药可以利用先进技术提取中药材中的某些成分，实现中药材产业从传统的药品向医药保健、康养产品、文旅产品的跨越式发展，提高中药材的产业附加值。峨眉山菜和果可以推出果蔬主打的干果、饮品等再加工品。采取订单生产和产品定制等方式，倒逼产业链条延伸和产品提档升级。最后，在产后流通环节要建设特色农业产业链综合服务中心，推进特色农产品的运输、仓储保鲜冷链物流等设施的完善。茶叶、中药材、果蔬等特色农产品易损耗，需要提高产品的运输、贮藏保鲜能力。可以建特色农产品预冷库，提高储存保鲜能力，还可以建设集烘干冷藏、流通加工、集散批发等功能于一体的物流中心，实现低损耗、高效率。

（2）优化产业链组织模式。加大茶、药、果、蔬产业园区建设的力度，依托产业园区平台，整合土地、人才、资金等资源，围绕优势特色产业，吸引各类新型经营主体入园，培育一批经营规模大、服务能力强、管理运行好、助农效果显著的新型特色农业经营主体，凝聚抱团发展势头。加大对龙头企业的挖掘和培育，引入“龙头企业+合作社+农户”的产业链组织模式，政府进行政策倾斜，鼓励和支持龙头企业加大科研投入和人才引进的力度，对特色农产品专业化种植、精深加工、现代物流方式等方面进行研发策划，弥补“合作社+农户”模式在产品开发、存储、销售等方面力量不足的缺陷，通过专业的方式提高在生产、分配、流通等环节的抗风险能力。发挥龙头企业的引领作用，实现特色农业产业规模化、专业化、组织化，降低生产、流通和销售成本，提升产业附加值。

（二）拓展特色农业产业多功能，促进产业融合

（1）加快特色农业产业多功能拓展。要建设县域现代农业特色产业体系不仅要发挥特色农业产业的经济功能，还要充分发挥其生态功能、文化功能、社会功能等，加快特色农业产业与农村第二、第三产业的融合。首先，需要做好顶层设计，依托峨眉山市各乡镇的资源优势和产业特色，制定发展规划，发挥“一村一品”“一乡一业”的示范带动作用，因地制宜发展多功能特色农业产业，打造集中连片，且具有一定优

势的特色产业集群，抓好产村一体、农旅一体；其次，需要相应的配套政策，完善峨眉山市特色农业产业体系发展扶持政策，从产业规划、财政投入、激励保障、金融补贴等方面建立完善相应的政策机制，为特色农业产业多功能扩展营造政策环境；最后，还需要完善基础设施，保障具备高标准的供水、电力、交通、通信等基础设施，创造特色农业产业多功能性的基础环境。

（2）发展产业融合新模式。2021 年 8 月，习近平总书记在河北省承德市考察时指出，“产业振兴是乡村振兴的重中之重，要坚持精准发力，立足特色资源，关注市场需求，发展优势产业，促进一二三产业融合发展，更多惠及农村农民。”[5]可以挖掘特色农业产业在旅游、文化、康养、休闲观光等方面的功能和价值，推动特色产业的融合渗透，实现产业兴旺，为乡村振兴赋能。发展“特色农业+文化”“特色农业+旅游”“特色农业+康养”等产业融合模式，引导特色农业产业与文创产业、乡村旅游、医药康养等产业融合，实现特色农业产业兴农富农目标。

一是发展“特色农业+文化”。可以挖掘茶叶、中药材等特色农业产业的文化资源，建成集参观、学习、娱乐为一体的茶文化、药文化展示中心，通过翔实的图文和实物展示文化魅力。举办茶文化、药文化培训班，培养文化传承人。可以借鉴浙江上虞丁宅乡模式，丁宅乡发展四季仙果产业，充分与当地的乡贤文化、红色文化、知青文化、上善文化、产业文化等结合。二是发展“特色农业+旅游”，在目前打造的 8 个茶旅融合示范点、5 条精品茶旅线路上进行提档升级，促进茶产业各要素与旅游业的融合。还可以提档一些精品茶旅环线，可以沿符双大道、青杨大道，发展“茶+果”立体生态茶园。在其他特色农业产业上可以开发药旅融合、菜旅融合线路，升级果旅融合线路，并打造以茶叶、蔬菜、中药材、水果等特色农产品为主且具峨眉特色的小村、小镇、主题公园等，推进产业深度融合。可以借鉴浙江柯城七里香的创新模式，依托蔬菜、竹海等特产优势，以“登山健身游、竹林观光游、蔬菜采摘游、文化享受游”为旅游产品，举办民宿现场会、粽香文化节、山村音乐会等特色节庆。三是发展“特色农业+康养”。依托茶叶、中药材、果蔬等特色农业产业，发展特色农业深加工和精加工产业，研发制作特色农业康养高端产品，开发其保健康养和食疗的功效。充分利用各乡镇具有丰富的康养农业资源，打造康养农业。

（3）加强科研支撑和人才培养。加大对特色农业产业的科技投入，引导各类资本进入特色农业产业。构建特色农业产业驱动和激励机制，在税收、贷款等方面给予一定的优惠政策，推动龙头企业、合作社、家庭农场等新型经营主体与高校、科研院所的产学研合作，促进功能开发，实现产业融合。培养特色农业产业多功能拓展人才，引进农技专业高层次人才，深度挖掘特色农业产业的生态、文化、社会等功能，开展创新性研究，推动改良和研发新产品和新工艺。鼓励高校毕业生和外出务工青年返乡创业，完善相应人才服务乡村激励机制。邀请专家学者，围绕特色农业产业多功能拓展，通过线上线下集中授课、现场教学等方式定期举办专题培训班，加强对农村特色产业发展主体和带头人的培训和培育，并组织职业技能比赛、学历提升，提高农民的科技文化素质和职业技能，发展壮大农村乡土人才技术队伍。

（三）建设特色农业产业品牌，提升产业竞争力

（1）增强品牌意识。要增强特色农业产业生产者的品牌意识，需要转变其观念，让农户意识到品牌建设的重要性，正确认识品牌，接受品牌理念。可以通过品牌知识、品牌效能等方面的宣传、培训提升其对品牌建设重要性的认识，利用典型案例让农户意识到产品质量好只是销路好的一个关键因素，品牌建设则可以增强产品的竞争力，拓宽销路，提升涉农效益。还可以通过发展龙头企业，发挥资源优势，引进品牌建设的专业人才，提升经营者的品牌意识，带动特色农产品品牌建设。

（2）提升特色农产品品质。绿色安全的特色农产品是建设县域现代农业特色产业体系的内在要求之一。要突出质量导向，发展无公害、绿色、有机特色农产品，树立良好的品牌形象。推进特色农产品标准化体系建设，在品种选择、种植、管理、加工、流通等各环节严格执行绿色标准，推广测土配方施肥、有机肥替代化肥、病虫害绿色防控产品和技术。建立特色农产品品质安全检测制度，并建立乡镇检测站，对特色农产品进行实时检测，并对数据进行管理，设定严格的特色农产品农残抽检合格率，守住特色农产品绿色健康发展的底线。设立特色农产品质量“红黑榜”，并进行奖惩。健全特色农业产业安全追溯体系，利用互联网、二维码实现在种植、加工、流通、销售各环节的安全追溯，并形成信息完善的溯源码，对合作社基地及农户进行产地编码并建立农户档案，保证特色农产品的品质。积极开展特色农产品无公害认证、绿色认证、有机认证，打造健康生态安全的峨眉山特色农产品基地和品牌，并赢得国际、国内市场认可。

（3）加强特色农业产业品牌营销。一是政府要引导特色农业产业品牌的建设，增强自主品牌意识，加大对“峨眉山茶”“峨眉山蔬菜”“峨眉山药”等品牌打造的支持力度，做大做强特色农业产业品牌，努力构建峨眉山市现代农业特色产业体系，形成“峨眉山特色农业产业”品牌体系。优化特色农产品的品牌标识和形象设计、包装，对产品品种、种植和文化等元素进行综合包装，并使用一些特别的品牌广告语，比如峨眉芯茶叶品牌广告语“峨眉芯，蜀茶韵，名山情”“一山一境界，一叶一芯香”，提升品牌吸引力。二是要拓宽特色农产品的销售渠道。不仅通过合作社、家庭农场等新型经营主体与大型商超合作，扩大线下销售规模，更要充分利用“互联网+”的模式，在“淘宝”“京东”“拼多多”等平台进行线上销售，建立线上交易微商平台。充分利用自媒体营销，可以通过直播带货的方式进行产品营销，利用抖音、快手等短视频平台向网民介绍峨眉山市特色农产品，并开通购买渠道，借助网络销售平台，宣传推广

峨眉山市特色农产品。三是要对特色农产品品牌加强推广。利用微信公众号和县域网站专栏开设特色农产品专栏，通过央视报道、机场、高铁站、路牌等广告媒体大力宣传峨眉山茶、峨眉山菜、峨眉山药等特色农产品，提高区域地方特色农产品品牌的市场曝光率和产品使用率。通过举办或者参加各类展销会、交易会、博览会等，扩大特色农产品的知名度。峨眉山市已连续 5 年举办茶博会，也举办过中医药博会，还可以通过举办或参加菜博会、果博会等主题活动，打响特色农业产业品牌，提升产业竞争力。

参考文献

[1] 中共中央国务院印发《乡村振兴战略规划（2018—2022 年）》[N]. 人民日报，2018-09-27.

[2] 登山不止 矢志图强 为全面建成绿水青山典范城市 阔步社会主义现代化新征程不懈奋斗——中共峨眉山市委十四届十三次全会暨经济工作会议召开[EB/OL].（2021-01-05）.http://www.jrem.cn/content/jrem-12-9709.html.

[3] 登山不止 实干图强 奋力夺取建设世界重要旅游目的地新胜利[EB/OL].（2021-10-14）.http://www.jrem.cn/content/jrem-34-10998.html.

[4] 曾慧，郭永田，刘景景，等. 现代农业产业体系建设路径研究[J].华中农业大学学报（社会科学版本），2017（2）.

[5] 习近平在河北承德考察时强调 贯彻新发展理念弘扬塞罕坝精神 努力完成全年经济社会发展主要目标任务[EB/OL].（2021-08-25）.http://www.gov.cn/xinwen.

[作者简介]

吴月华（1991— ），女，汉族，四川眉山人，中共峨眉山市委党校讲师，主要研究方向：科学社会主义。

井研县建设“成乐一体化发展先行示范区”的路径思考

黄丽萍 王雨婷 余海 王竞 冯桢棣 刘佳

【摘 要】2020年1月3日，中央财经委员会第六次会议首次提出，要推动成渝双城经济圈建设，在西部形成高质量发展的重要增长极。2021年，成都市人民政府与乐山市人民政府就推动成渝双城经济圈建设，深化成乐一体化发展，在2018年签署的《推动一体化发展战略合作协议》的基础上再次签订了《成乐一体化发展合作协议》。在成乐一体化发展中，井研县不仅在地理位置方面条件优越，在经济社会发展现状和资源特色方面，也具备了相应的基础和优势。将井研县打造为成乐一体化发展先行示范区，对于促进井研县域经济整体发展和提升综合竞争力具有重要作用，将为乐山加快融入成渝双城经济圈建设提供可借鉴的经验和做法。

【关键字】井研；成乐一体化；成渝双城经济圈；先行示范区；路径

“建设成乐一体化发展先行示范区”是中共乐山市委对井研县的定位，是根据井研县的比较优势决定的。井研县地处四川盆地西南、乐山东部，县城北距成都142千米、西至乐山37千米、东南至自贡118千米，是乐山连接成渝、川南、攀西三大经济区的重要节点，是乐山向东开放的前沿阵地。建设成乐一体化发展先行示范区对于促进井研县域经济整体发展和提升综合竞争力具有重要作用，将为乐山加快融入成渝地区双城经济圈建设提供可借鉴的经验和做法。

一、井研县建设“成乐一体化发展先行示范区”的现状分析

（一）现实基础

（1）综合实力大幅提升。2020年，井研县地区生产总值突破120亿元，是2015年的1.5倍，按可比价计算年均增长6.3%；完成地方一般公共预算收入2.54亿元；全社会固定资产投资年均增长16%；城镇、农村居民人均可支配收入达35 824元、17 746元，分别是2015年的1.5倍、1.6倍。坚持深化供给侧结构性改革，三次产业结构不断优化。粮油、畜牧、柑橘、水产等产业蓬勃发展，成功打造百里产业环线，

被评为全国柑橘三十强县，入选国家晚熟柑橘优势特色产业集群。马踏工业园区建成四川井研经济开发区、省级农产品加工示范园、中国工装面料名城。招商引资成效显著，卡卡文化旅游项目成功落地，国际商贸城、康贝德高端家具板材项目加快推进。

（2）三大“攻坚战”成果显著。脱贫攻坚收官战取得阶段性胜利，井研县 7 300 户 20 201 名贫困人口全部脱贫，10 个省定贫困村全部退出，贫困发生率明显下降。污染防治力度空前加大，建成全市首个城市生态湿地公园，生态环境明显改善；县城生活垃圾无害化和污水处理率分别达到 95%和 85%以上，茫溪河水质得到明显改善。防范化解重大风险成效明显，扎实推进债务风险化解，金融机构不良贷款率降至 4.18%。

（3）基础设施明显改善。井研县城品质不断提升，成功创建国家卫生县城，统筹推进“一城两新区”建设，重建“四李桥”，完成仿古风貌塑造、幸福大道、井乐大道等改造工程。交通基础日趋夯实，“十三五”期间，井研县交通建设累计完成投资 71.03 亿元，仁沐新高速公路井研至犍为孝姑段完工通车、连乐铁路井研段完成铺轨、井乐快速通道及延伸线顺利通车，开通 306 路城际公交，改善群众出行；井三路、四宝路等 12 条县乡公路全面完工，国省干线道路路面使用性能指数达到 96.6，居全市前列，高于全省平均水平；2020 年井研县创建成为四川省“四好农村路”示范县，完成村道建设 139.75 千米，打造“四好农村路”示范路 104.3 千米。水环境逐渐改善，水利投资大幅增长，增加蓄引提水能力 111.3 万立方米，改善灌溉面积 3.43 万亩，新增节水能力 194.72 万立方米；实施农村饮水安全工程，解决了 13.26 万农村人口饮水安全问题；治理中小河流长度 5.68 公里，治理水土流失面积 72.8 平方千米。

（二）比较优势

（1）区位条件优越。井研县处于成都天府新区、川南经济区、攀西经济区结合部，是乐山东向开放的前沿阵地；同时井研县具备“三个最近”优势：离成渝双城经济圈发展主轴最近、离天府新区最近、离成都东部新区最近，是乐山融入成渝双城经济圈的桥头堡。“十四五”期间，井研是乐山北向东向发展的切入点，是成渝地区中部重要支点城市之一。

（2）交通网络畅通。乐自高速、仁沐新高速、井沙联网畅通工程贯穿全境，G213 线、G348 线纵横交错，井乐快速通道直达乐山 30 分钟，仁沐新至成都 1 小时，至天府国际机场 89 公里，处于乐山半小时经济圈和天府新区 1 小时时空圈。连乐铁路即将竣工，正加快布局乐资高速、乐山至天府机场高速、雅眉乐自城际铁路，规划实施天府大道乐山延伸线井研段，物流半径短、要素流动快、辐射范围大的现代交通一体化格局已经让井研县的综合竞争力、投资吸引力日益凸显，完全能够成为成渝地区支撑配套的首选地。

（3）产业基础扎实。井研县产业呈现“一产实、二产特、三产新”的错位发展优势。井研农业在成渝地区乃至全国有一定影响力，是全国产粮大县、生猪调出大县、柑橘产业三十强县，全省农产品主产县、农村改革综合试验区、现代农业示范县。“井研柑橘”区域公共品牌荣获国家农产品地理标志认证，市场供给率较高。井研工业在纺织、家居、小农机、农副食品加工等方面有一定基础，建成了四川井研经济开发区、省级农产品加工示范园、中国工装面料名城。井研三产后发快行，以研溪湿地为中心的休闲康养、以中宏国际为中心的商贸物流、以紫晶国际为中心的特色街区等现代服务业态初具雏形。

（4）资源优势突出。矿产资源丰富，已探明的地下矿藏有岩盐矿、建材页岩、水泥用石灰岩、煤炭及天然气等，岩盐资源储量约100亿吨，天然气和页岩气储量也以1万亿立方米储量居全省前列。旅游资源丰富，井研县历史文化悠久，置县1 400余年，以“国学重县”“盐马古道”闻名，经学、史学、文学等国学资源丰盈深厚、门类齐全，对研究巴蜀文化具有特殊地位；拥有雷氏民居、三江宋塔两处国家级重点文物保护单位，是文化部命名的“中国民间文化艺术之乡”，也是四川唯一“中国农民画之乡”，浓郁的川西风情和地域特色在成乐、乐渝旅游联盟建设中发展潜力较大。

（三）存在的短板

（1）产业结构不优。井研县2020年三次产业结构比为28.3：30.6：41.1，邻近的仁寿县三次产业结构比为20.8：35.5：43.7，乐山市市中区三次产业结构比为8.3：30.2：61.5，而同为成乐一体化发展先行示范区的夹江县三次产业结构比为14.9：50.5：34.6。井研县作为乐山市唯一一个省级农产品主产区县，农业比重虽大但集约型和现代化水平低，对GDP贡献小。工业发展长期受全省主体功能区规划政策制约，体量小、布局散、支撑弱、税收少，年产值5亿以上的企业仅3家。服务业培育不足，虽拥有丰富多样的旅游资源，但未形成旅游链，结构单一、知名度不高，对外吸引旅游客源的能力较弱。

（2）要素供给不足。井研县境内无大江大河，每年用水缺口在3 500万方以上，环境承载能力较弱。工业用电成本高，影响工业项目落地。建设用地指标严重不足，2016年调减2 355亩，减少28.1%。2017年规划中期调整时，市下我县耕地保有量任务67.5万亩、永久基本农田划定任务54.6万亩，分别占全县面积840平方千米的53.6%、43.3%，均为全市最高；基本农田占比过高已成为制约重大项目实施和招商引资项目无法落地的主要因素。

（3）各类人才短缺。“人才不愿来，来了也留不住”是井研县长期以来发展面临的一大难题。人才引进政策保障措施有待完善，在职位设置、人员分配等方面对专业高层次人才的吸引力较弱，缺乏有效的引进途径。受地域和经济制约，在人才建设和培育中缺乏高效有力的措施，青年人才特别是专业技术人才无法发挥自身价值，发展空间和机会有限，人才流失严重。

二、井研县建设成乐一体化发展先行示范区的战略定位

基于井研县建设“成乐一体化发展先行示范区”的现实基础、比较优势以及短板分析，课题组认为，可以将四个定位作为井研融入成渝地区双城经济圈建设的切入点。

（一）战略定位一：成渝双城经济圈卫星城市

乐山市“十四五”规划纲要中提出推动县域经济由“大而全”向“专而精”转变，明确井研县的发展目标是融入成渝双城经济圈桥头堡。将井研县定位为成渝双城经济圈卫星城市，是井研县建成乐山融入成渝双城经济圈桥头堡的精确指引，体现了井研县在成渝双城经济圈中的地位和作用，注重了井研在发展过程中的明显区位优势。成渝双城原有的地理空间和其他环境资源有限，双城发展规模扩大的同时需要周围城市更多的环境资源和土地空间以疏导分散城市的新增人口和新增产业所需的建设用地。井研县定位成渝双城的卫星城，能与成渝双城实现产业互动、资源互享、要素互流，构建优势互补，更好促进井研社会经济发展。

（二）战略定位二：成乐地区乡村振兴新高地

建设成乐地区乡村振兴新高地与井研县“十四五”规划纲要中提出的创建全省实施乡村振兴战略工作先进县的目标相一致，突出井研现代农业园区创建、农业农村改革、宜居乡村打造等方面先行先试的经验优势。作为农业大县，近年来井研乡村振兴事业开展得如火如荼，“井研样本”频频涌现，市级以上幸福美丽新村已建成 44 个，研城“蒲亭画村”等村落成为井研乡村新的打卡地，千佛镇民建村成功入选“四川最美古村落”。在这样一份先行试点的答卷下继续奋进，井研县完全有能力建成川渝地区乡村振兴新高地。

（三）战略定位三：成乐优质农产品供应基地

成都、乐山市人民政府在《成乐一体化发展合作协议》中提出，支持两地共建农产品供应基地和“菜篮子”外延保供基地，加快完善冷链物流，推动乐山特色优质农产品直供成都消费市场。井研县打造成乐优质农产品供应基地，符合市委推进成乐一体化发展先行示范区建设的工作要求，也是对市委关于成乐一体化先行示范区建设战略部署的具体落实。

（四）战略定位四：成渝乐产业转移承接地

交通区位优势让井研县成为承接成都、重庆和乐山的产业首选地。此外，乐山市市中区和眉山市“十四五”期间因为城市对外扩张、产业结构调整以及环境的承载压力等因素影响，会选择更高效益的产业，井研县可以充分利用好成都、重庆、乐山的产业溢出效应、辐射效应、牵动效应，吸引成渝乐特别是乐山市市中区和眉山市的食品加工、纺织、家居、智能小农机等企业入驻井研。

三、井研县建设成乐一体化发展先行示范区的实现路径

建设成乐一体化先行示范区，是井研县“十四五”期间的重要任务。课题组紧扣四川和乐山的相关工作部署，立足井研县自身的突出优势和战略定位，提出井研县建设成乐一体化发展先行示范区的实现路径。

（一）解放思想，提供强劲动力

井研县打造成乐一体化先行示范区，要求井研的干部职工要主动作为、解放思想、敢立潮头。

（1）加强队伍建设。一是要以正确的用人导向引领干事创业，对于敢于干事创业的干部要落实好“容错”机制，保护干部干事创业的激情。二是要理顺横向纵向的关系，发挥好党委统揽全局、协调各方的领导核心作用，增强执行力和公信力，着力提高治理能力；要破除部门利益，树立全局观念；要破除“中阻梗”，上下同心，打造良好的服务环境。三是要加强干部教育培训，强化服务意识，破除“怕”字思想，要敢于担当，对工作不推诿扯皮，立说立行。

（2）优化营商环境。坚持把营商环境作为最大竞争力，结合两项改革“后半篇”文章，聚焦企业和项目办事“痛点”“堵点”“难点”，纵深推进“放管服”改革，推行群众“最多跑一次”改革，建立企业诉求平台，着力打造全省一流、市内领先的营商环境。

（3）加强过程管理。将“十四五”规划中重点任务纳入目标管理，县委督查办要对落实情况进行全面监督通报，确保各项重点任务高质量推进、高标准落实。

（二）多措并举，做强二产

（1）开放平台，招大引强。依托“省级经济开发区”，加快完善马踏工业园区的总体规划和产业规划，建设产业承接地和产业配套区。按照“规划科学、布局集中、用地集约、产业集聚、特色突出”的要求，围绕“一区两园”布局，统筹推进四川井

研经开区扩区调位，高起点、高标准规划建设马踏工业园区，探索园区市场化建设运营模式。

（2）完善链条，以企招商。加快打造全省轻工业制造基地，立足纺织产业基础和人力资源既有优势，加大与乐山市土主镇纺织园区的协作力度，共同招商，为乐山市纺织产业强链、补链，以扭转纺织产业链中端（织布、印染）大、前端（纺纱）小、后端（服装）弱的困局；加大智能制造和新材料研发，打造纺织产业发展新高地，打响“中国工装面料名城（基地）”品牌，将井研县打造成为全国有影响力的现代纺织基地。加强区域合作，主动对接天府新区、眉山市等地的纺织企业，以马踏工业园区为载体，优先布局纺织产业，重构产业链，引导产业合并和兼并重组，做强升级产业链。

加快做强做大家居产业，积极回引我县家居产业人才和企业，做好家居小镇落户企业的土地置换和基础设施建设。以石家桥和马踏工业园区的优势资源，实现企业区域与功能总部、科技成果的转移；借助技术扩散的机会，重点发展多品类、全场景的家居产品制造。打通上游研发渠道，研发产品开发技术，实现产品原材料多元化利用。对接下游销售渠道，扩展销售半径，探索“线上+线下”组合销售模式，加强本地家居品牌建设。

（3）夯实基础，精细加工。实施“农业＋”工程，坚持产地粗加工与精深加工相结合，加强农产品专用原料基地建设，大力发展农产品加工。加快建设畜禽、果品、蔬菜等产品冷藏、气调贮藏设施，积极开发农产品精加工产品，促进农产品顺利进入终端市场和后续加工环节，提升农业终端产品品质。

做强农产品加工业，建立与成都、重庆、乐山三地农产品加工工业园区交流合作机制，积极探索与东部地区建立“飞地园区”，整合优势资源壮大农副产品加工工业能力。开拓“成渝乐三城市场”，将农产品精加工产品销售环节扩展至三城市场，优化冷链布局，搭乘成渝乐三城“顺风车”，将井研打造成成渝乐三城绿色生态农产品供应地。

（三）转型升级，做亮一产

成都、乐山的农产品主要供应地分别是眉山市和市中区，但随着成都都市圈和乐山百万人口城市的培育建设，在追求更高质量发展、更高经济利益的驱动下，眉山市仁寿县、洪雅县、青神县、乐山市中区等产业结构调整，给井研农业发展留下更多的蓝海。井研县作为农业大县，完全有能力成为成都和乐山的“菜篮子”，满足天府新区、乐山市区新增人口对农产品特别是高端农产品的现实需要。

（1）做优种植业。“做绿”粮油作物基础产业，推动高标准农田与粮食安全生产。依托奇能米业、林翔米业等，在三教乡、宝五乡建设现代农业粮油园区。深入实施“藏粮于地、藏粮于技”战略，全面推进农业“两区”划定38.2万亩，统筹推进高标准农田建设28.41万亩，提高耕地综合生产能力。扎实抓好“五新”（新品种、新技术、新肥料、新农药、新机具）示范推广，推进农业废弃物资源化利用，有效减少农业面源污染，确保粮食安全。

升级打造“井研柑橘”品牌，提升“井研柑橘”品牌价值。坚持提品质、创品牌、延链条、强管理，持续抓好“一环线四基地”建设，全面延伸百里产业环线，打造百亿现代农业产业集群，配套建设标准化柑橘科技示范基地、果畜（渔）循环园、商品化处理中心、专家大院、良种繁育共享中心等，打造全产业链柑橘现代农业园区。

（2）做强养殖业。提升畜禽养殖优势产业，推动种养结合与粮经饲统筹发展。依托蓝雁畜牧、新希望、奕嘉怡、仟和牧业等，以畜禽粪污资源化利用中心为纽带，在千佛镇、周坡镇、纯复镇建设现代农业畜牧园区。坚持以种定养、以养定种、种养平衡，合理布局特色种养殖业，发展生态循环农业，建成标准化规模养殖小区，促进养殖产能提升，质量提高。

发展水产养殖特色产业，推动健康生态养殖与水环境保护。加强同市中区童家镇的合作，依托丰润水产、富强水产等，在纯复镇建设现代农业水产园区。坚持健康生态水产养殖，科学调整水产养殖结构，因地制宜发展池塘健康养殖、稻渔综合种养、水库生态养殖、工厂化循环水养殖、池塘工程化循环水养殖等健康养殖模式。

（3）提升科技水平。现代科技是延长产业链，推动产业升级，实现高质量发展的关键因素。井研农业应加强同川渝高校以及科研院所的合作，建立一批技术创新中心、新品种繁育中心等创新平台；构建长期稳定协同创新网络机制，加速科技成果转化。加快落实数字农业科技孵化园建设、农产品智慧批发市场建设。推动农业云计算、农业大数据、农业新技术、农业新装备在园区广泛应用，提升园区科技化、智慧化水平。

（四）着力培育，做足三产

大力发展第三产业，依托井研县独有的丰富资源和文化，加快融入巴蜀文化旅游走廊。

（1）深入挖掘本土非物质文化遗产。井研县非物质文化遗产底蕴深厚，内涵丰富，共有8类16项县级非物质文化遗产，2020年又新发现3项非遗。井研县应加快对雷氏民居本体和熊克武旧居等的抢救式修缮和保护性开发；整体保护古代文化遗迹和古村落，深度挖掘农耕传统、民间技艺等乡土文化，保持遗产的真实性和完整性，推动井研特色文化繁荣发展。利用文化和自然遗产日、重要传统节日等，因地制宜开展宣传展示活动，加强对非物质文化遗产的宣传工作。

（2）着力培育文旅新亮点。井研具有交通区位优势，周边区县又有知名旅游景点。“十四五”期间，井研县应主动对接成都城市群、成渝南区城市群，联合周边城市共同发展，充分发挥区域旅游枢纽的独特优势。同时，结合自身生态资源优势，错位发展研学旅游、盐浴康养、湿地景观、动漫文旅、农耕体验等新业态。打响“中国橘乡·古韵井研”品牌，擦亮“国学之乡”“农民画乡”““柑橘之乡”“垂钓之乡”“盐浴之乡”五张特色乡村旅游名片，建成具有特色、错位竞争的文旅、农旅、康旅项目，将生态产品所蕴含的内在价值转化为经济效益、社会效益和生态效益，进一步促进县域经济增长。加快落实卡卡文化旅游、井研·蒲亭新村乡村旅游、农民画艺术中心、盐马古道走廊等项目，将井研建设成为巴蜀文化旅游走廊的新打卡地，争创全省全域旅游示范区。

（3）提高文旅项目宣传力度。旅游网络新媒体营销是未来旅游业营销的主导模式，“十四五”期间，井研县应在新媒体建设和人员素质上加大投入，充分整合新媒体平台的营销功能。加大力度建设网络基础设施，推进县域文旅项目的信息化建设。加强县区联动，对重大活动、重大事件做好整合营销；同时，对相关人员进行网络新媒体应用技术培训，加大营销人员的信息服务意识。重点依托成都和乐山两市，通过发展国学民间艺术文化、生态山水文化、盐马古道文化系列旅游产品，开展相关文化旅游节庆活动，扩大市场影响力，吸引来自成都、乐山等地的客源群。

（五）主动作为，破解要素瓶颈

（1）构建交通网络。完善对外大通道。对接省市立体化大交通网络布局，深入开展新一轮交通三年攻坚大会战，规划建设“三高三铁三干道（“三高”即乐自高速、仁沐新高速、乐资高速；“三铁”即连乐铁路、雅眉乐自城际高铁、乐宜铁路；“三干道”即天府大道乐山延伸线〈G213〉、G348、井乐快速通道〈S308〉)”，构建县域经济发展环形公路，实现“融入成乐、两化互动、统筹城乡、投资拉动、产业支撑”目标。

（2）优化微循环品质。推进连乐铁路高滩火车站连接线工程，实施S213、S308、S401提档升级工程，重点交通节点全覆盖，促进铁路运输与公路运输的便捷转换。同时，推进城乡客运一体化发展，新建井研公交车站，实施城乡公交一体化，实现县城到镇公交全覆盖、镇村便民小客全覆盖，鼓励道路定制客运发展。着力探索农村客运发展新模式，不断完善客运货运运输网络，合理布局农村综合运输服务站，促进公众出行便捷化、货物运输物流化。

（3）配套渠系水网。立足于井研县水资源缺乏、治水矛盾、城水关系重大新变化县情，重塑井研“五位一体”水资源配置格局思路，逐步形成高效节水、都江堰引水、水利工程蓄水、长征渠和岷茫水系工程补水的水资源配置的新格局。全力抓好岷茫水系连通工程、都江堰引水工程等重大水利工程建设，规划布局长征渠井研段，配套完善渠系水网，推进农村水系综合整治，建成城乡供水一体化工程，补齐农村基础短板，破除我县产业升级、民生保障等方面的水资源“瓶颈”。

（4）争取用地指标。2021 年，全市开始统筹用地指标，井研县应借助市委、市政府调增“东进”战略重点区域建设类用地的机会，对上争取用地指标。另外，实施相关项目，新增土地指标，比如周坡镇全域土地综合整治项目，将新增土地指标 1 000 亩左右。

（5）加快构建物流网。物流网络建设对县域经济发展有着重要影响，从成都都市圈到川南经济圈之间的交通连接线与从雅安到重庆的连接线在井研交汇，省内各经济板块之间的协作程度进一步加深，为井研带来了前所未有的物流经济发展机遇。“十四五”期间，应立足于井研县自身的交通区位优势，加快发展现代物流业，建成“立足乐山、服务成都、连通周边省市”的全省重要物流节点，带动人流、物流、资金流、技术流、信息流加速汇聚，全面增强对区域现代服务业的引领与带动作用。大力推动农产品现代流通体系建设，积极支持本地冷链物流项目建设，完善农产品源头采集预冷、收储冷藏、粗加工冷链为一体的冷链体系功能。

井研县应积极培育物流市场及重点企业，加快推进马踏现代物流园区、高滩家居物流集散地、农商互联集配中心、意龙纺织工装面料物流基地等 4 个物流项目建设，将马踏物流园区建设成为仓储、物流、销售为一体的专业化、现代化、标准化、智慧化物流园区。

（六）优化布局，涵养宜居环境

（1）优化城市布局。围绕打造城市公园新样板的目标，加快推进“两城三区”建设。老城区注重“疏解提升”，在只拆不建的原则基础上重点改造老旧小区，拆旧新增地块主要用于公共绿地、休闲广场、停车场等市政配套，逐步完善城市功能。重点打造快速通道以南，从高铁站沿东至湿地公园周边区域的研溪新城，形成品质最高、密度最小、景色最美的公园城市。城南片区主要围绕“集约宜居”建设高品质生活集聚区，打造雍景蓝庭至卡卡文化旅游项目。在高速出口至五里桥两侧区域的河东片区，围绕“产城融合”，建设高标准综合服务区。围绕“生态绿城”规划布局城北新区，为井研未来城市发展留足空间。

（2）建设高水平生态文明。切实发挥井研地处成乐一体化发展“连接点”的区位优势，促进井研与乐山生态环境共保共治，推进环境治理与产业转型升级、绿色产业融合发展。健全农村人居环境长效机制，依托乐山市废弃物资源循环利用基地建设项目，以创建省级循环经济示范县为目标，深入推进井研农村清洁取暖、厕所革命、生活垃圾处理和污水治理，推进道路、供水、供电、通信等基础设施一体化监管，深入实施美丽乡村生态文明示范建设行动。开展“清洁村庄”创建活动，打造省、市级“清洁村庄”，实现井研县生态文明高水平发展。此外，多管齐下抓好大气污染防控、固废管理、土壤修复试点等综合防治，推进“绿秀井研”行动，加快全省竹林风景县建设。

纵深推进茫溪河、泥溪河等主要河流水污染治理，严格落实河（湖）长制、排口“口长制”，积极推进城市雨污分流和地下管廊建设，规范集镇污水处理站运行管理。推进实施岷茫水系一期（白井干渠）工程建设项目，开展水产养殖污染治理三年攻坚行动，推行全循环养殖，杜绝养殖废水直排。充分发挥好乐山乐高勤力生物质能综合利用有限公司的作用，规范生猪养殖粪污处理行为，建立健全畜禽粪污集中处理、循环利用长效机制。

（3）建设绿色生态宜居城。聚焦建设川南治水典范、休闲胜地、宜居绿城，坚持以产兴城、产城一体、景城互动，不断优化城市空间、完善城市功能、增强公共服务、做美城乡环境，繁荣社会主义先进文化，提高文化软实力，以多样化为美，突出地方特点、文化特色和时代特征，推动文化和旅游融合，保护传统村落和乡村风貌，推动优质资源向井研覆盖、消费人气向井研集聚，促进绿色生态宜居城建设，将井研建成乐山东向开放的“会客厅”、成渝都市生活的“后花园”。

（七）交流合作，完善引才育才留才机制

（1）实施人才互派交流。依托成都、重庆、乐山人才优势，探索建立多层次、多领域、常态化的人才双向交流、培训、学习机制，每年选派20名干部到成都、重庆、乐山挂职，引进成都、乐山专业型人才到县级部门和园区挂职，形成人才双向互派、共促繁荣的长久合作机制。

（2）加大高素质人才引进。借力成都重庆国际级大市场，鼓励企业在县外人才智力聚集区设立孵化器、研发机构等“人才飞地”，就地引用高层次人才，实现“县外运营、成果回归”。加强与成渝乐高校合作交流，建设院士专家工作站，推动“产学研政企”联盟发展，“不求所有，但求所用”，促进人才自由流动和人才资源有效配置。组织实施制造业人才培养引进计划，打造优秀企业家人才队伍。探索实施“周末工程师”“周末专家”机制，破解行业发展的技术难题。

（3）充分发挥本地专业技术人才的作用。建立专业技术人员到企业兼职兼薪和离岗创业制度，对紧缺急需的特殊人才，要有特殊政策，构建充分体现知识、技术等创新要素价值的收益分配机制，让事业激励人才，让人才成就事业。作为农业大县，井研县应落实好《井研县农业科技体制改革试点激励农业科技人员创新创业的实施方案》，让农业科技人才活力得到最大限度的释放。

（4）推动培育人力资源服务业。进一步理顺政府与市场的关系，实现人力资源市场领域的管办分离，引进和建设一批人力资源服务机构，构建专业化、数字化、多元化的现代人力资源服务。推动培育人力资源服务业，加快推进以人为核心的新型城镇化，率先融入成乐一体化发展。

[作者简介]

黄丽萍（1967— ），女，汉族，四川井研人，中共井研县委党校四级调研员，主要研究方向：党建、社会管理、经济学。

王雨婷（1993— ），女，汉族，四川乐山人，中共乐山市委党校经济学教研室讲师，主要研究方向：区域经济学。

余海（1981— ），男，汉族，四川乐山人，原中共井研县委党校副校长，主要研究方向：党建。

王竞（1978— ），女，汉族，四川井研人，中共井研县委党校讲师，主要研究方向：法学。

冯桢棣（1990— ），女，汉族，四川井研人，中共井研县委党校一级科员，主要研究方向：行政管理。

刘佳（1989— ），女，汉族，四川乐山人，井研县发改局中级工程师，主要研究方向：法律（法学）。

沐川县创新机制加快农业农村现代化的调查与思考

段流华

【摘　要】加快农业农村现代化是解决山区脱贫摘帽县农业农村发展不平衡不充分问题的驱动器。作为乌蒙山集中连片特殊困难的沐川县，脱贫摘帽后要加快农业农村现代化，就必须结合本地实际，进一步创新农业农村帮扶机制，实现巩固拓展脱贫攻坚成果同乡村振兴有效衔接；持续深入推进农业农村体制改革，创新机制壮大村集体经济，加大财政金融支农助农力度，创新农业农村基层治理机制，提升治理能力，有效治理乡村，创新机制加快农业农村现代化。

【关键词】沐川县；创新机制；加快农业农村现代化

作为乌蒙山集中连片特殊困难的沐川县，脱贫摘帽后如何加快农业农村现代化呢？本文作者从研究沐川县农业农村现代化现行推进机制入手，采取走访调查、实地参观、与涉农干部或农户代表座谈、查阅资料等研究方式，对沐川县如何创新机制加快农业农村现代化进行了调查与研究，针对沐川县农业农村现代化存在的主要问题提出对策建议，旨在为沐川县及全国集中连片特殊困难地区县脱贫摘帽后加快农业农村现代化提供一定参考。

一、沐川县农业农村现代化的主要表现

（一）科研突破促进农技运用，传统农业转型升级效果显著

一是与省市农业部门、四川农业大学、中茶所和省茶科所等合作，构建茶树良种繁育推广运行机制，建成“四川省茶树品种繁育推广中心”，选育出川茶 3 号等省级茶树良种和“紫嫣”珍稀茶树品种，良种选育水平在全省领先。二是建设茶树良繁基地 2 000 余亩，年提供优质茶苗 1 亿株以上。三是健全农业专业化社会化服务体系，安装使用农技推广 App，开展“三县一区”农业人才培训。

（二）园区带动壮大产业基地，乡村产业融合发展取得新突破

一是坚持以现代农业示范园区为引领，大力发展绿色有机农业，重点培育壮大林竹、茶叶、生态养殖、果蔬、中药材五大优势主导产业，建成脱贫奔康产业带，集中连片产业基地达到 328 个，其中 1 000 亩以上的产业基地有 140 个。二是大建产业示范园区，带动壮大产业基础。全县建成万亩亿元示范区 7 个，新改建特色产业基地 6.26 万亩，累计建成特色产业基地 53 万亩，基本实现村村有主导产业，户户有致富门路。三是产业发展脱贫支撑全县摘帽。产业扶贫项目覆盖全县 43 个省定贫困村，实现贫困户 4 538 户 13 957 人依靠产业发展脱贫。

（三）加工转化促进链条延伸，一二三产业融合充满活力

一是积极引进和培育农业加工企业，做优做强魔芋精粉、有机茶等生态食品精深加工，初步形成了生态食品精深加工、竹资源综合利用等特色产业，延伸产业链，提升农产品品质，增加农产品附加值。二是全县茶叶、猕猴桃、魔芋、竹笋、药蔬等农产品加工 13.5 万吨、制浆造纸 38 万吨、生猪屠宰 10 万头、贮藏 2.1 万吨，加工能力明显提高。三是以森态源魔芋为代表的外向型产品实现年出口创汇 2 000 余万美元，持续保持稳定地增长。

（四）大力实施品牌强农战略，产品品牌彰显产业特色

一是实施“区域品牌+企业品牌”双轮驱动战略，成功培育“沐源尚品”区域公共品牌，获得农产品商标认证 27 个，魔芋、茶叶等“四川扶贫”集体商标 32 个。二是建成一枝春茶叶、森态源魔芋、益民猕猴桃有机绿色食品加工基地 3 个，认证“三品一标”基地 43.6 万亩、农产品 45 个，“三品”比重达到 84.5%，“一枝春”茶业、“旭峰”猕猴桃等品牌享誉省内外。三是森态源公司魔芋产品获美国、欧盟、日本有机认证，并研成功创建为省级有机产品认证示范县和省级农产品质量安全监管示范县。

（五）主体带动推动机制创新，纷纷形成双赢利益联结机制

一是通过订单农业、股份合作等方式，建立“支部+合作社+农户”等利益联结机制，让更多的农户参与产业经营收益分成。二是加快培育农民专业合作社、家庭农场等新型农业经营主体，建成农业龙头企业 16 家、农民专业合作社 320 个、家庭农场 268 个，专业大户 1 034 户。三是发展多种形式适度规模经营，全县建立订单合同、股份合作等农业企业 8 家、农民合作社 19 家，年订单生态鸡 30 余万只，名优茶（鲜叶）、猕猴桃、药蔬 2.55 万吨，带动农户 5.3 万户，农业产业化带动面达 71.4%。

（六）粮食安全助力农民脱贫增收，农民生活水平显著提升

一是粮食播面和产量稳定，推进部级粮油高产创建示范，建设高产示范片水稻3.25万亩、油菜1万亩。2020年全县粮食播面30.66万亩、产量10.17万吨；油菜播面4.78万亩、产量5 467吨。二是落实强农惠农政策，通过“一折通”形式，兑现耕地地力保护、稻谷、农机购置等政策性补贴1亿多元。三是农民收入逐年稳定增加。2020年，全县农业总产值28.26亿元，比2015年增加6.52亿元；农民人均可支配收入17 210元，比2015年增加6 251元；城乡居民人均可支配收入倍差下降较快；荣获四川省2020年度农民增收工作先进县，受到通报表扬。

（七）扎实加强农村各类设施建设，夯实加快“三农”现代化基础

一是加强农村基础设施建设，建成农村公路1 419条2 764千米，实现100%的乡镇、村组通硬化路；城乡居民安全住房、饮水全面保障，乡镇天然气管道全面铺开，完成农村电网整村升级改造72个村。二是投资2.5亿元完成“全面改薄”，顺利通过全国义务教育发展基本均衡县评定。三是医疗保险参保率稳定在98%以上，建成标准化乡镇卫生院19个、村卫生室185个。扎实推进基层公共文化服务体系建设，实现100%的行政村公共文化服务设施全覆盖。

（八）示范推广给力乡村振兴，农村治理现代化扎实推进

一是扎实做好乡村振兴示范单位创建工作，培育乡村振兴市级示范乡镇1个和省级先进村1个、市级先进村4个。二是坚持实施生态区域主体功能区战略，划定畜禽禁、限养区107.6万亩，划定水产养殖禁、限养区59.47万亩，划定水稻生产功能区10万亩，玉米生产功能区5万亩。关闭畜禽养殖场114家、污染整治养殖场179家，有效防治农业面源污染。三是大力推进农村垃圾、污水、厕所、村貌四大革命，牵头完成新改建农村户用厕所5 070户和20个村垃圾分类及村容村貌整治试点工作；全县60 185户，已建农村卫生厕所56 961户，普及率94.64%。

二、沐川县推进农业农村现代化过程中存在的主要问题

（1）乡村振兴战略实施与巩固脱贫攻坚成果工作有效衔接尚不够好。

（2）农业现代化水平不高。

（3）财政金融支农助农力度还不够大。

（4）农业农村治理现代化推进提速不快。

三、沐川县创新机制加快农业农村现代化的对策和建议

（一）创新农业农村帮扶机制，实现巩固拓展脱贫攻坚成果同乡村振兴有效衔接

（1）创新协作帮扶机制，巩固脱贫攻坚成果。一是创新东西部协作和对口支援、社会力量参与帮扶等机制。深化东西部协作，争取中央单位开展定点帮扶，围绕东西部协作和主动争取对口支援工作开展农业农村区域交流合作。二是创新与东西部协作和对口支援单位的信息交流与资源对接机制。继续强化产业合作，争取和引导支援企业来投资农业项目，建立农业生产基地。加强人才合作，继续争取到支援地区培养农牧业人才和农村致富带头人。三是建立帮扶平稳过渡机制，确保主要帮扶政策总体稳定。逐项推进政策分类优化调整，合理把握节奏、力度和时限，做好同乡村振兴在政策举措、发展规划、考核机制等方面的有效衔接，逐步实现从集中资源支持脱贫攻坚向全面推进乡村振兴平稳过渡。

（2）创新拓展结对帮扶困难村机制，促进乡村振兴有效衔接，加快农业农村现代化。一是持续关注相对落后村、脱贫村等重点村的发展动态，帮助重点村进一步升级产业、培育高素质人才、提升基础设施公共服务建设水平，全面推进乡村振兴、加快农业农村现代化进程。二是加强农村低收入人口常态化帮扶。对脱贫人口中丧失劳动能力且无法通过产业就业获得稳定收入的人口，以现有社会保障体系为基础，按规定纳入农村低保或特困人员救助供养范围，并按困难类型及时给予专项救助、临时救助。三是创新帮扶机制，接续促进脱贫发展，助力全面实施乡村振兴。对帮扶成效好、基础条件好的村，支持其建设成为乡村振兴示范村。

（3）建立健全巩固拓展脱贫攻坚成果长效机制，强化农民困难群体转移性收入保障机制。一是创新防止返贫动态监测和帮扶机制，对农村低保对象、农村特困人员、农村易返贫致贫人口，以及因病因灾因意外事故等刚性支出较大或收入大幅缩减导致基本生活出现严重困难人口等实行动态监测。二是建立健全农村困难群体常态化主动发现机制，认真落实民政部 2021 年《最低生活保障审核确认办法》，建立健全农村低保标准动态调整机制，逐步提高兜底保障水平。三是逐渐将日常性帮扶措施转变为常态化民生政策，通过政策调整和完善，将在困难帮扶中增强困难户发展能力的政策举措，转变为能够帮助广大农户参与农业农村现代化建设并分享乡村振兴红利的政策安排。

（4）建立健全优化调整帮扶工作机制，推动乡村振兴帮扶工作常态化。一是创新选派第一书记工作长效机制。继续选派驻村第一书记和工作队到巩固拓展脱贫攻坚成果和乡村振兴任务重的村开展帮扶工作，根据需要对已脱贫村、党组织软弱涣散村、

集体经济薄弱村、乡村振兴重点帮扶村、易地扶贫搬迁集中安置点所在村加强帮扶。二是争取新一轮省内组织选派的对口帮扶干部人才，深化省内对口帮扶工作，强化与省市对接，争取人才政策、扶贫政策支持，加大农业农村现代化机制创新人才开发投入力度，以提高自主创新能力为目标，加强与乐山师范学院、四川农业大学、四川大学等校（院）的合作，吸引或培养一大批加快农业农村现代化帮扶人才。三是落实脱贫攻坚帮扶干部人才关心激励政策，对县级帮扶部门、乡镇定点扶持工作成效实施分类考核并纳入全县目标管理，对帮扶工作中涌现的优秀人才给予晋级晋职，破格重用或录用。

（二）深入推进农业农村体制改革，创新机制壮大村集体经济加快农业农村现代化

（1）深入推进农业农村体制改革，创新农村产权制度和要素市场化配置机制。一是有效发挥农业农村现代化组织功能作用，把被农户侵占的公房、河滩、荒坡、荒地等集体资产全部收回，有效地维护集体经济；落实集体所有权，稳定土地承包权，放活土地经营权，成功实现“三权分置”，同时使集体与村民个人各类产权关系更加清晰、权益归属更加明确。二是深化农村集体土地机制改革，按照自然资源部办公厅2020年《宅基地和集体建设用地使用权确权登记工作问答》区分不同情形处理宅基地和集体建设用地使用权确权登记问题，探索对增量宅基地实行集约有奖、对存量宅基地实行退出有偿，鼓励农村集体经济组织及成员盘活利用闲置宅基地和闲置房屋，鼓励农民利用闲置宅基地入股农业农村现代化组织（企业）发展休闲农业。三是创新农村产权机制，探索农业农村经济多种发展壮大途径，加快农村“三权分置”改革和深化农村供给侧结构改革，培育更多充满活力的农业农村经济市场主体。

（2）农业科技作用精准发力，创新机制加快农业农村现代化。一是完善农业科技领域基础研究稳定支持机制。加快建立现代农业科技创新体系，全面提升农业科技创新与应用水平，为现代农业发展提供强力支撑，加快农业生产者知识结构的升级，加快建设现代农业融合化、智能化、信息化、网络化支持体系。二是建立和完善科技成果推广转化机制，提高农业科技成果转化率，加强农业科技社会化服务体系建设，建立推行农业科技特派员制度。三是建设农业科技中介服务体系，发展市场化、社会化农业科技服务主体作用。

（3）狠抓农业示范园区创建，农业农村现代化加快推进。一是构建国家级到县级的农业园区梯次发展体系，围绕农业科技在不同生产主体间能发挥作用的各种形式，以及围绕主导产业、优势区域促进农民增收的各种类型建设农业园区，促进区域农业结构调整和产业升级，引领现代农业产业体系高质量发展。二是坚持质量兴农、效益优先，以农业供给侧结构性改革为主线，实施新一轮高标准农田建设规划，提高建设

标准和质量，健全管护机制，多渠道筹集建设资金，中央和地方共同加大粮食主产区高标准农田建设投入，建设旱涝保收、高产稳产高标准农田。三是开展农产品加工示范园区创建行动，在具备条件的乡镇建设一批农产品加工特色园区，引导农产品加工龙头企业入园集聚发展。

（4）创新党建引领村集体经济组织发展壮大机制，打造加快农业农村现代化桥头堡。一是探索建立符合市场规律和现代经济发展要求的村集体经济组织法人治理结构，建立成员大会、理事会、监事会等制度，探索拓宽农村集体经济发展路径，强化集体资产管理，创新农业农村经济经营、管理、监督、分配机制；村集体经济组织依法依规接受监察审计等监督，健全与成都农村产权交易所合作机制，加快构建县、乡全覆盖农村产权流转交易服务体系。二是推行村党组织书记通过法定程序担任村集体经济组织负责人，村党组织提名推荐村集体经济组织管理层负责人，健全村级重要事项、重大问题由村党组织研究决定机制。三是村集体经济组织应当加强与家庭农场、农民合作社等新型农业经营主体和工商资本的联合与合作，把小农户带入现代农业发展轨道。

（三）加大财政金融支农助农力度，创新机制驱动加快农业农村现代化

（1）创新财政支持的农业保险大灾风险分散机制，推进防灾减灾能力建设。一是财政提供资金加强防控知识和防控技术的宣传，提高社会防范意识，做到群防群控；强化农业农村、气象、水利等部门联动，提升生产风险、重大动植物疫情的监测预警、阻截防控和应急处置能力。二是探索创新特色农业保险，加快建立财政支持的农业保险大灾风险分散机制，加大高标准农田、设施农业等建设力度，提高旱涝保收水平。三是做好灾害防范预案、物资储备和技术准备，指导农民落实抗灾救灾和灾后恢复生产措施。

（2）创新农村金融服务机制，拓宽乡村振兴财经保障幅度。一是探索建立“政府+市场+银行”农村金融综合服务体系，推动建立金融机构服务“三农”的激励约束机制。二是建立风险投资引导机制，支持引导风险投资、私募股权投资等参与乡村振兴，鼓励商业银行发行“三农”专项金融债券，募集资金用于支持乡村振兴项目建设，争创条件发起设立乡村振兴投资基金，推动农业农村产业整合转型升级。三是加快“农村产权+”金融产品开发，探索建立农村产权抵质押融资及风险分担机制；优化“农贷通”综合金融服务平台运营机制，引导更多金融机构参与平台建设与应用。

（3）创新多元投入保障机制，统筹整合使用涉农资金。一是优化农业支持政策，建立健全财政投入保障制度，落实财政支农投入稳定增长机制，每年公共财政支出中对乡村振兴投入达到 8%，确保财政投入与补上“三农”领域短板目标任务相适应。二是实行财政涉农资金“大专项+任务清单”管理模式，财政涉农资金渠道不乱、用

途不变，全县集中投入，专项各负其责，最终必须形成合力，统筹整合使用涉农资金。三是建立分配因素设置机制，将综合因素补助额度的20%作为考核因素，对涉农资金统筹整合情况进行绩效评价，对考核结果加以运用，使资金分配使用更加准确、公正、规范。

（4）创新“一卡通”管理长效机制，用活惠民惠农财政补贴资金。一是深化农村信用社改革，坚持县域法人地位，建立“一卡通”管理长效机制，开展金融机构服务乡村振兴评估，加大乡村振兴信贷投放，涉农金融机构单列支农信贷计划，优先保障全县乡村振兴重点领域和关键环节的信贷需求。二是统筹推进乡村振兴“川农贷”工程和“政担银”工作，落实乡村振兴农业产业发展贷款风险补偿金制度，充分发挥涉农担保公司作用，撬动金融和社会资本支持农业产业发展。符合条件的家庭农场等新型农业经营主体可按规定享受现行小微企业相关贷款税收减免政策。三是优化乡村营商环境，鼓励金融机构开展温室大棚、养殖圈舍、大中型农机具、土地经营权、农村宅基地使用权依法合规抵押融资。抓好农业保险保费补贴政策措施落实，提高农业保险服务能力。

（四）创新农业农村基层治理机制，加快实现乡村治理体系和治理能力现代化

（1）创新乡村公共服务机制，强力加快农业农村现代化。一是实施基层公共文化服务设施补短板工程，支持建设乡镇社会工作服务站点，推进城乡教育联合体和紧密型县域医疗卫生共同体建设，推动公共就业服务机构向乡村延伸，加强农村殡葬基础设施建设，完善气象防灾减灾综合服务。二是完善统一的城乡居民基本医疗保险制度，合理提高政府补助标准。逐步提高城乡居民基本养老保险基础养老金最低标准。发展农村普惠型养老服务和互助性养老，提升敬老院照护服务能力，完善县乡村衔接的三级养老服务网络。加强对农村留守儿童和妇女、老年人及困境儿童的关爱服务。三是拓展新时代文明实践中心建设，深化群众性精神文明创建活动。建强用好县级融媒体中心，在乡村深入开展“听党话、感党恩、跟党走”宣讲活动；建立竹香文化保护利用机制，深入挖掘、继承创新优秀传统竹香文化，发展竹香特色工艺产品和品牌，把保护传承和开发利用结合起来，赋予中华农耕文明新的时代内涵。

（2）创新农村寄递物流加快发展机制，提升乡村基本公共服务水平。一是增设拓宽农产品出村进城、消费品下乡进村渠道，依托村委会、超市便利店、党群服务中心、村邮站（邮乐购站点）等进行服务功能叠加，在产业村、中心村建设布局合理的村级配送点（金通驿站）。二是着力推进县、乡、村三级物流节点体系建设，加快农村寄递物流基础设施补短板，将农村寄递物流体系建设纳入相关规划和公共基础设施建设范畴，落实地方财政支出责任，支持村级寄递物流综合服务站建设，结合实际研究制

定配套措施，构建乡村物流网、邮快网、商业网、客运网、旅游网等 5 张网络，实现乡乡有网点、村村有服务。三是建立县农村寄递物流公司，叠加快递、电商等功能，引导客货运输、邮政、快递等企业，通过投资、入股、业务合作等多种形式，组建农村运输经营实体，共同打造“竹香交邮通”农村物流品牌。促进农村电商与农村寄递物流融合发展，通过“寄递+农村电商+农特产品+农户（合作社）”产业模式，助力竹香特色货出山出川。

（3）创新农药包装废弃物回收机制，建立农村生态环境保护和美丽乡村建设长效机制。一是继续实施化肥农药减量增效行动，实现主要农作物化肥、农药负增长；推进农田地膜使用减量化，推广集中育秧育苗、秸秆覆盖栽培、水稻直播等农田地膜减量替代技术。二是大力推广农牧结合生态治理模式，实现畜禽养殖粪污的异地还田利用。鼓励在养殖较为集中的区域建立粪污处理中心，探索建立受益者付费、第三方处理企业和社会化服务组织合理收益的运行机制，在有条件的地区，鼓励推广政府和社会资本合作（PPP）模式。三是健全病死畜禽无害化处理体系，实行统一收集暂存，集中进行无害化处理；在粮经作物主产区整建制推进农药包装废弃物回收试点，探索建立农药包装废弃物回收机制。

（4）创新智慧乡村建设机制，完善乡村治理体制机制。一是实施农村基层民主协商制度，建立健全村民议事制度，实现农村基层重大问题民主协商村民参与率达到 80%，实现村民议事会全覆盖。二是提升乡村管理服务办法，推进群众工作站、民生工作监督委员会、自治组织协会以及党员服务室的建设，乡村基本实现服务机制健全化、服务方法多元化、服务能力全面化。三是加快推进农村大数据、5G 网络、人脸识别、物联网传感终端等新型基础设施建设，支撑农村突发事件快速智能响应；加强平安智慧乡村建设，推进雪亮工程建设，雪亮守护人民安宁的“千里眼”，进一步加强基层社会治理信息化建设，建立农村治安防控体系，筑起“为民”防线，切实强化信息支撑。

[作者简介]

段流华（1965— ），男，四川沐川人，中共沐川县委党校经济学高级讲师，主要研究方向：农村经济、乡村治理。

推动乐山三线建设文化资源融入巴蜀文化旅游走廊建设的路径思考

古丽 黄旭 彭可 李燕琳 林春梅 梁娟

【摘　要】在庆祝中国共产党成立100周年、开展中共党史学习教育和川渝两地联合打造巴蜀文化旅游走廊的背景下，乐山的红色旅游迎来重要的发展机遇。乐山三线建设富含厚重的党史文化资源，应深入挖掘和开发乐山三线建设文化资源，推动党史资源和红色旅游的紧密衔接，抓住机遇促进乐山三线建设文化资源转化为旅游资源，推动乐山三线建设文化资源有效融入巴蜀文化旅游走廊建设，进一步宣传乐山的红色精神，为加快建设巴蜀文化旅游走廊世界重要旅游目的地提供新的旅游路线。

【关键字】乐山三线建设；红色旅游；党史学习教育

百年大党，风华正茂，汲取精神，开启新程。十九届六中全会深刻总结了党的百年奋斗重大成就和历史经验，为在受世界百年未有之大变局和新冠肺炎疫情全球大流行交织影响，外部环境更趋复杂艰巨的时期，全面开启建设社会主义现代化国家新征程，从党的百年奋斗历程汲取智慧和力量提供了理论指导和行动指南。

历史是最好的教科书，也是最好的清醒剂。2020年5月19日，经重庆市委党史研究室、四川省委党史研究室协商，川渝两地党史部门在成都签署合作框架协议，共同推动川渝地区党史事业高质量发展。2021年3月，彭清华在全省党史学习教育动员大会上强调以高度政治自觉扎实开展我省党史学习教育，切实做到学史明理、学史增信、学史崇德、学史力行，做好建党100周年有关庆祝活动，重点是要抓好党史学习教育。

红色旅游是开展党史学习教育的重要形式和途径，在庆祝中国共产党成立100周年、开展中共党史学习教育和川渝两地联合打造巴蜀文化旅游走廊的背景下，乐山的红色旅游也将迎来重要的发展机遇。乐山三线建设富含厚重的党史文化资源，重新认识乐山三线建设文化资源的价值功能，深入挖掘和开发乐山三线建设文化资源，推动党史资源和红色旅游的紧密衔接、有机融合，找准契合点、促进党史成果、三线建设文化资源转化为旅游资源，有利于推动乐山三线建设文化资源有效融入巴蜀文化旅游走廊建设，有利于进一步宣传乐山的红色精神，也能为加快建设巴蜀文化旅游走廊世界重要旅游目的地提供新的旅游路线。

一、乐山市三线建设

（一）基本情况

全面开启建设社会主义现代化国家新征程需要赓续红色血脉，把好的传统带进新征程，将好的作风弘扬在新时代。三线建设是特定历史时代的产物，是我们党领导的持续开展国家经济建设的历史见证，是学习党史和赓续红色血脉的重要内容之一，也是红色旅游路线的重要组成部分。

三线建设是特定历史时代的产物，是我们党领导的持续开展国家经济建设的历史见证，在四川的三线建设项目中，乐山具有举足轻重的地位。

对乐山的城市史而言，三线建设是极其浓墨重彩的一笔，不仅为城市带来了新产业、新企业，而且给乐山人民带来了新观念、新思维，使乐山的发展迈上了一个新台阶。乐山的工业增加值在三线建设前，从 1949 年的 1 022 万元增加到 1965 年的 4 779 万元，变化发展趋于比较平稳的状态；三线建设后，则由 1965 年的 4 779 万元增加到 1978 年的 34 252 万元，翻了 7 倍多；与此同时，农业增加值也从 1949 年的 7 919 万元增加到 1965 年的 11 366 万元，基本没有太大的涨幅，而从 1965 年到 1978 年，农业增加值发生了一次质的飞跃，从 11 366 万元增加到 28 074 万元。

三线建设为我国国防建设做出了巨大贡献的同时，也有效促进了乐山地区的工业发展、农业发展和社会进步。一是为乐山搭建了工业经济骨架，形成了雄厚先进的工业生产能力，经济实力显著增强；二是一大批科技人才集聚乐山，形成乐山人才优势；三是国家加大对城乡基础设施的投入，有效带动了乐山基础设施建设发展；四是带动了农业、消费等的快速发展；五是为乐山留下了丰富的工业遗产和宝贵的精神财富。

（二）三线建设文化类资源

1.乐山市三线建设基本情况

根据党和国家关于三线建设的总体战略部署，一线（沿海）的重要工厂和重点高等院校、科研机构，有计划地全部或部分搬迁到三线。依托成昆铁路的高山深谷地理优势，以及岷江、大渡河流域，国家有关部委在乐山布局了一批重要的大型国防军工、原材料和机械电子等具有当代先进技术的企业。国家共在乐山完成基本建设投资 35 亿多元，占全川总投资的 10%以上，建成 23 个项目，涵盖工业原材料、能源、电子通信、机械制造、专业机电制造等专业门类。以成昆铁路乐山段道路为代表的交通类，主要有成昆铁路乐山段、乐西公路改扩建等；以峨眉半导体材料厂为代表的原材料工业类，主要有峨眉半导体材料厂、国营乐山造纸厂、峨眉水泥厂、峨眉铁合金厂、长征制药厂等；以五通桥发电厂为代表的能源工业类，主要有五通桥发电厂、龚嘴水电站等；以东风电机车为代表的机械制造工业类，主要有东风电机厂、夹江水工机械厂、乐山冶金机械轧锟厂、峨眉冶金机械厂、国营二五厂、铁道部眉山车辆工厂等；以邮电部眉山通讯设备厂为代表的电子工业类，主要有邮电部眉山通信设备厂、国营星华仪器厂、国营建华仪器厂、国营建川机器厂等；以中国核动力研究设计院为代表的大型科研和教育基地类，主要有中国核动力研究设计院、核工业西南物理研究院、地质矿产部矿产综合利用研究所、铁道部科学研究院西南研究所、西南交通大学等。

2.已开发的三线建设文化资源

时至今日，乐山的三线企业调整较大。部分三线企业外迁，如五八五所整体迁到成都市，西南交通大学总部迁到成都市，设峨眉分校；部分三线建设企业转制，如东风电机厂实行军转民；部分三线建设企业破产；部分三线建设企业仍为乐山经济社会发展发挥着重要作用。

三线建设作为乐山发展史上浓墨重彩的一笔，为乐山工业、农业、基础建设、社会发展等方方面面都提供了强有力的支持和帮助，三线建设人在那个特殊的年代，在党和国家需要的时候，舍小家，为大家，献青春，献子孙，艰苦奋斗，无私奉献，勇于拼搏，敢于创新，他们开创的三线精神，激励着一代又一代中国人。然而，截至目前，乐山对三线建设遗址或者遗迹的保护、开发和利用，对三线建设文化资源、英雄故事的挖掘和提炼，对三线建设开发成红色旅游精品路线的思考和打造，明显不足。

目前，乐山打造的与三线建设相关的场馆，仅有铁道兵博物馆、中国核聚变博物馆、中国核动力研究设计院，已完成展厅布置，文化讲解，党课开发等，形成了相对完整的参观旅游路线。结合建党 100 周年，全党开展党史学习教育的契机，三个旅游路线都已经成为红色研学的路线，接待了来自市内外等各级单位和团体的参观和学习，并且纳入了市委党校现场教学点。总体来看，乐山对三线建设文化的打造不足，形成红色精品旅游路线的项目不多，规划不够，内容不丰富。

二、乐山市三线建设文化资源融入巴蜀文化旅游走廊建设的可能性

（一）契机

2020 年 4 月 29 日，巴蜀文化旅游走廊建设专项工作组联席会第一次会议在重庆召开，标志着巴蜀文化旅游走廊建设工作的全面启动，是川渝文旅合作走深、走实的

关键。会上，重庆市文化和旅游发展委员会与四川省文化和旅游厅代表签订了《推动成渝地区双城经济圈建设战略合作协议》和《推动成渝地区双城经济圈文物保护利用战略合作协议》，双方将加快推动成渝地区双城经济圈建设，建立健全川渝两地联动机制，协同打造巴蜀文化旅游走廊。《推动成渝地区双城经济圈文物保护利用战略合作协议》中进一步明确，确定了川渝双方共同开展革命文物保护利用、共同保护巴蜀文化遗址、建立两地文物保护协作机制、联合打造巴蜀文化研学旅游品牌等，旨在强化文物保护利用合作，探索文物保护利用改革新路径，推进两地文物事业协同发展，联合打造推介一批具有浓郁巴蜀特色的国家文化地标和精神标识。其中，联合打造巴蜀文化研学旅游品牌，应结合川渝两地丰富的文化资源，进一步梳理巴文化和蜀文化脉络，利用两地文物博物馆资源，推动建立巴蜀文化研学旅游协作机制。还应以城市历史文化、巴文化、蜀文化、革命文化、抗战文化、三线文化、移民文化、三线建设等为重点，协同打造巴蜀文化旅游走廊，创新打造红色文化研学、重走巴蜀古道、走进伟人故居等一批巴蜀文化旅游走廊精品。

近日，《成渝地区双城经济圈建设规划纲要》公开发布，标志着成渝地区双城经济圈建设踏上了加快推动高质量发展的新征程。《关于进一步加强非物质文化遗产保护工作的意见》等文件的出台，都为乐山市三线建设文化资源融入巴蜀文化旅游走廊建设提供了可能性。

（二）问题

1.在红色旅游中对三线建设文化资源挖掘不够

红色旅游和红色研学，实际就是通过先辈们在各个时期留下的佐证，如遗址、遗迹、建筑、设备、物品、档案资料、事迹、故事等，进一步深入挖掘这些遗产背后所蕴含的红色人文精神。但在调研过程中发现存在以下两个主要问题：一是泛泛而谈地就实物说实物，对历史故事和各时期建设中的感人事迹及其内涵未进行深入的挖掘，对先辈们的思想和实践精神剖析和运用不够。二是对这些遗址、遗迹、建筑的开发和保护力度不够。若对背后发生的一些故事和人文精神挖掘不够深入，在参观讲解的过程中就会让游客和研学者们有种良犹未尽的感觉；若对遗址、遗迹、建筑的开发利用程度不够、参观形式缺乏创新性就不能让游客和研学者们身临其境、感同身受。这些都会对红色精品路线的打造，造成一定程度的影响。

2.对现有三线建设遗址或遗迹保护力度不够

经过党委政府、单位自身和文史爱好者的多年努力，乐山市三线建设文化资源保存和开发得比较好的是铁道兵博物馆、中国核聚变博物馆、中国核动力研究设计院等。

但是总体来说对三线建设遗址和遗迹的开发和保护还远远不够，综合分析存在以下几个方面的原因：一是企业自身对遗址或遗迹的保护缺乏足够的重视。部分三线建设企业已搬离乐山或是因产权问题无法明确划分相关遗址保护的责任主体，导致三线建设企业遗址保护面临重重困难。二是党委政府未明确将三线建设遗址或遗迹列入需要保护和开发的规则中，三线建设企业遗址属工业部管辖，因此党委政府未专门将其列入红色旅游规划来进行保护、利用。三是部分遗址或遗迹，在城市发展过程中，由于缺乏保护意识和合理的规划，部分遗址遗迹破损严重，更有甚者被直接废弃。部分已经搬离乐山和一些还在乐山的三线建设企业因有了新的厂区和新的企业发展规划，对遗址进行保护和开发缺乏积极性，致使20世纪60、70年代的建的很多工业建筑在时间的流逝中遭到了不可逆的毁坏。

总之，这些遗址或遗迹既是记录乐山三线建设史的载体，又是时代精神的传承载体，相关部门应该重视对三线建设遗址或遗迹的保护，并用创新思维对三线建设遗址或遗迹进行开发利用，使其在新的时代焕发新的光彩。

3.对三线建设文化资源的开发指导力度不够

红色旅游的开发与建设，如果离开了党史文化的指导，就会偏离方向、丧失活力、失去生机。从党史的价值维度来看，乐山三线建设遗址资源蕴含了几代中国共产党人崇高的爱国主义精神和至死不渝推进祖国发展繁荣的信念；从党史的内涵深度来看，三线精神是在以坚定理想信念、艰苦奋斗、矢志不渝、坚韧不拔、勇往直前为内核的革命精神的熏陶下产生，并在革命和建设实践中不断升华，最终成为留给后人的宝贵精神财富，因此这些富含革命精神的三线建设遗址是我们发展历程中的宝贵资源。但是，对三线建设的开发和运用存在着指导帮助不够、结合衔接不深、建设力度不足、主动能力不强等诸多问题。这致使乐山的几个三线建设研学点还未真正成为游客心目中的红色旅游教育圣地，还未真正成为红色精品旅游路线。

三、乐山三线建设文化资源融入巴蜀文化旅游走廊建设的路径

（一）提高认识，加强对三线文化资源的开发和保护

一座城市的历史文化资源是一座城市文化的基础，保护和开发城市的历史文化资源，可以提升城市的文化内涵、赋予城市特有的生命印记。三线文化资源作为带有鲜明时代与地域特色的文化资源，对于乐山具有特别的价值与意义，因此我们要提高对乐山三线文化资源价值的重视，在对乐山三线文化资源保护与开发视角下提升乐山城市文化的厚度：要深入挖掘开发三线建设现存的文化遗址资源，要充分利用现存的三线建设文化遗址的价值。在党委政府领导和支持下，与自然资源局、文旅局、文物管

理局、民政局等相关单位积极配合，对遗留下的遗迹、遗址、遗物及纪念建筑物等进行分类分级， 同时进行挂牌保护。特别是对现存较完好的遗址，应尽可能地保留原有的设备和建筑，加大保护力度和利用程度，使其效益最大化；对一些受到损害但又有重要历史价值的遗址、遗迹及纪念建筑物要立即进行抢救性保护。进一步拓展三线建设遗址保护和利用价值，将可利用的公共空间加以维修开发利用，如文化活动场馆、紧急避险场所等，将其作为完善城市功能、改善城市环境的补充。

（二）深挖内涵，提升对三线建设红色旅游路线的打造

红色旅游景区能否建设好，建设好的红色景点能不能说服人、教育人、鼓舞人，不能仅靠外观的打造，必须要靠内涵的提炼。推动乐山三线文化资源建设，必须进一步挖掘和整理红色历史资料，打造内涵深刻的精品故事、精品课程等。

乐山三线建设文化旅游必须走生活化的道路。目前许多地区的红色旅游产品缺少新意，红色旅游线路内涵空乏、旅游观光形式单一、缺乏创新性，不能满足现代审美观念和新时代新需求的旅游者的消费需求。发展乐山三线建设文化旅游必须贴近旅游者的实际、贴近参观者的生活，融知识性、红色教育性、娱乐性于一体，真正达到寓教于游、以游促教的目的。

因受教育程度、生活阅历和文化素养的不同，旅游者对红色旅游景区的感受也会存在不同，不同的三线建设文化资源有着不同的细分市场、不同的受众，因此我们要结合不同性质的三线建设文化资源的特性和不同的受众，进行红色旅游路线的打造和课程设计，推进不同地点的三线建设文化资源的融合。不同地点的三线建设文化资源有着自身独有的特点，要充分利用各自的特点形成具有鲜明特色的旅游主题，满足游客的多元需求。因此在提升红色旅游景区品位上，更应注重成果转化和挖掘文化底蕴，给不同的旅游者以丰厚的精神滋养。既要找准红色旅游形象定位和市场定位，突出重点，又要打造好红色旅游线路，突出地方特色，使乐山三线建设的旅游景区成为可以满足不同群体需求的综合型、复合型的旅游产品。这样能够增强乐山三线建设旅游的吸引力，为整个乐山市取得更好的社会效益和经济效益。

发挥乐山三线建设文化名人效应，培育乐山三线建设名人文化。对三线建设过程中所凸显出的艰苦奋斗、吃苦耐劳、勇敢坚毅、无私奉献的精神要实现最大化的变现，对代表人物和感人事迹要进行深入的挖掘与研究，并在此基础上对代表人物和感人事迹进行宣传和弘扬。总的来说，当时大批的三线建设企业的建设者们放弃大城市优越的生活条件和发展机会，自愿坚守在乐山这个落后、艰苦的西部偏远地方，特别是在艰难的建设过程中，建设者们所彰显的艰苦创业、无私奉献、团结协作、勇于创新的三线精神历久弥新。在新的时代，我们更应该传承好前辈们艰苦创业、无私奉献、团结协作、勇于创新的精神，以饱满的精神状态迎接新的机遇与挑战。

（三）资源融合，推进红色路线和特色旅游相结合

以三线企业文化挖掘为契机，结合城市工业的发展历史，将红色文化旅游与工业旅游打造相结合。部门三线文化建设受类别单一、开发有限等的影响，单纯打造红色旅游路线，并在此基础上形成旅游精品路线的可能性不大。但是乐山本身拥有丰富的旅游资源，拥有世界级遗产 3 处，全国重点文物保护单位 10 处，国家级非物质文化遗产 4 个，国家级风景名胜区 3 处，自然保护区、湿地公园各 2 处，国家级森林公园 3 处。乐山自然风光迷人，同时还拥有丰富的人文、生态资源，适宜将三线建设旅游与自然风光旅游相结合，打造具有地方特色的旅游产品。因此可以整合乐山现有的旅游及文化资源，通过资源整合打造乐山特色红色旅游品牌，通过聚集效应提升乐山三线建设文化旅游路线的知名度，通过品牌效应形成具有乐山地方特色的三线建设文化旅游资源；也可以争取得到党委政府和文化旅游局、文物管理所及相关业务主管部门的支持，在相关部门的配合下盘点、整合现存的党史文化资源和工业文化资源，推动二者的密切衔接、有机融合。特别是在现有党史文化资源条件下，加大人力、财力、物力的投入，拓宽思路，紧抓机遇，寻求资金支持和政策支持。

（四）创新宣传，拓宽三线建设文化资源的影响

随着互联网时代的到来、新科技的变革以及全球化不断推进，传统的宣传内容必须要做出一定的调整才能为人们所接受。只有结合技术的变革，创新宣传方式，才能让宣传的效果起到事半功倍的效果。对此主要有以下几个建议：一是制作宣传手册。讲解和参观时间是有限的，制作宣传手册加强宣传的同时使内容更加完整和深刻。站在受众的角度，要深入挖掘受众的兴趣点，并且要考虑到受众的普遍记忆习惯，并总结其记忆规律，在内容上实现一定的创新，满足受众精神需求。二是宣传平台的多元化。随着互联网技术的发展，网络宣传已经成为当前主要的一种宣传渠道。针对不同网络平台的主体，宣传内容、宣传方式及宣传的侧重点都应该有所不同，要考虑三线建设文化旅游自身的特有属性。在综合考虑上述情况下选择不同的平台，实现平台宣传的多元化。三线建设文化旅游可以加强线上宣传和线下宣传的联动。线下参观学习的同时，线上宣传如网络网站、政府微信公众号，包括现在较为流行火热的抖音、快手等各种网络媒体为载体，实现多元化的宣传，拓宽三线建设文化资源的影响。

乐山的三线建设文化旅游必须打造属于自己的品牌。以特色旅游品牌树立城市形象，以特色旅游品牌开拓旅游市场。一方面，乐山相关的部门应该加大对三线建设文化旅游相关的基础设施、旅游服务设施、公共服务设施的建设，打造乐山三线建设文化精品旅游景区，完善乐山三线建设文化旅游目的地体系，推出乐山三线建设文化精品旅游线路。另一方面，应充分利用媒体进行宣传、通过组织相关活动推广等多种方

式，对乐山三线建设文化旅游品牌进行推广宣传，运用乐山三线建设文化元素，打造乐山三线建设文化旅游商品。

[作者简介]

古丽（1985— ），女，汉族，四川沐川人，中共乐山市市中区委党校讲师，主要研究方向：党史党建。

黄旭（1975— ），男，汉族，四川简阳人，中共乐山市市中区委党校常务副校长，主要研究方向：文旅融合、乡村振兴。

彭可（1994— ），女，汉族，四川峨眉人，云南财经大学经济研究院 2020 级硕士研究生，主要研究方向：马克思主义经济。

李燕琳（1976— ），女，汉族，山西太原人，中共乐山市市中区委党校副校长，主要研究方向：基层党建。

林春梅（1976— ），女，汉族，四川自贡人，中共乐山市市中区委党校副校长，主要研究方向：党史党建。

梁娟（1982— ），女，汉族，四川乐山人，中共乐山市市中区委党校教师，主要研究方向：公共管理。

五通桥区红色文化遗产传承发展与存在的问题研究

张玲　张坤灿　张进

【摘　要】红色文化遗产是中国共产党领导中国人民在艰苦奋斗中创造的精神财富，是开展红色教育的天然教材。习近平总书记在湖南考察时强调，湖南省汝城县沙洲村“半条被子”的故事，体现了中国共产党人的初心和本色，我们要用好这样的红色资源，讲好红色故事，搞好红色教育，让红色基因代代相传。乐山市五通桥区有着丰富的红色文化资源，如何发掘好、使用好、传承好本土红色文化资源，是当下五通桥区需要思考的问题。

一、五通桥区的红色文化资源现状与发展

五通桥区是乐山市党组织诞生地，拥有丰富的红色文化资源。1985 年建区以来，对保存相对较好的红色遗产进行修缮，形成了一批具有代表性的红色文化资源，包括省级爱国主义教育基地 2 个、重要历史事件及人物活动纪念地 2 个、重要历史事件和重要机构旧址 4 个、省级文物保护单位 3 个、市级文物保护单位 4 个。

（一）五通桥区红色文化遗产形成的历史背景

五通桥区红色遗产主要形成于新中国成立前中国共产党人领导人民开展革命斗争和新中国成立后为巩固人民政权、开展社会主义建设两个阶段。

五通桥是川内除自贡外最大的产盐区。发达的盐业催生了庞大的产业工人，他们长期受军阀混战、抓丁派款、苛捐杂税之苦，处于极度苦难深重和极度屈辱的深渊中。1927 年，共产党员钟善辅受中共四川临时省委委派，前往五通桥区传播革命思想、组织工人运动、发展党员、建立党的组织，拉开中国共产党领导五通桥人民反抗压迫、争取解放的革命斗争史。截至 1949 年 12 月解放，五通桥先后建立特支、支部、党委等各类党的组织 8 个，成为领导革命斗争的核心力量，许多先进分子积极加入中国共产党，投身到解放事业中，涌现出程雪门等一批具有代表性的共产党员。其间，中国共产党人积极办夜校、建工会、组织武装斗争等，以开启民智、凝聚力量，领导反对资本家、地主剥削的革命，开展抗日救亡运动和做好迎接解放的准备等。党在这一时期的活动区域以牛华镇、竹根镇、金粟镇为主，辐射其他乡镇及周边区县。由于是地

下工作，固定的活动场所相对较少，具体从事革命工作的共产党员大多隐姓埋名或化名，流传下来的革命事迹不多。目前，有据可查的多是一些地名，而且原有建筑已基本损毁。

新中国成立后，五通桥人民感恩中国共产党带给自己的幸福生活，以极大的热情投入保卫新生政权和建设美好生活中，涌现出了以丁佑君为代表的先进人物和三线建设为主的红色资源。丁佑君出生于 1931 年，是五通桥瓦窑沱人。1948 年，她在成都女子高中读书，深受解放战争胜利的鼓舞，积极参加党领导的学生爱国运动，1950 年在西昌盐中区征粮工作中不幸被暴乱匪特围攻杀害。朱德曾为其题词："丁佑君同志是党和人民的好女儿，是共青团和青年的好榜样。中国青年应该学习她把自己的一切都献给党和人民的高度阶级觉悟和革命精神。"1965 年，来自全国七大城市、八家工厂的"三线"建设大军响应党中央和毛泽东主席"三线建设要抓紧"的号召，开进老龙坝永利川厂旧址，拉开了绝密级军工企业——东风电机厂的建设序幕。东风人赤手空拳，住"干打垒"简易房，夜以继日奋发工作，执着无悔地将信念和理想播撒在这片沃土上，研制出了军工产品浓缩铀提炼专用设备"901 工程"——三号机、四号机，并创造了年年超额完成军工生产任务的辉煌历史，为我国国防核工业建设做出了重要贡献。

（二）五通桥区发掘红色资源的主要工作

（1）修缮硬件，打造红色资源。五通桥区委、区政府高度重视红色教育资源修缮保护。建区当年即建成丁佑君烈士纪念馆，丁佑君故居成功申报革命文物，这是乐山市第一家革命文物。妥善做好中共通材特支旧址保护工作。为有效保护永利川厂工业遗产，东风电机厂有限公司投入数百万元对建筑物进行修缮和保护，对其历史进行系统整理研究以利传承，目前永利川厂旧址已成为四川省中共党史教育基地、四川省爱国主义教育基地。2021 年开展丁佑君故居保护修缮、贺宗第抢险性修复、程雪门墓维修改造工作。一系列修缮保护工作让一段段历史记忆被再次唤醒，让红色遗产变为红色资源。

（2）深挖内涵，锤炼红色文化。五通桥区组织力量围绕全区红色资源和中国共产党人精神谱系专题研究，形成区域党史研究成果。整理、编写了《中国共产党五通桥历史》，为铭记五通桥党史提供了教材。初步形成了"对党忠诚、宁死不屈、英勇献身""把自己的一切都献给党和人民的高度的阶级觉悟和革命精神"的丁佑君精神；"先生产、后生活，舍小家、为国家""艰苦创业、勇于创新、无私奉献""坚守承诺、敢于担当、百炼成钢、动力报国"的三线建设精神；"信仰坚定、为了人民、敢于斗争、百折不挠"的革命精神。

（3）精心保护，传承红色遗产。结合各红色资源的事迹情况，五通桥区分门别类妥善做好红色资源管护工作。管护方式大致分为三种方式：一是纳入党政部门管护，主要是丁佑君烈士纪念馆、丁佑君铜像、贺宗第等；二是由产权单位管护，主要是新塘沽、通材特支旧址等；三是委托村集体管护，主要是程雪门墓等。此外，对于一些尚未修缮的遗址，均落实了保护性措施，待条件成熟时予以修缮；对历史上具有特殊标识符号的地名，在乡镇行政区划调整和村（社区）建制调整改革等涉及更名工作中予以保留。通过多措并举，最大限度留下珍贵的红色遗产。

（三）五通桥区用好红色资源传承红色基因的主要方式

（1）打造红色教育环线。在党史学习教育中，五通桥区立足地方资源优势，坚持传承历史、找准定位、打造精品，在区内形成了一条红色研学环线，推动学习教育走深走实。本着发扬红色传统、传承红色基因的原则，精心打造“程雪门墓—贺宗第—丁佑君纪念馆—丁佑君故居—永利川厂旧址”的精品红色研学线路。已形成上有程雪门、中有丁佑君和贺宗第、下有永利川的闭合型、独具代表性的红色研学环线。串珠成链，五通桥红色旅游环线已基本成型。今年以来，参战老兵代表、师生代表、机关干部、一线产业工人等 7 500 余人开展缅怀活动，传承红色基因，让爱国主义教育和党史学习教育实下去、活起来。

（2）组建红色教育队伍。在打造红色研学线路的同时，围绕丁佑君、永利川厂旧址、贺宗第等内容，精心挑选讲师团队，组建“佑君宣讲团”，形成《百年新塘沽，民族化工魂》《党和人民的好女儿——丁佑君》《一世忠贞兴故国，满腔热血沃中华——中共嘉属工作委员会旧址“贺宗第”贺国干》等涵盖红歌传唱、英雄故事讲述、红色研学点现场讲解等宣讲材料，打造首批 12 堂“党史示范课”。在抓好地方宣讲的同时，还主动将红色精神讲出去、延伸开，宣讲团成员先后赴成都、广安、市中区、沙湾等地开展宣讲 10 余场。截至目前，宣讲团成员在区内外宣讲 30 余场次，覆盖党员群众 6 500 余人。

（3）提升红色教育实效。注重宣传，通过五通桥新闻网、微五通桥等官方媒体，适时刊发有关红色教育内容，拓展红色资源知名度和覆盖面。注重公益，五通桥区所有红色教育资源都免费开放，供学校教育、家庭教育、党性教育以及市民休闲散步时免费使用，让全社会共享红色资源。注重针对性，针对不同群体的需求特点，采用拍摄微电影、组织参观、缅怀等活动，将五通桥英雄人物、红色故事搬上荧幕，送进校园、社区。

二、五通桥区红色文化遗产传承与发展面临的问题

（一）对红色文化资源的发掘程度不够

第一，当前五通桥红色文化仍处于浅开发阶段。红色文化的开发仍处于点状，红色文化故事数量较少，对红色遗址遗迹挖掘力度也不够，未能形成本区红色文化集群，未能立足于全国、全省进行规划和统筹。第二，红色文化的表现形式单一且缺乏吸引力。项目开发参与性较少，开发缺乏深度，革命遗址、旧址、纪念馆以展示形式为主，内容展示单调、僵硬，吸引力不够，红色资源的教育功能发挥不够充分，也没有通过对红色资源的合理利用而推动地方经济发展。第三，红色文化遗址景区的配套设施不完善。对红色文化资源的保护和发掘仅限于对遗址本身的保护和修缮，在停车、公厕、购物等配套服务设施建设上还不能满足需要。

（二）红色文化精神内涵研究呈现出散乱的状态

红色文化资料，无论是故事也好，遗址也好，所起到的作用应该是一个载体的作用，能否准确地表达出其精神内涵，是评价这一载体价值的重要标准。但是，当前五通桥红色文化精神内涵的表达呈现出散乱的状态。第一，各红色文化教育基地经过不断整理形成了完整的事迹资料，大家对于这些材料的使用也较为统一，但是对于资料背后的红色精神的总结，大家各说己话，没有定论。第二，没有明确红色文化背后的精神内涵，这也是当前红色文化精神内涵呈现出散乱状态的主要原因。第三，红色文化精神未能在全区范围内宣传开来，人们听到丁佑君烈士、永利川旧址等人名、地名会感觉十分熟悉，对事迹可能也有所了解，但是对其所反映的精神内涵所知不深。五通桥区当前红色文化精神谱系呈现出散乱状态，不利于红色文化精神谱系本身的建设和发展，也会影响到党史、党性教育工作的顺利开展。

（三）对本地红色文化宣传力度不高，且传承手段单一

第一，对已经成熟的本地红色文化宣传力度不够。现在五通桥区红色文化资源的知名度在五通桥区内宣传比较到位，但是在乐山市范围内知名度很低，在川内更是鲜有人知。想要成功打造红色文化，将五通桥红色文化融入乐山市红色文化，融入四川红色文化，融入中国红色文化谱系，五通桥区当下的宣传力度还不够。第二，未能营造出一个良好的红色文化学习氛围。已开发的红色遗址往往只注重遗址本身的开发，但是就遗址本身所具有的红色精神内涵、红色故事的宣扬力度不够，甚至于居住在遗址附近的居民都不知道这个遗址是什么。第三，未能与新时代新技术相结合。互联网时代对红色文化的传承和发展来说是一个机遇，但是就现在五通桥红色文化与网络相

结合的程度来看，网络并没有对红色文化的保护和发展起到很大的推动作用。

（四）对红色文化的利用意识薄弱，传承后劲不足

五通桥区重视红色文化遗产的利用与传承，但是没有系统性的规划，没有将整个五通桥区红色文化进行全盘考虑和活用，缺乏专业性人才队伍，存在后劲不足的问题。比如，五通桥区利用红色资源优势，突出“红色教育、党性教育”主题，创新“情景教育、体验教学”形式，抓住佑君故里、佑君文化这个关键，但也存在没有系统的课程和教研队伍等问题，整体规划中绿色、古色与红色的融合还很粗浅。

（五）红色文化社会化推广工作不到位

首先，群众缺乏对红色文化资源的了解，参与的主动性和积极性也不高，了解红色知识并对红色知识感兴趣的群众存在局部化、局限化等问题。群众对红色文化认识程度有限，不了解红色文化在当今社会存在的意义和影响。其次，新兴多元化外来文化元素对红色文化造成冲击。随着经济的快速发展，世界各地的文化也随着贸易的往来交流融合，造成人们某种程度上的文化认同迷失、价值取向迷失，出现思想扭曲或行为偏差。再次，红色文化的表现形式过于单一无趣，宣传方式枯燥，难以满足信息技术飞速发展的当下大众的心理要求，人们不能真正感受到红色文化的精神内涵。群众大多是在网上或在课本上了解红色文化，很少参加红色文化普及活动及红色教育活动，也没有合适的渠道和平台去了解红色文化。

三、对五通桥红色文化遗产传承与发展提出的建议

习近平总书记强调：“一个国家、一个民族不能没有灵魂。”现今，我们比历史上任何时期都更接近中华民族伟大复兴的目标，更需发挥且善于发挥文化的深厚力量。作为中国特色社会主义文化的组成部分，新时代更需要发挥好红色文化的精神力量，不断实现红色文化的创新发展，用红色基因补钙壮骨，弘扬社会正能量，推进中国特色社会主义现代化事业不断向前。五通桥区应该如何发掘好、利用好本土红色文化资源，以红色文化资源加强全区党史、党性教育，带动地方经济发展，现提出以下五点建议：

（一）推动红旅融合发展

第一，精心策划部署红色旅游路线，打造红色旅游课堂，让人们在旅游中感受红色文化，在轻松愉快的红色文化氛围下，身心潜移默化地感受红色旅游文化给我们注

入的新鲜血液与力量，在传承红色基因中，使自身的思想意识得以升华和提高。对于红色文化资源，既要注重有形遗产的保护，又要注重无形遗产的传承，把不同时期、不同群体、不同需求的党课内容融入红色文化的宣传与讲解中，内容可以涉及践行社会主义核心价值观、五通桥人文精神、五通桥盐业文化、五通桥化工产业文化、五通桥美食文化等多个方面。第二，重视“红色旅游”这块金字招聘，积极开发五通桥区的红色资源，深入挖掘和丰富红色旅游产品的内涵，搞好红色文化产品的开发。比如西坝生姜、西坝豆腐、西坝米酒、五通桥豆腐乳等来增强红色旅游的吸引力，在传统的参观活动基础上努力体现红色旅游的特色。第三，红色文化要建立依托在对当地资源、文脉特征和市场环境分析的基础上，尤其要突破现有许多红色景区革命纪念馆、爱国主义教育基地的形象局限，要挖掘和丰富红色旅游景区的文化内涵，揭示红色旅游资源和产品与当地地域文化的内在联系，使其形象突出当地特有的红色主题。对红色文化进行单一的宣传、讲授，人们可能印象不深刻但由红色文化所开发出的产品，人们可能就会耳目一新。

（二）创新陈列展示方式

红色文化遗产的传承和发展离不开全民的支持和参与，应加大宣传力度，切实提高全民对红色文化遗产的认识。第一，陈列方式要改进，展示手段要创新，展出内容要丰富。解决陈列内容陈旧、手段方式落后的问题需综合利用多种形式和声、光、电等科技手段，进一步增强文物展示的现场效果需要在艺术设计、事物制作、展品布设、灯光配置等环节上下功夫。第二，要充分发挥微博等网络新媒体的作用。红色记忆的重要载体无疑包括网络、自媒体和各类终端，要使历史事件更加生动，必须将“人”和“物”更好地结合起来。可以通过网上纪念馆、革命遗址和博物馆等传播红色文化，也可以通过动漫、流行歌曲、艺术展览等形式实现红色文化的艺术转换。通过广播、电视、报纸等传统媒体与互联网、微信等新型媒体的深入融合，充分利用网络人群广的特点，鼓励网络对红色文化的传播，有效拓展红色文化普及宣传的领域和空间，提高红色文化普及的效率和效益。第三，有关部门和机构可以利用电视台多举办一些有关红色文化和革命精神的文化活动。区电视台和广播电台，可采取滚动字幕、片花、公益广告等形式向广大群众宣传红色文化方面的内容，开辟红色文化专题，宣传红色文化知识，做到时时可普及。第四，为了让红色精神融入人们的生活，走进大众的心里，丰富人们的生活，需联手社区、学校、部队、机关、企事业单位组织巡展、巡讲、报告会、微党课，把红色教育资源送到群众身边去，让一些喜闻乐见的临时展览、流动展览走进农村。

（三）建强专业人才队伍

红色文化传承与发展，离不开高素质人才队伍的保障。红色文化遗产是宝贵的历史文化遗产，红色文化传承与发展只能加强，不能削弱。

第一，确认责任归属，建立红色文化使用规章制度。当前五通桥区红色文化资源的管理和使用缺乏统一性和规范性，没有明确的红色资源管理和使用责任人，且没有统一的管理和使用规章制度。程雪门墓由牛华镇政府管理、丁佑君纪念馆由退役军人事务所管理、贺宗第由宣传部管理、东风厂由金粟镇管理，各红色文化教育基地各行其是，因此应明确牵头部门，明确红色文化资源的管理和发展责任，建立红色文化管理使用委员会，红色资源所属地派专人或兼任管理委员，制定统一的使用规范，做到有申请、有审批、有记录，让红色文化资源在合理的规章制度中发挥更大的效果。

第二，健全红色文化资源人才队伍。红色文化资源是五通桥区的宝贵财富，要想充分发掘、合理使用这一财富，必须配备专业、全面的人才队伍，要做到能发掘、能维护、能发展、能使用。首先，红色文化使者队伍建设是讲堂活动最重要的基础工作，通过个人推荐、组织推荐、统一选聘等方式，在全区范围内选拔本土政治素质好、理论水平高、宣传能力强的在职干部、离退休老干部等，组建本土文化使者队伍，定期组织多层次、多种类的培训，加强思想教育、深化专业教育，不断提高文化使者队伍的政治素质、知识水平和工作能力，不断补充新鲜血液，保持讲解队伍的生机和活力。其次，红色文化内容的发掘的队伍建设是红色文化能够不断发展、不断完善的根本保证。最后，红色文化资源的维护的队伍建设，可以设立公益性岗位，但要落实到个人，且完善相关管理、监察制度，确保红色文化资源得到妥善维护。

第三，红色文化课程培训师资队伍建立要以区委党校为主体，以教育部门为依托，推选政治思想好、知识储备好的领导干部及教师加入红色文化课程培训队伍，在教学内容的整理打造的同时，以理论教育和党性教育为主线、以红色文化教育和我区经济发展为特色，深化红色文化与旅游的融合，传承红色基因，讲好红色故事，抓好人才队伍建设。

（四）锤炼革命精神谱系

首先，政府应牵头整合当前研究成果，综合各研究部门意见，可开展专题讨论，对当前已有的红色教育基地和红色文化资料所蕴含的精神内涵进行全面、准确、精炼的概括，例如程雪门“不畏牺牲，坚守党性”，最终形成明确、统一的精神内涵。其次，在红色文化精神内涵形成以后，加强宣传工作，让全区人民能够提到丁佑君、贺宗第、程雪门、东风厂等人名、地名时能够想到其精神内涵是什么。

（五）重视红色文化教育

青少年是祖国的未来，少年强则国强。第一，红色文化教育基地作为学生加强党性教育的实践平台，要加强红色文化特色课程的开发、构建红色文化育人体系，为学生党史学习教育提供内容支撑。第二，与红色景点、党史教育基地建立合作机制，为学生党史学习教育提供制度化、常态化平台，使学生在耳濡目染和身临其境的主题活动中受到感染和熏陶。第三，开展红色文化实践，组织学生赴红色基地、红色遗址、红色纪念馆进行红色文化下乡等实践活动。第四，开展红色文化主题教育，在重要纪念日开展诵读红色经典、传唱红色歌曲、讲述红色故事等主题教育活动。第五，整合红色文化资源，拓展党史学习教育的新媒体平台。建设红色文化数字资源库，利用人工智能、影像、VR 等技术对红色文献、图片、文物、影音进行收集与整合，形成鲜活的红色文化资源，让红色文化活起来。将汇总、创编后的红色文化资源及时推送给学生，实现红色文化在当代社会的价值引领，补足学生的精神之钙，促使学生高效利用碎片化时间进行党史学习。

[作者简介]

张玲（1976— ），女，汉族，新疆乌鲁木齐人，中共乐山市五通桥区委党校教师，管理九级，主要研究方向：党史研究。

张坤灿（1968— ），男，汉族，福建龙岩人，中共乐山市五通桥区委党校四级调研员，主要研究方向：党史党建。

张进（1971— ），女，汉族，四川乐山人，中共乐山市五通桥区委党校讲师，主要研究方向：信息化、社会管理。

峨边全域旅游发展对策研究

赵洪勋 张维忠 欧罗甘林 赵梦莹 简雯

【摘 要】本文立足生态立县高质量发展，从全域旅游兴县发展战略角度切入，分析了推动峨边高质量发展的可行性条件，阐述了全域旅游发展应正确处理的关系，重点对发展路径进行分析探索，提出了一些建设性的对策建议，对推动峨边全域旅游发展具有一定的实践价值。

【关键词】全域旅游；发展；研究

2021年7月1日，习近平在庆祝中国共产党成立100周年大会上的讲话提到："全面深化改革开放，立足新发展阶段，完整、准确、全面贯彻新发展理念，构建新发展格局，推动高质量发展，推进科技自立自强。"峨边县委八届十一次全会全面审视县域经济发展总体情况，经过审慎决策，提出了"交通强县、绿色工业富县、全域旅游兴县"新三大战略，全面开启了生态立县高质量发展新征程，县域经济发展进入了转型发展的新时期。本课题主要针对全域旅游兴县这一重大问题展开研究，力争提出一些具有建设性的意见和建议，为推动县域经济社会高质量发展提供理论参考和现实路径。

一、峨边全域旅游高质量发展可行性分析

县委提出了全域旅游发展"1+4+N"整体思路，以黑竹沟景区作为带动发展的核心引擎，建设四个各具特色的风情小镇作为承载枢纽，沿大渡河风景廊道和官料河流域打造具有浓郁民族风情的特色村寨作为点缀，构建点面结合的全域旅游基本格局。

（一）黑竹沟景区开发日渐成熟，全域旅游核心引擎作用开始显现

（1）景区开发逐渐成熟。黑竹沟景区开发始于20世纪90年代，历经30多年发展，目前已形成相对成熟的马里冷旧和蜂巢岩两大核心景区，景区面积大，景观特点突出，民族特色鲜明，如梦如幻的高山草甸和奔腾的高山溪流构成美丽的高山景观。

景观的原始性和动植物资源禀赋的独特性，以及景观的四季变换，对大城市旅客的心灵产生较大震撼。

（2）黑竹沟核心作用初步形成。作为全县全域旅游核心引擎的黑竹沟，有青山与绿水激荡出秀美风光，历史与文化碰撞出独特风情，这里珍稀动植物频现，有大熊猫和珙桐树。近年来，峨边树立全球全域旅游观念，大力推进黑竹沟旅游发展规划修编，力争构建“峨眉山—乐山大佛—黑竹沟”乐山旅游金三角，将黑竹沟景区定位于“世界迷都·中国自然地磁养生度假胜地”；挖掘自然风光与彝族文化深刻内涵，推进探秘科考体验、地磁温泉养生、观光休闲度假“三位一体”的国际旅游目的地总体规划。

（3）高端旅游规划编制初步完成。近年来，县委立足国际大旅游视野，围绕大峨眉旅游环线谋篇布局，高起点规划，大手笔落脚，寻求差异化思路，与乐山旅游“金三角”错位发展，形成自己独特的竞争优势，逐渐走出了一条差异化发展路径，外地游客纷至沓来，特别是 2021 年黄金周共吸引外地游客 15 万多人，呈现井喷态势。目前，县政府与四川旅游投资集团下属的创新公司签订了合作协议，组建新黑竹沟国际旅游投资集团，未来将投资 50 亿元，对黑竹沟进行前期开发，旅游项目设计力争体现高端化，打造运动休闲与高端旅游集合体，地磁开发将围绕高端康养、医养项目进行设计，景区部分区域实行会员制，招募全球高端客户入会，打造全国乃至于全球独一无二的高端度假区。

（4）黑竹沟景区旅游基础设施日臻完善。从交通条件看，“一高一铁”正在加快推行，2021 年 8 月，峨汉高速峨边段正式通车，2022 年底将全线建成通车，成昆复线也在加快建设中，将于 2023 年全线通车，随着“一高一铁”的建成通车，外地旅客进入黑竹沟的通达性将极大改善，景区进出公路已建成通车，连接景区公路 S309 线升格为省道，第一期工程已建成通车，第二期也将建成，未来成渝环线公路网将规划建设峨马屏高速连接峨汉高速，黑竹沟区位和交通条件将发生颠覆性改变。从景区服务设施看，景区内迷都大酒店和木屋别墅升级改造已完成，接待能力和条件大为改观，同时四川旅游投资集团旗下国宇公司正在新建星级酒店及地磁康养酒店，随着酒店业的发展，黑竹沟接待能力和水平将大幅提升；同时旅游车站建设进入冲刺阶段，不久将建成投入使用。

（二）全域旅游承载点初具雏形，初步形成带状旅游格局

沙坪镇地处大渡河和白沙河交汇地带，是我县全域旅游发展最主要的承载点，围绕“致力绿色崛起、建设美丽峨边”发展主题，结合“城是一处景，景是一座城”整体思路，既要把县城打造为宜居宜业宜游的现代城市，更要成为建设美丽峨边的重要载体，逐渐构建以县城为核心承载极，以小镇为依托承载区，以村寨为支架承载点的带状全域旅游骨总体格局。

（1）城乡规划始终把宜居宜业宜游理念贯穿于城乡规划建设管理全过程。突出“彝族美神故里、梦幻山水迷都、地磁康养胜地”深刻内涵，加快建设民族特色山水城市。即构建一个环城山地生态圈，强化城市、生态相融合；打造乾池及背峰山两个城市山地郊野公园，完善城市游憩功能；营造大渡河、白沙河、官料河三个生态滨水景观带，丰富城市滨水岸线，美化旅游服务通道；梳理城市四个对外通道，强化与乐山、汉源和沙湾、黑竹沟的交通联系，力争城市建成区面积达到6平方千米、人口达到5万。

（2）科学修编城市总体规划。紧紧围绕彝区门户、美神故里、大渡河畔、小凉山区、神往胜地的区位优势和文化底蕴，彰显“山水相映、景城一体、特色鲜明”的城市特色。强化规划的严肃性和强制性，确保一张蓝图绘到底。借助山体良好的自然生态条件和景观资源，在保护的前提下，峨边以“生态+”为主题，打造“生态+游憩”“生态+运动”等多种模式，串联背峰山、太阳坪新城、火车小镇及乾池郊野公园，山水相伴，构建一个环城生态圈。

（3）构建点面结合，建设串珠发展精品小镇。重点建设以黑竹沟场镇和“五朵金花”为补充的彝家风情旅游小镇和以神秘古县城为主题的大堡古镇。借助山体良好的自然生态条件、景观资源和彝族文化资源，在保护的前提下，规划建议大堡古镇文化游，云上古井彝家民宿风情园，开发文旅融合沉浸式演艺项目彝恋黑竹沟，构建串珠式全域旅游的基本格局。

（三）全域旅游景点各具特色，多种业态融合发展态势初步形成

全域旅游与三次产业结构融合发展是现代大旅游的发展方向，峨边地域面积广袤，地势山川雄奇险秀，既有高山巍然耸立，又有江河奔流不息，三次产业融合发展大有可为，发展前景广阔，推动全域旅游与三次产业融合发展具有得天独厚的有利条件。

（1）依托水电行业发展，融合发展水电工业旅游。峨边县是全国第一批农村水电电气化普及县，全县拥有大小水电站100余座，可以说是星罗棋布，水电站建设类型多样，是了解水电知识的移动博物馆，大中型水电站有沙坪二级电站，更有闻名遐迩的龚嘴水电站（512水电站）。历史上曾多次有党和国家领导人前来视察，留下了宝贵的精神财富，值得深入挖掘整理，形成系统的党性教育资源，也可形成难得的旅游资源。目前已在潜池公园建成重要的文化地标——峨边水电博物馆。

（2）依托农业产业开发，融合发展农业观光旅游。近年来，峨边县立足特有气候条件，经过科学论证，提出“三河三带”农业产业带建设方案，逐渐建成了大渡河流域“百里桃园”产业示范带、官料河流域“药-蜂-竹”产业示范带，白沙河流域“桃-李-蔬”产业示范带“三个百里产业带”；依托生猪养殖基地发展一批以“萌萌猪亲子乐园”为代表的创意农业；依托果蔬基地发展一批以“蝶舞萤飞昆虫节”“草坪枇杷

节”为代表的节庆农业；依托川滇旅游风景奇道发展一批以铜河村、先锋村为代表的亲子农业产业园，一批批特色农业产业带在峨边大地上落地生根，形成了较为完整的休闲观光农业产业链条，带动周边村民观念理念更新，进一步拓宽了老百姓致富增收渠道，促进了农业产业融合发展，延伸了农业产业附加价值链条。

（3）依托民俗文化开发，融合发展文旅休闲旅游。近年来，峨边与中央民族大学合作编创大型民族音乐剧《甘嫫阿妞》，与央视合作拍摄电影《彝寨天使》，创编反映小凉山的彝族文化的《魅力·黑竹沟》走进央视音乐频道《民歌·中国》栏目，“彝恋黑竹沟”彝族婚俗沉浸式演出在黑竹沟镇古井村震撼上演，彝家服饰、婚姻习俗、文化风情等得到艺术化展现，增进了外地游客对峨边少数民族文化的认知，吸引更多人来到峨边旅游。为打造地方文化 IP“甘嫫阿妞”，成功举办两届“甘嫫阿妞艺术节”，初步形成“甘嫫阿妞”文化品牌。小凉山彝族刺绣技艺、泡水酒工艺等列入省级非物质文化遗产。“甘嫫阿妞”“黑竹沟”已成为峨边两张靓丽的名片。今天的峨边，山地风光交相辉映，民族风情多彩和谐，特色风物奇异富饶，越来越成为老百姓安居乐业、投资者发展创业、旅游者休闲体验的好地方。

二、峨边全域旅游发展需正确处理的几个关系

按照全域旅游兴县战略布局要求，旅游业必将成为我县的主导产业，作为峨边未来经济社会发展的主要支撑，产业发展规划、景点建设必须具有前瞻视野和全球眼光，要从政策层面、投资层面和景点打造统筹考虑，形成相互支撑发展局面，为此必须正确处理一些涉及全域旅游发展要素的重大关系。

（一）正确处理乡村振兴与全域旅游发展的关系

乡村振兴是国家层面重大战略决策，关系社会主义现代化强国建设目标和中华民族伟大复兴能否实现，我县已经被列入四川省乡村振兴 25 个重点县，如何将旅游发展融入乡村振兴相关规划？如何用好相关政策优势？如何统筹资金投入使用等诸多问题值得深入思考。

（二）正确处理生态环境保护与全域旅游发展的关系

生态资源是峨边发展的最大优势，如何将资源优势转化为发展胜势至关重要，我县森林覆盖率高达 77.99%，长期高居全省第一，良好的生态环境孕育了青山绿水的秀美风光，这是发展全域旅游的基本底色，是长期以来国家天然林保护和退耕还林的结果。来之不易的成果必须坚定保护，县委政府必须要统筹相关法律政策，正确处理

人的生产生活与生态环境的关系，协调全域旅游发展与生态环境保护的关系，不因经济利益的驱动而损害生态环境质量，从而丧失长远发展利益。

（三）正确处理长远规划与短期开发的关系

旅游开发是投入资金大、开发周期长的产业链条，在产业链条建设开发过程中，一方面应注重短期成效对经济社会发展的意义，特别涉及对老百姓收入增加项目要及时推进，比如发展民宿旅游问题就是带动效益好的项目，当然必须要有相关的整体规划和布局，要有政策支持和智力支持；另一方面不能以短期利益驱动而牺牲长远发展利益，要从延伸全域旅游产业价值链条的维度谋划，不因一时一事一地的利益考虑而导致全盘皆输。

三、峨边推动全域旅游高质量发展路径研究

县委八届十一次全会提出了“18345”发展方略，吹响了“致力绿色崛起，建设美丽峨边”的集结号，峨边全域旅游厚积薄发，迎来了井喷发展的历史性机遇，全县15万彝汉人民正以时不我待的奋斗姿态全力投入这场推动县域经济社会高质量发展的会战中。

（一）完善全域旅游高端规划设计，绘就高质量发展美丽画卷

（1）强化规划引领。要对接四川旅游投资集团加快黑竹沟引擎整体规划，对标世界一流设计团队，对景区核心区域一一梳理，从旅游规划学理背景进行创意，规划设计世界级景点，确保项目规划高端化。

（2）强化文化创意设计。要融合文化背景对彝族文化进行深度挖掘，进行现代元素嫁接，确保既有原汁原味文化因子，又要借助现代化手段进行深层次演绎，做到既有大众娱乐性，体现游客参与度，把互动性与游客体验性融为一体，营造游客进得来、留得下、玩得愉，体验活动与身心愉悦水乳交融，从而延长产业链条，促进县域经济社会高质量发展。

（3）强化服务设施规划设计。要加快高端酒店和民宿建设规划，构建满足不同消费群体产业集群，核心景区住宿集群要体现高端化，要走差异性、特色化路径。目前迷雾大酒店和木屋别墅改造升级完成，国庆节以全新面貌对外接待游人，赢得游客青睐，国宇大酒店正在建设，地磁康养酒店正在加快论证，不久将动工兴建，大渡河川滇文化风景走廊目前景点布局初显成效，一些景点成为网红打卡地，吸引力大增，需要及时跟进，进行前瞻性布局，要针对不同地形地貌建设不同民宿，沿河建设普通民

宿满足一般消费群体，可选取适当点位设计深山野奢民宿满足高端客户需求。

（二）加快黑竹沟核心引擎开发，建设大峨眉旅游环线第三极

立足新发展阶段，完整准确全面贯彻新发展理念，融入新发展格局，始终坚持“18345”总体发展方略，擘画蓝图接续奋斗，创新发展绿色崛起，全面开启生态强县、美丽峨边高质量发展新征程。

（1）加快黑竹沟核心区科学论证，规划开发新景点，逐步推进全域旅游形成辐射周边带动能力。目前核心景区开发面积小，开发成熟度低，对游客的吸引力有限，配套旅游设施存在短板，景区游客承载量弱，这在一定程度上制约了黑竹沟引领全域旅游发展的作用。2021 年 6 月，县委县政府经过多次与国内顶尖科考探险团队对接，成功组织了由成都理工大学牵头，汇集各路专业人员组成的探险队，历时 4 天徒步穿越核心区域，行程线路总长度 53 千米，其中进山线路 24 千米，核心区穿越线路 29 千米，取得了一系列丰硕的科考成果；2021 年 9 月，县委县政府在北京举行了成果发布会，重磅发布探险队首次成功穿越黑竹沟核心区罗索依达峡谷科考成果，基本探明了该区域的动物、植物、地形、云雾天气、危险路段、地磁偏转等情况，并且作了详细的资料记录，收集了大量珍贵的一手科考资料，黑竹沟最后一处未被前人探明的处女地逐渐露出真容，神秘面纱被揭开。

（2）加快整理科考成果，将其转化为现实的开发景点，不断拓展核心景区影响力。今年 6 月，黑竹沟核心地带首次科考探险穿越成功，这不仅仅是一次户外探险线路穿越，它还揭开了长期以来悬而未决的黑竹沟“神秘失踪之谜”“动植物之谜”“地磁异常之谜”等谜题，这既是国内户外探险的重大成果，也是一次成功的科学考察探索，在全国乃至全球探险界都具有历史意义和现实价值。新黑竹沟国际旅游投资集团正与四川旅游投资集团合作开展深入论证，在黑竹沟打造国内首个以探险迷踪为主题的山地旅游景区，这使黑竹沟核心景区面积将扩大，旅游线路将延长，旅游业态将进一步丰富，对于延伸产业链条，增加游客停留时间，提升景区核心竞争力也有重大的实际意义。

（3）加快科考成果运用，按照差异化发展思路，打造大峨眉旅游环线第三极。经过科考发现，罗索依达峡谷的生物多样性、景观多样性形态极为丰富，是北半球难得的亚热带动植物资源宝库。经过缜密分析、科学分类整理，探险队初步形成了科考报告成果，所采集的资料已提交给政府部门用于景区发展规划，后续还将邀请更多专业人士从学理层面、资源价值层面进行全方位解读，黑竹沟的诸多谜题将被一一解答。运用科考队的探险成果，正在着手打造一条专业级的、针对高端探险游客的探险旅游线路，现已进入实证阶段，正在由国际顶级设计团队进行项目生成和包装，不久将进入实质性的项目实施；同时，以数字技术，打造黑竹沟核心景区虚拟化、场景化视频，

投放主流媒体，立体宣传黑竹沟旅游，制作 VR 黑竹沟，让身处国际国内难以亲临现场的游客居家体验极致美景。

（三）做强全域旅游发展项目实体，推动高质量发展落地见效

县委第九次党代会进一步提出了全域旅游发展的总体思路，就是要咬定青山不放松，以久久为功的发展定力，发扬持续攻坚精神，推动全域旅游发展支撑的项目实体落地见效。

（1）做强县域交通网络，推进交通大突破，为全域旅游发展夯基赋能。要实施“百亿交通工程”，紧盯“六件大事”，打通对外大通道，畅通对内大循环，发挥交通综合功效，努力构建“1+1+2”全域协同发展新格局。“一高一铁”要按预定时间节点按时建成通车，打通对外交通大通道，打造成都 2 小时、乐山 1 小时、周边省级行政区 4 小时、全国 8 小时交通圈，增强进入峨边通达性，构造快进慢出旅游增长极；加快 S309 线第二期工程和峨轸大道及骑游道内循环交通建设，要坚持问题导向，针对性建立工作专班，落实具体点位责任人，务必于今年底完成全部工程交付使用；加快县域区间公路互联互通，改造升级峨边至峨眉、峨边至沙湾，新修峨边至沐川公路，形成外联内畅的旅游大环线，加快县城绕城环线节点工程马嘶溪大桥立项工作，力争早日开工建设，为进一步改变县城交通组织落后状况创造条件。

（2）做强全域旅游承载点，推进旅游大发展，构建全域旅游骨架支撑。要聚力全域旅游建设重点，建设点面结合的承载点，走差异化发展路径。要依据资源禀赋，走错位发展路子，打造千姿百态的特色村寨，五渡铜河村、先锋村依托大渡河风景廊道开发民宿游、休闲游和体验游初具雏形，带动了老百姓思想观念的转变；底底古村、古井村依托民俗文化资源，重点发展婚俗园、高端民宿及民俗博物馆，成功打造了一台戏、一驿站和一场馆，形成了特色鲜明、风情浓郁、充满乡愁的活力彝汉村寨，全域旅游版图得到拓展，丰富了游客旅游体验，全域旅游的基本框架初步形成；要实施“百亿旅游工程”，做大做强黑竹沟核心引擎，做精做靓县城承接枢纽、做实做优川滇国家旅游风景通道大渡河发展带，提升南部、北部、中部、西部园区发展能级，统筹四镇多村乡村旅游发展，构建“一核一枢纽、一带四园区、四镇多新寨”全域旅游布局；要进一步擦亮生态强县绿色崛起底色名片，推进“交旅、文旅、农旅、城旅、商旅”深度融合，建设天府旅游名县、全国全域旅游示范县；要坚持“一村一景”“一村一韵”，做强特色村寨。峨轸路沿线文旅资源富集，田园乡村风光带与滨河骑游景观道互为一体，牡丹文化展示厅与峨边彝族风情相得益彰，乐西抗战博物馆与水文化博物馆互为犄角，多种元素叠加效应明显，开发乡村旅游和体验旅游项目潜力巨大。

[作者简介]

赵洪勋（1965— ），男，汉族，四川彭山人，中共峨边县委党校副校长，主要研究方向：党史党建。

张维忠（1968— ），男，汉族，四川仁寿人，峨边县政协办公室主任，主要研究方向：基层组织建设。

欧罗甘林（1969— ），男，彝族，四川峨边人，中共峨边县委巡察办二组组长，主要研究方向：民族文化。

赵梦莹（1991— ），女，汉族，四川峨边人，中共峨边县委党校办公室主任，主要研究方向：行政管理。

简雯（1994— ），女，彝族，四川峨边人，中共峨边县委党校行政股股长，主要研究方向：民族经济发展。

“德古”工作法在彝区乡村治理中发挥作用的调查与思考
——以马边彝族自治县为例

罗文东 刘振东 夏涛 邹洪梅

【摘　要】2021年是“十四五”的开局之年，也是持续巩固脱贫攻坚成效与乡村振兴有效衔接的重要之年，做好脱贫攻坚与乡村振兴的有效衔接是当前一项重大战略任务。实施乡村振兴就要提升农村基层治理能力，要建立健全自治、法治、德治相结合的乡村治理体系，提升群众的获得感、幸福感。坚定贯彻落实习近平法治思想，全面推进科学立法、严格执法、公正司法、全面守法，加快构建办事依法、遇事找法、解决问题用法、化解矛盾靠法的法治良序。“德古”工作法在推进彝族地区乡村振兴战略基层治理建设中有重要作用，应大力推进乡村治理做法，为进一步推进乡村振兴的发展融入多元的法治保障，积极探索彝族地区在乡村治理发展中的模式，探索出小凉山彝族地区基层治理的新路子。

【关键词】“德古”工作法；彝区；乡村治理

一、“德古”工作法在乡村治理中取得的成效

（一）“德古”的由来

“德古”从字面意义上讲，“德”指“结实”或“牢固”，“古”指“稳固”或“稳定”，“德古”可译为“扎实稳固”。从“德古”的事务来讲，“德古”的工作就是做“莫木萨木”或统称“莫萨”。所谓“莫木”指“看见或信使”，“萨木”指“见证或标识”。“莫木萨木”是指在双当事者之间行使“信使”或“见证”权利的人。“德古”是彝族社会分工的产物，是在彝族社会中从事处理纠纷、化解矛盾或协商见证、传递信息、达成共识的调解者或行使者，是一个群体的总称。

现行的“德古”有着多重的身份，既是威望身份的象征，又是民间纠纷的调解员，还是参与司法调解的仲裁员等，“德古”其实就是一个综合部分社会功能的结合体。

马边是小凉山区的重要组成部分，彝族同胞人数占全县总人数一半以上，也是四川地区彝族人数最多的地方，彝族信奉原始宗教，崇拜自然、神灵、图腾、祖先。如此庞大的彝族群体和汉族的习俗有着很大的差异，如何做好彝族群体的管理？这是一个难题，那就需要在这庞大的群体中选出德高望重之人把他们凝聚起来，形成“头雁”作用，“德古”就是这个群体的“领头雁”。

（二）马边县“德古”建立情况

马边于2013年成立“马边彝族民间德古文化协会”，制定《规范彝族德古处理民间纠纷的协调机制》《德古调解工作守则》《德古调解工作管理办法》等一系列规章制度，坚守德古调解“七不准”“五严禁”“三必须”工作纪律。市第八次党代会提出“推进基层治理现代化，要坚持总体国家安全观，推广和发展新时代‘枫桥经验’，推进政治、法治、德治、自治、智治‘五治融合’，打造共建、共治、共享的社会治理共同体”，要结合彝族聚居区基层司法所实际，创造性开展职能工作，对促进农村基层治理工作具有指导意义。

县特邀“德古”调解员具体由县司法局负责聘任聘用，各乡镇司法所（乡调委会）统筹协调、德古协会直接管理。现在全县彝族聚居区、贫困村选聘的36名特邀“德古”人民调解员要经过“五个”选聘环节，经民主推荐、考察、选拔、审核等程序，成为司法部门认可的“合法”德古后，纳入乡镇司法所调解的中坚力量，切实转化和利用传统“德古”，变有偿为无偿、变依风俗为依法理、变口头协议为书面调解文书，确保“德古”调解的合法性。加强民主法治建设，巩固发展安定团结的政治局面，广泛进行多层次制度化建设，寻求最大公约数、画出最大同心圆，广泛凝聚智慧力量，牢牢把握大团结大联合主题。新型“德古”不限于矛盾纠纷调解领域发挥作用，在移风易俗、政策宣传、基层治理等众多领域也成为主力军。

马边彝族自治县结合民族地区脱贫攻坚、乡村振兴实际，创新发展“枫桥经验”，融入马边特有风俗民情和民族习惯，积极探索扶贫领域和乡村农、旅发展矛盾纠纷“多元”化解与“自治”“综治”“法治”相结合新路子，推行新型“德古”调解工作法，有效化解了一大批矛盾纠纷，提高了广大干部运用法治思维、法治方式分析解决问题的能力，为乡村振兴发展有序推进提供了优质服务和坚强的法治保障。

（三）彝区“三治”工作开展情况

1.“自治”——筑牢自我思想防线

新型“德古”融入了“检调对接”“诉调对接”以及刑事和解员、民事诉讼纠纷调解员、刑事和解员、人民陪审员、政策宣讲员等多种角色，与民族宗教、移风易俗等工作相融合，坚持引导与规范、破旧与立新相结合，创新“政府引导+德古约定+村民自治”的基层社会治理模式，解决彝族群众思想上的贫瘠问题。

2021 年由县民宗局、各乡镇党委政府深入全县常驻的近 2 万户彝族家庭中调研和广泛征求意见。并由马边彝族自治县彝学学会和马边彝族民间“德古”文化协会组织各界人士在调研的基础上就规范彝区群众婚丧事宜和“尼木措毕”操办标准问题进行了认真研究会商，制定了《关于彝族民间婚丧事宜操办标准的公约》(以下简称《公约》)，将结婚聘金礼金总额控制在 9.5 万元以下，对“尼木措毕”时间、地点、参加人员数量、毕摩劳务报酬、赶礼最高限额进行了约定，以群众自治方式推进此项工作。全县 15 个乡镇指导村（社区）修订完善村规民约、规范运行红白理事会、发挥道德评议会作用，如永红乡采用积分制、红黑榜；高卓营乡对顶风违规者采用严肃问责；民主镇小谷溪村新版村规民约更是经过小半年的酝酿，十数次修改，经村民代表大会，所有户主按手印同意后建立起了红黑榜与村集体经济分红挂钩的文明新规。这些村规明确了如何提前介入，怎样正面引导，提供的服务如何代替传统的服务等。

据县民政局统计，2020 年结婚登记 1 877 对，少数民族结婚登记 1 210 对，占比 67.7%。移风易俗工作中存在的结婚聘金礼金自 2021 年《公约》生效规范后，2021 年 6 月至 7 月 21 日，结婚登记 236 对，少数民族结婚登记 162 对，占比 68.6%，高聘金礼金杜绝。在规范丧事中，截至 7 月 21 日，全县境内发生丧事 492 起，其中少数民族 165 起，打牛事件仅发生 7 起，打牛由过去的近 100%下降为 4.2%，丧事放烟花现象杜绝。打牛若按往年少数民族每人死亡 7 头牛算，全县上半年少宰杀 1 155 头牛，一头牛按均价 1.5 万元计算，相当于节约 1 700 万余元。若以 2020 年彝族人口死亡（1 404 起）丧事办理为例，预计一年全县可节约约 1.5 亿元。彝族传统祭祀活动“尼木措毕”得到规范，目前尚未发现违背《公约》的现象，这些成绩和“德古”有着不可分割的关系。

完善组织，提前介入引导，以服务促管理。一方面，将村组干部尤其是各组组长作为移风易俗的宣传员和监督员，以村民小组为基础网格，密切关注重点对象，常抓不懈做好移风易俗宣传，引导动员群众自发按村规民约做好丧事办理工作。2021 年 6 月初，新风白果集中点玛赫路古的父亲病故，为执行好村规民约，摒弃葬礼送牛、杀牛的陋习，村“两委”和驻村工作队决定以这场丧事为契机，在全村乃至全县开一个丧事新办的好头。6 月 3 日，村组干部、老党员、“德古”提前出动，耐心细致地向玛赫路古的家族长辈和同胞弟兄们宣讲丧事新办的村规民约的好处，最终取得了家属的理解和支持。次日，老人的亲属主动把操办丧事提前准备的 6 头牛和 7 000 多元烟花全部退回商家，并通知其他亲戚朋友如果老人逝世，丧事期间不赶牛、近亲属赶礼金额不得超过 3 000 元，同时不放烟花。另外，由村组干部、家支带头人、“德古”、党员代表和群众代表组成村红白理事会，提倡村红白理事会全程办理，主动帮助家属新办丧事，以服务带动管理。6 月 14 日老人去世后的连续 3 天，村红白理事会组织人员分交通疏导组、接待引领组、就餐安排组、物资保障组和文明乡风倡导组在路古家里严格按照丧事新办标准帮助操办，从在路口引导客人按秩序停放车辆、进门鞭炮定点燃放，到安排帮忙杀猪杀羊，以回锅肉、萝卜炖排骨、羊肉汤等分桌组织桌凳碗筷待客，最后组织打扫集中点院坝卫生，都有他们的身影，主客双方均对他们的行为表示感谢。这场节俭而不失礼仪的丧事活动，节约了主办方资金 7 万元以上。

2.“法治”——多元体系融合强保障

司法所是基层最贴近群众的司法行政部门，“德古”调解员是司法调解的成员之一，有效发挥他们的职能对开展基层治理具有至关重要的作用。在彝族聚居区，彝族群众具有独特的民族信仰和风俗习惯，各类社会矛盾具有一定的独特性，这对彝族聚居区基层司法所创造性地开展工作提出了新的要求。探索适合彝族聚居区社会的工作模式，形成稳定的工作格局是彝族聚居区基层司法所有效开展工作的“硬基石”。如何调动民间力量积极参与到司法所各职能工作中？如何充分发挥“德古”作用，从而达到维护一方和谐稳定的目标？这些都是彝族聚居区基层司法创造性、科学化开展工作的关键。

在基层治理方面，马边已经形成了一张巨大的基层治理体系网，构建县、乡、村、网格四级调解网络，充分发挥了联系村（社区）县领导、第一书记、农技员、驻村帮扶干部、联系村（社区）干警、村支部书记“六位一体”的作用。打造以“德古”个人名字命名的“赫勒阿支调解工作室”特色品牌调解室，阿支的工作室在整个马边“德古界”是一张闪亮的名片。整合维稳、网格化管理等信息系统，依托综治中心建设，搭建覆盖贫困村的矛盾纠纷调处工作平台，运用“大数据”理念，实现矛盾纠纷“早发现、早预防、早化解、早稳控”。

3.“综治”——调解成效显著促和谐

“德古”在矛盾纠纷调解中，从小到邻里矛盾，大到家族之间的纠纷都要依靠德古在中间扮演调解员进行仲裁解决。可以说德古在传统彝族社会里就是处于“法官”的地位，为确保彝族聚居区社会的和谐稳定起着重要作用。此外，德古还是民族文化的传承者和传播者，德古在解决纠纷的过程中会根据彝族民间习惯法进行纠纷性质的确定、赔偿赔礼的轻重、调节流程细节的把握，总之德古的调节是一个文化的再现过程，更是一个结合现实问题不断自我创新适应的过程。

二、“德古”工作法在乡村治理中存在的问题

马边“德古”工作虽然取得了一定成绩，但要推进彝族聚居区民间纠纷化解从依

习惯转变为依法律，从简单的“口头协议”转变为规范合法、合规且具有法律效力的文书还有较大差距。要提高彝族群体的思想意识，在移风易俗文明新风的培育方面还得下大工夫。

一是矛盾纠纷处理中，群众寻求公权力解决问题意识低，倾向于民间调解。面对矛盾纠纷，彝族群众习惯寻求“家支”头领或德高望重的“德古”予以协商解决，对司法所矛盾纠纷调处的职能缺乏认识。虽然彝族群众内部自我调处模式的存在能在一定程度上化解矛盾纠纷，及时息诉止争，但也存在一定的隐患。“德古”是民间的自发性调解组织，不具有合法性，处理纠纷后都是以口头或书面协议化解，不具有合规性。民间调处口头协议、约定俗成的习惯缺乏规范化，紧依靠口头协议、调处人的威望牵制，容易引发矛盾纠纷的反复调处，从而引发群体性事件等严重后果。

二是矛盾纠纷排查难度大。马边县彝族群体庞大，由于长期生活在偏远山区，部分人对法律规条学习不足，导致思想认识浅薄，处理问题极端的事时常发生，很多矛盾都是没有预兆地突然发生，所以在矛盾纠纷排查方面存在难度。

三是在乡村治理中移风易俗问题凸显。当前移风易俗工作受现行制度约束不足，加上城乡“两极分化”等因素使得部分彝族群众思想认识上还有差距，一部分群众在对此项工作的惩处力度和时效性持观望态度，一部分基层干部、社员群众对政策理解不深，不愿意执行，而且暗地里进行负面宣传；个别群众对《公约》认识模糊，为攀比讲排场，借购买牛肉之名变相在异地杀牛，这个变相打牛的现象说明移风易俗宣传工作深度、广度和力度还有待加强；当前全县农村地区主要依据村规民约和《民间习俗传承规范标准》中关于婚丧嫁娶方面的约定，各乡镇、村（社区）执行村规民约一定程度上存在查处偏轻偏软、教育惩戒不够、执行不到位等现象，教育震慑作用发挥还不够强。加之少数民族人口流动性强，户在人不在现象，属地乡镇和户籍所在乡镇监管查处难度较大。

四是干部队伍建设有差距。全县现有特邀“德古”人员 36 名，整体年龄都较大，文化水平有限，他们依靠自身的威望和长期累积的经验进行矛盾纠纷的调处，在新时代，他们已经不能完全适应时代的发展要求；移风易俗工作中，乡村无专门机构和人员配备，不能适时指导婚丧事宜。经走访 15 个乡镇调查，各乡镇均未组建指导婚丧嫁娶事宜的专门机构，基本依靠村组干部、民间“德古”、本家支内人员等，缺乏统一规范的管理。

三、“德古”工作法在乡村治理中的对策、建议

一是结合已开展的聘任特邀“德古”为人民调解员工作，探索彝族聚居区基层司法所矛盾纠纷化解新模式。进一步落实司法所对所管辖范围内特邀“德古”的监督指

导责任，全面参与指导矛盾纠纷调解，确保“德古”调解的合法性，切实将彝族聚居区的矛盾纠纷调解变随意为规范、变依风俗为依法理、变口头协议为书面文书。

二是切实制定矛盾纠纷排查制度，进一步整合资源、加强协调、夯实基础，完善矛盾纠纷定期排查制度和重点时期的动态排查制度，建立以人民调解为基础，人民调解、行政调解、司法调解有机结合的矛盾纠纷排查化解工作机制，完善“以奖代补”机制。加大基层司法所、“德古”调解员、乡村组的沟通衔接，充分调动村、组干部、网格员投入矛盾纠纷排查工作中，实现走访调查，形成“定期报+随时报”的工作模式，切实做实矛盾纠纷摸排工作。针对彝族婚姻矛盾易发的问题，做到提前分析研判矛盾特性，提前介入制定有针对性的预防措施，如需法律援助则提供相应的法律援助。坚决遏制“德古”调解中乱收费，切实维护受害人利益，促进彝族民间“德古”调解健康发展。为规范“德古”调解乱收费问题，建议相关部门牵头，借鉴“双高”治理，推进“三高”治理。

三是发挥好彝族“习惯法”和“德古”的作用，强化基层治理，推进移风易俗常态化。要进一步加强制度建设和村民自治力度，加快完善以村党组织为领导、村民自治组织和村务监督组织为基础、各类经济社会组织为纽带和补充的村级组织体系。把推进移风易俗培育文明新风工作纳入村规民约、居民公约。探索建立“村民礼堂”示范点，引导群众操办红白事宜均由“红白理事会”统一组织操办，全县统一宴席、菜品等标准。同时探索建立涵盖一般群众、私营业主、公职人员等各类群体的约束、奖惩和宣传推广机制。鉴于移风易俗的民族性和区域性特点，要积极向省级部门建议移风易俗实行区域治理，应相对统一四川彝族聚居区移风易俗专项治理工作标准与规范。进一步明确领导小组成员单位工作职责，加大日常监管和指导，强化监督问责，推动移风易俗工作常态化长效化。对出现苗头倾向性的问题要坚决制止，对反映移风易俗的问题特别是党员干部违反“九不准”“九严禁”的问题，要优先办理、限时办结，通过调查核实形成“问责清单”，对典型问题点名道姓公开通报，要坚决以“零容忍”态度严肃查处，同时加大通报曝光力度，形成持续震慑。

四是狠抓调解队伍建设。用好彝族聚居区老“德古”的传帮带作用，抓好“传承人”的培养，让彝族文化中优秀的习俗持续发扬下去。抓好“德古”调解员的培训指导，真正做到懂程序、守规矩、明法理。建立培训机制，采取轮训、以会代训、深入基层分批培训、以案说法等方式开展业务培训。开展以《中华人民共和国宪法》《中华人民共和国民法通则》《中华人民共和国民法典》及《人民调解工作若干规定》等法律知识为主的培训，通过现实案例和法律条文提升德古们的法律素养，让德古调解既合情理又合法。

[作者简介]

罗文东（1987— ），女，汉族，四川马边人，中共马边彝族自治县委党校教师，主要研究方向：行政管理。

刘振东（1975— ），男，汉族，四川马边人，中共马边彝族自治县委党校常务副校长，主要研究方向：党史、党建。

夏涛（1968— ），女，汉族，四川马边人，中共马边彝族自治县委党校副校长，主要研究方向：党史、党建。

邹洪梅（1986— ），女，汉族，四川犍为人，中共马边彝族自治县委党校工作人员，主要研究方向：党史、党建。

图书馆传承弘扬中华优秀传统文化的思考

周雪梅 张群英

【摘　要】中华优秀传统文化是中华民族的精神命脉和文化根基，传承弘扬中华优秀传统文化是时代赋予我们的历史使命。图书馆作为保存人类文化遗产的机构之一，在传承弘扬中华优秀传统文化上具有资源优势、平台优势和人才优势。图书馆要从加强信息资源建设、改造空间布局、强化新媒体宣传和加强文化建设方面来传承弘扬中华优秀传统文化。

【关键词】图书馆；传承弘扬；中华优秀传统文化

优秀文化是一个国家、一个民族传承和发展的根本，中华优秀传统文化是在中华民族5 000多年历史长河中孕育发展的，是中华民族的精神命脉和文化根基。习近平总书记曾多次强调要传承、弘扬和创新性发展中华优秀传统文化；号召全国各族人民深入挖掘中华优秀传统文化的精髓，树立文化自信。图书馆作为人类文化遗产保存机构之一，在传承弘扬中华优秀传统文化中必须要发挥重要的作用。图书馆本身具有的公益属性，决定了图书馆在传承弘扬中华优秀传统文化中具有不可替代的重要地位。

一、传承弘扬中华优秀传统文化的重要性

（一）有助于中华优秀文化的保存

习近平总书记高度重视传承弘扬中华优秀传统文化，对中华优秀传统文化的传承弘扬作了一系列重要的思想论述。习近平总书记关于中华优秀传统文化的历史定位、当代价值和现实策略思想理论有许多的重要理论创新和突破，代表着中国共产党人对优秀传统文化认识的新飞跃，标志着中华传统文化传承发展进入新时代。[1]从古代到现代，图书馆所赋予的使命和责任，就是保存人类创造的一切文化成果和文化遗产。图书馆作为保存人类文化资源的专门机构，主要任务是搜集和储存人类在政治、经济、文化、科技及军事等活动中产生的各种文献信息。它存在的目的就是为人类文明的传承开通永久的通道，使历史文化资源能代代相传下去。我国的国家图书馆拥有海量的信息资源，截至2019年，馆藏文献总量已经达4 036.42万册（件），而且每年还以上

百万册（件）的速度增长；馆藏的总量在世界各国的国家图书馆中排名第七位，馆藏的中文文献在世界图书馆中排名第一位。国家图书馆最早的馆藏可远溯到 3 000 多年前的殷墟甲骨，馆藏文献继承了南宋以来历代皇家藏书以及明清以来众多名家私藏。馆内收藏的“敦煌遗书”、《赵城金藏》、《永乐大典》、文津阁《四库全书》被誉为国家图书馆“四大专藏”。[2]

（二）有助于社会主义核心价值观的树立

习近平总书记曾指出“培育和弘扬社会主义核心价值观必须立足中华优秀传统文化”[3]，中华优秀传统文化孕育了中华民族代代相传的民族精神，蕴藏着中华民族几千年来形成的本民族独具特色的哲学思想、人生观、价值观。如“修身齐家、治国平天下”的经世价值取向，“天下兴亡，匹夫有责” 的爱国主义和忧患意识，“大道之行也，天下为公”“民贵君轻”的民本主义思想，“仁者爱人”“己所不欲、勿施于人”的仁爱精神，“老吾老以及人之老，幼吾幼以及人之幼”的尊老爱幼思想，等等。无论时间如何流逝、时代如何变迁，中华优秀传统文化所包含的中国精神、伦理道德和价值体系，已经深深地融入中国人的血液之中，对中国人的思维方式和价值取向有着潜移默化的规范和约束力。今天，我们培育和弘扬社会主义核心价值观，就需要从中华优秀传统文化中汲取丰富养分，使中华优秀传统文化成为社会主义核心价值观的重要源泉。

（三）有助于文化自信的增强

习近平总书记曾指出，文化自信，是更基础、更广泛、更深厚的自信，是更基本、更深沉、更持久的力量。[4]没有高度的文化自信，就没有中华民族的伟大复兴。中华民族要实现伟大复兴，除了拥有强大的军事、科技和经济等实力，还要拥有强大的文化软实力，要坚定文化自信。一个国家、一个民族只有对自身文化充满自信，才能激发全民族文化的创新活力，才能提升国家文化软实力。新的历史时期我们要建设社会主义文化强国，就必须发挥中华优秀传统文化中具有当代价值的文化精神，塑造中华民族的爱国心、民族精神和价值体系，为我们的文化自信提供最丰厚的养分，助推中国梦的实现。20 世纪 90 年代开始出现了一股持久的国学潮，孔子学院遍布世界各地，中国功夫享誉海外。中华优秀传统文化开始走出国门、走向世界，得到更广泛的了解和认同。近年来，中央电视台开办了《百家讲坛》《中国诗词大会》《经典咏流传》《国家宝藏》等一系列文化节目，讲述中华优秀传统文化。观众观看节目后对中华优秀传统文化油然而生自豪感和自信感，从而更加热爱中华优秀传统文化。

二、图书馆传承弘扬中华优秀传统文化的优势

（一）信息资源优势

人类社会文明的每一次发展，却是建立在对人类既有的科学技术、文化、经济等成果继承基础上的，是在继承基础上的发展。图书馆是人类获取知识文化、信息保存与信息传递不可替代的重要机构之一，是知识的集散中心和文化的传播中心，是人类优秀文化超越了时间和空间得以传承弘扬的主要场所。各级图书馆经过多年的努力，从政治、经济、文化、科技及军事等方面丰富馆藏资源，不断加强信息资源建设，形成了较为独特、完整的馆藏资源体系。四川图书馆现拥有 500 余万册藏书，其中古籍（含民国文献）53 万册，数字资源有 150TB。乐山市图书馆现总藏书为 38 余万册，其中古籍 2 万册，数字资源总量为 24TB。乐山市五通桥区图书馆现有藏书 4 万余册，报纸 30 种，期刊 100 种，地方文献 300 余册，各类电子读物 3 000 册。这些海量的文献信息资源可以满足读者对中华优秀传统文化的信息需求。

（二）网络平台优势

随着互联网技术、信息技术和新媒体技术的快速发展，人们的生活发生了巨大的改变，获取信息资源的方式更加简单和快捷。图书馆在传承弘扬中国传统文化的过程中，要充分利用自身的文献信息资源优势，紧跟时代步伐，通过网络平台创新中华优秀传统文化的传播方式，为读者提供更加多元化、个性化的服务。大学图书馆、省级图书馆和市级图书馆大多都有官方网站，微信公众号、微博等网络交流平台可为读者提供数字资源服务，如好书推荐、线上讲座、扫码看书、听书等业务。

（三）专业人才优势

图书馆为了提高为社会大众提供中华优秀传统文化的服务质量和服务效率，就必须拥有一支专业的人才队伍。各级图书馆这几年不断积极引进专业素质过硬的人才，这些具有高学历、高素质和多技能的专业人才，具有挖掘优秀传统文化资源价值的能力，具有对中华优秀传统文化文献信息资源进行深度开发和利用的能力，能满足不同群体的读者对各种中华优秀传统文化文献信息的需要。图书馆专业人才的大量引进，增强了图书馆的核心竞争力，使图书馆真正成为传承和弘扬中华优秀传统文化的主要阵地，充分发挥了图书馆社会服务的职能。

三、图书馆传承弘扬中华优秀传统文化的对策建议

（一）加强文献信息资源建设

一是加强馆藏资源建设。图书馆要为读者提供中华优秀传统文化养分，必须要有足够的资金用于馆藏资源建设，从而为读者提供丰富的文献信息资源。主要是购买大量中华优秀传统文化方面的纸质文献和数字资源；自建中华优秀传统文化数字资源库，促进中华优秀文化资源在全社会的共享和传播。二是加强地方特色文化建设。地方特色文化也是中华优秀传统文化的重要组成部分，图书馆通过对地方特色文献和古籍进行收集和挖掘，并对其进行整理和储存，自建地方特色文化数据库，也是传承和弘扬地方优秀传统文化的举措。四川省图书馆建有“李一氓、李劼人文库”“张大千文献中心”等专题文献馆；建有“绵竹年画”“美味四川”“四川清音”“长征四川记忆”等具有地方特色文化的数据库。通过保护和开发具有四川本土特色的文化资源，从而发挥图书馆在传承和弘扬中华传统优秀文化的作用。

（二）改造空间布局

作为知识集散中心和传播基地的图书馆，为吸引更多的读者走进图书馆，就需要改造馆舍空间布局和增设服务设施，积极营造出优雅舒适的文化氛围。改造后的图书馆以中式装修风格为主，全馆实现无线上网全覆盖，让读者在图书馆任何角落都能享用数字图书馆的资源；阅览空间焕然一新，为读者打造了一个借阅、自主学习、休闲阅读于一体的开放式空间；可建国学馆、经典阅览室、研讨室和多功能室。图书馆可充分利用这些空间开设传统文化课程、举办讲座、展览等活动，吸引更多想了解中华优秀传统文化的读者走进图书馆，学习和了解中华优秀传统文化的精髓。

（三）强化新媒体宣传

图书馆在传承弘扬中华优秀传统文化的过程中，要充分利用丰富的馆藏文献资源优势和数据资源优势，借助新媒体平台加强与读者之间的互动，利用图书馆官方网站主页、微信和微博等新媒体积极为读者提供优秀传统文化信息服务，扩大对中华优秀传统文化的宣传。可以通过图书馆官方网站主页、微信和微博等向读者推荐有关中华优秀传统文化的经典书籍、书评，推送有关中华优秀传统文化的数字资源，通告中华优秀传统文化的活动安排。图书馆要通过有效占领网络阵地和整合数字资源，传承弘扬中华民族悠久的优秀传统文化。

（四）加强文化建设

一是举办中华优秀传统文化展览。图书馆可充分利用场地资源优势和信息资源优势，为读者搭建文化学习交流平台， 不定期地组织中华优秀传统文化展览活动，例如可以举办“古代书画展”“现代书画展”“优秀诗词书展”和“国学知识展”等。二是举办中华优秀传统文化讲座。图书馆要一直秉承“公益性服务、普及性定位；需求化选题、高品质运作”的思路，举办中华优秀传统文化公益讲座，例如可以举办“中国古代书画”“中国古代诗词”“中国古代青铜器技艺”“中国传统文化”“中国民俗文化”“中国古代钱币欣赏”“读论语化家风”等讲座。三是举办中华传统节日活动。现在有一部分年轻人对中国传统节日春节、清明节、中秋节、重阳节重视不够，认为中国传统节日就是大家聚在一起吃吃喝喝、热热闹闹玩耍一番，过不过节无所谓，图书馆可在传统节日举办系列活动，讲春节、清明节、中秋节、重阳节的来历和民俗，让大众全面了解各种传统节日的来历，深入了解传统节日的文化底蕴，领会传统节日丰富的内涵意义。通过加强文化建设，让大众充分认识中华民族传统文化的博大精深和独有的魅力，增强民族认同感和文化自信。

参考文献

[1] 陈通.试论习近平总书记关于传承弘扬中华优秀传统文化的思想理论[J]. 文化遗产，2019（5）：1.

[2] 毛雅君.国家图书馆文献信息资源建设的回顾与思考[J]. 国家图书馆学刊，2019（5）：16.

[3] 中共中央文献研究室.习近平关于社会主义文化建设论述摘编[M]. 北京：中央文献出版社，2017：107.

[4] 中共中央文献研究室.习近平关于社会主义文化建设论述摘编[M]. 北京：中央文献出版社，2017：16.

[作者简介]

周雪梅（1968— ），女，汉族，四川峨眉山人，中共乐山市委党校副研究馆员，主要研究方向：图书馆建设及信息服务。

张群英（1971— ）,女，汉族，四川乐山人，中共乐山市委党校讲师，主要研究方向：基层治理。